Schriften des deutschen Vereins

für

Armenpflege und Wohltätigkeit.

Hundert und erstes Heft.

Verhandlungen der dreiunddreißigsten Jahresversammlung am 25. und 26. September 1913 in Stuttgart.

Verlag von Duncker & Humblot.
München und Leipzig 1914.

Stenographischer Bericht

über

die Verhandlungen der 33. Jahresversammlung

des

deutschen Vereins für Armenpflege und Wohltätigkeit

am 25. und 26. September 1913 in Stuttgart.

Inhalt:

Ein deutsches Reichs-Armengesetz.
Grundlagen und Richtlinien.

Verlag von Duncker & Humblot.
München und Leipzig 1914.

Altenburg.
Piererſche Hofbuchdruckerei
Stephan Geibel & Co.

Inhaltsverzeichnis.

Anwesenheitsliste.

Vertreter Seiner Majestät des Königs von Württemberg: Staatsminister Dr. Fleischhauer, Stuttgart.

Vertreter Ihrer Majestät der Königin von Württemberg: Geh. Kabinettsrat von Kübel, Stuttgart.

Vertreter von Behörden, Vereinen und Anstalten.

I. Reichs- und Staatsbehörden.

Reichsamt des Innern: Geh. Reg.-Rat Dr. Jung, Berlin.

Kgl. Bayr. Staatsministerium des Innern: Kgl. Ministerialrat Luxenburger, München.

Württ. Ministerium des Innern: Ministerialrat Krauß, Stuttgart

Elsaß-Lothring. Ministerium: Ministerialrat Dittmar, Straßburg i. E.

Großh. Oldenburg. Ministerium: Geh. Oberreg.-Rat Calmeyer-Schmedes, Oldenburg i. Gr.

Landesausschuß des Erzherzogtums Österreich u. d. Enns: k. k. Regierungsrat u. Landes-Inspektionsrat Huemer, Wien.

II. Provinzial- und Kreisbehörden.

Landarmenverband d. Provinz Westpreußen: Landesrat Scheunemann, Danzig.

Provinzialverband der Provinz Brandenburg: Landesrat Dr. von Witzleben, Berlin-Charlottenburg.

Landarmenverband der Provinz Posen: Landesrat Dr. Nebe, Posen.

Provinzialverband der Provinz Schlesien: Landesrat da Rocha-Schmidt, Breslau.

Provinzialverband der Provinz Schleswig-Holstein: Landesassessor Röer, Kiel.

Landarmenverband der Provinz Sachsen: Landesrat Roscher, Merseburg.

Landesdirektorium der Provinz Hannover: Schatzrat v. Campe, Landesassessor Dr. Heintze, Schatzrat Dr. Drechsler, Hannover.

Provinzialverband der Provinz Westfalen: Landesassessor Hobrecker, Münster i. W.

Bezirksverband Cassel: Landesrat von Hugo, Cassel.

Bezirksverband Wiesbaden: Landesrat Schmorl, Wiesbaden.
Provinzialverwaltung der Rheinprovinz: Landesrat Dr. Horion, Düsseldorf.
Landarmenbehörde für den Neckarkreis: Oberreg.-Rat von Widmann, Landarmenpfleger Bek, Sekretär Wirth, Sekretär Wanner, sämtlich in Ludwigsburg.
Landarmenbehörde für den Jagstkreis: Landarmenpfleger Bausch, Obersekretär Diegel, Stadtschultheiß Ettensperger, Oberregierungsrat Haarch, sämtlich in Ellwangen, Oberbürgermeister Möhler, Gmünd (Schwäb.), Stadtschultheiß Brezger, Giengen a. Br.
Landarmenbehörde für den Donaukreis: Oberregierungsrat Joh. Bapt. Funk, Ulm; Landarmenpfleger Kleindienst, Ulm.
Landarmenbehörde für den Schwarzwaldkreis: Oberregierungsrat Bosch, Reutlingen, Sekretär Schief, Reutlingen, Stadtschultheiß Baur, Nürtingen.
Kreisausschuß Heidelberg: Landgerichtsrat Geißmar, Heidelberg.
Kreisausschuß Lörrach: Bürgermeister Dr. Gugelmeier, Lörrach.
Kreisausschuß Mannheim: Bürgermeister a. D. Ehret, Weinheim; Kreissekretär Heiden, Mannheim; Gemeinderat Günther, Ladenburg b. Mannheim.
Kreisausschuß Mosbach: Kreissekretär Veith, Eberbach a. N.
Gr. Kreisamt Darmstadt: Reg.-Assessor Dr. Ahl, Darmstadt.

III. Städtische Behörden.

Altenessen, Bürgermeisterei: Beigeordneter Küppers.
Altona (Elbe), Magistrat, Armenverwaltung: Senator Dr. Harbeck, Senator Schöning.
Aschersleben, Magistrat: Stadtrat Hammer, Stadtrat Hofmann.
Augsburg, Stadtgemeinde und Armenpflegschaftsrat: Vorstand des städt. Armenamts Heuberger, Magistratsrat Stempfle.
Barmen, Magistrat: Beigeordneter Dr. Heß.
Berlin, Magistrat: Vors. d. Armendirektion Stadtrat Kalisch, Magistratsrat Dr. Lehmann, Magistratsrat Dr. Voigt (städt. Waisendeputation).
Berlin-Lichtenberg, Magistrat: Stadtrat Reusch.
Berlin-Schöneberg, Magistrat: Magistratsassessor Mackensen, Stadtrat Wasmannsdorff.
Berlin-Steglitz, Gemeindeverwaltung: Beigeordneter Fabarius, Obersekretär Kaufmann.
Berlin-Wilmersdorf, Armen- und Waisendeputation: Stadtrat Brohm.

Beuthen, O.-S., Magistrat: Stadtrat Dr. Stephan.
Biberach a. R., Ortsarmenpflege: Ortsarmenpfleger Häring.
Bocholt, Magistrat: Beigeordneter Dr. Alff.
Bochum, Magistrat: Stadtrat Dr. Hackert.
Bonn, Oberbürgermeisteramt: Beigeordneter Dr. v. Gartzen.
Borbeck, Magistrat: Bürgermeister Baasel.
Braunschweig, Stadtmagistrat, Armendirektion: Stadtrat v. Frankenberg, Frau Hedwig Goetze, Pastor Kausche.
Bremen, Stadtbremische Armenpflege: Regierungsrat Dr. Paetow.
Breslau, Magistrat: Stadtrat Marck, Stadtrat Tilgner.
Bromberg, Magistrat: Stadtrat Beckert.
Brünn, Städt. Armenamt: Stadtrat Feldmann.
Cassel, Armendirektion: Pfarrer Armenrat Conrad.
Celle, Magistrat: Inspektor Schreiber.
Charlottenburg, Magistrat: Stadtältester und Stadtrat Stendel.
Chemnitz, Stadtrat: Stadtrat Otto.
Coblenz, Magistrat: Erster Beigeordneter Dr. Janssen.
Cöln a. Rh., Magistrat: Beigeordneter Dr. Greven.
Cöthen, Magistrat: Bürgermeister Dr. Heymann.
Danzig, Magistrat: Stadtrat Dr. Evert.
Darmstadt, Bürgermeisterei: Bürgermeister Müller.
Darmstadt, Armen- u. Fürsorgeamt: Amtmann Krapp.
Dessau, Magistrat: Stadtrat Dr. Neumann.
Dornau, Ober-Elsaß, Armenrat: Armenrat Gutmann.
Dortmund, Magistrat: Stadtrat Dr. Ruben.
Dresden, Fürsorgeamt: Stadtrat Müller, Direktor Meding.
Dülken, Bürgermeisterei: Stadtsekretär Brocher.
Düsseldorf, Magistrat: Beigeordneter Dr. Greve.
Eberswalde, Magistrat: Beigeordneter Radack.
Eisenach, Magistrat: Stadtrat Tappert.
Elberfeld, Städt. Armenverwaltung: Beigeordneter Aders.
Elbing, Magistrat: Stadtrat Dr. Bartels.
Erfurt, Magistrat: Stadtrat u. Syndikus Kappelmann, Stadtverordneter Albrecht.
Essen (Ruhr), Magistrat: Beigeordneter Dr. Bucerius.
Eßlingen, Armenpflege: Armenpflege-Buchhalter Heidle.
Feuerbach, Ortsarmenbehörde: Statdschultheiß Geiger, Ratsschreiber Staufers.
Flensburg, Armenverwaltung: Armenbezirksvorsteher Heitmann, Stadtrat Kaftan.
Frankfurt a. M., Waisen- u. Armenamt: Magistratssyndikus Langer.

Frankfurt a. O., Magistrat: Stadtrat Salge.
Fürth, Magistrat: Oberbürgermeister Kutzer.
Geislingen, Armenpflege: Armenpfleger Gschwindt.
Gelsenkirchen, Magistrat: 2. Bürgermeister Klose.
Gera, Stadtrat: Bürgermeister Broßmann.
Gießen, Magistrat: Beigeordneter Keller.
Glogau, Magistrat: 2. Bürgermeister Jahn.
Gmünd (Schwäb.), Ortsarmenbeh.: Armenverwalter Netzel.
Göppingen, Armenbehörde: Armenverwalter Lochmüller
Görlitz, Magistrat: Bürgermeister Maß.
Greifswald, Magistrat: Stadtrat Dr. Müller.
Hagen i. W., Magistrat: Bürgermeister Wortmann.
Halberstadt, Magistrat: Bürgermeister Weißenborn.
Halle a. S., Magistrat: Stadtrat Dr. Tepelmann, Kaufmann Kühne.
Halle a. S., Armendirektion: Kaufmann Wähmer, Friedhofsinspektor Michlich.
Hamborn, Magistrat: Erster Beigeordneter Mülhens.
Hamburg, Armenkollegium: Direktor des öff. Armenwesens Dr. Lohse, Regierungsrat Dr. Jaques.
Hannover, Magistrat u. Armenverwaltung: Senator Dr. Mertens, Bürgervorsteher Battermann, Armenvorsteher Flohr, Bürgervorsteher Jakob, Magistrats-Obersekretär Eberhagen.
Heidenheim, Gemeindeverwaltung: Stadtpfleger Hehl, Oberbürgermeister Jaekle.
Heilbronn, Armenverwaltung: Stiftungspfleger Krauß.
Hildesheim, Armenverwaltung: Sekretär der Armenverwaltung Lüerssen.
Hildesheim, Magistrat: Senator Dr. Schmidt, Bürgervorsteher Gercke.
Hirschberg i. Schl., Magistrat: 1. Bürgermeister Hartung.
Höchst a. Main, Armenverwaltung: Beigeordneter Dr. Hog, Stadtsekretär Scholling.
Hörde i. W., Magistrat: Beigeordneter Reimann.
Homberg a. Niederrhein, Magistrat: Beigeordneter Menninger.
Jena, Gemeindevorstand: 2. Bürgermeister Lerch, Polizeiassistent Katzmann.
Ilmenau i. Thür., Ortsarmenverband: Bürgermeister Zachäus.
Iserlohn, Magistrat: Stadtsekretär Durban.
Karlsruhe i. B., Magistrat: Bürgermeister Dr. Horstmann.
Kiel, Magistrat: Stadtrat Dr. Pauly.
Königsberg i. Pr., Magistrat: Stadtrat Rosenstock.
Königshütte, Magistrat: Bürgermeister Gahlemann.

Bad Kreuznach, Bürgermeisteramt: Beigeordneter Brunn.
Landsberg a. W., Magistrat: Stadtrat Dr. Eckardt.
Leipzig, Armendirektorium: Kaufmann Lösche, Stadtverordneter Lange, Direktor der Armenpflege Sell, Kaufmann Fähndrich.
Liegnitz, Magistrat: Stadtrat Dr. Reichert.
Lübeck, Senat: Senator Dr. Lienau.
Lübeck, Allg. Armenanstalt: Armeninspektor Faasch.
Ludwigsburg, Stadtgemeinde: Oberbürgermeister Dr. Hartenstein, Hofrat und Gemeinderat Brand.
Ludwigsburg, Armenverwaltung: Armenverwalter Weiß.
Ludwigshafen a. Rh., Magistrat: Stadtsekretär Leuthner, Armen- und Waisenrat Kirsch.
Magdeburg, Magistrat: Bürgermeister Dr. Müller, Stadtrat Dr. Scheehl.
Mainz, Armenverwaltung: Vorsteher des städt. Armenamts Martenstein, Mitgl. d. Armendep. Bohne.
Mannheim, Armenkommission: Bürgermeister von Hollander.
Mannheim, Armen-, Fürsorge- u. Jugendamt: Stadtrechtsrat Dr. Sperling.
Meißen, Stadtrat: Stadtrat Müller.
Mühlhausen i. Thür., Magistrat: Stadtrat Julitz.
Mülhausen i. E., Magistrat: Bürgermeister Coßmann, Ger.-Assessor Keller, Stadtsekretär Landwerlin.
Mülheim a. Rhein, Magistrat: Oberstadtsekretär Wirths, Beigeordneter Fink.
Mülheim a. d. Ruhr, Magistrat: 1. Beigeordneter von Wedelstädt.
München, Armenpflegschaftsrat: Armenpflegschaftsrat Pachmayr, Kommerzienrat Niedermeier, Armenpflegschaftsräte Huber, Deininger, Berndl.
München-Gladbach, Magistrat: Beigeordneter Dr. Neele.
Münster i. W., Magistrat: Stadtsyndikus Darius.
Neukölln, Magistrat: Stadtrat Dr. Mann.
Neumünster, Magistrat: Beigeordneter Nissen.
Neunkirchen (Saar), Bürgermeisterei: Syndikus Kollmann.
Neuß, Magistrat: Beigeordneter Klein.
Nordhausen, Magistrat: Bürgermeister Becker.
Nürnberg, Armenpflegschaftsrat: Rechtsrat Fleischmann, Armenpflegschaftsrat Krebenditscher, Ferd. Pickelmann.
Oberhausen, Magistrat: Beigeordneter Binhold.
Offenbach a. M., Städt. Armenverwaltung: Armenbezirksvorsteher Credé, Armenamtsvorsteher Holzemer, Stadt-

verordneter Nessel, Beigeordneter Porth, Stadtverordneter Schulz.
Ohligs, Magistrat: Bürgermeister Czettritz.
Oldenburg i. Gr., Magistrat: Stadtsyndikus Janssen.
Oppeln, Magistrat: Stadtrat Wurst, Stadtrat Werner.
Osnabrück, Magistrat: Senator Dr. Bunnemann.
Pforzheim, Magistrat: Bürgermeister Dr. Schweickert, Hauptlehrer Stadtverordneter Sommer, Stadtrat Vogler
Plauen i. V., Stadtrat, Armenamt: Stadtrat Schmidt.
Posen, Armenverwaltung: Stadtrat Lemmel.
Potsdam, Magistrat: Stadtrat Krause, Stadtverordneter Saft.
Ratibor, Magistrat: Bürgermeister Westram.
Recklinghausen, Magistrat: Bürgermeister Dirichs.
Regensburg, Armenpflegschaftsrat: Armenamtsverwalter Seit.
Remscheid, Magistrat: Beigeordneter Kind.
Reutlingen, Magistrat: Oberbürgermeister Hepp, Armenpfleger Braun.
Rheydt, Magistrat: Beigeordneter Dr. Graemer.
Rostock, Rat der Stadt: Senator Wiggers.
Rüstringen, Magistrat: Ratsherr Hug, Stadtsyndikus Runde.
Saarbrücken, Magistrat: Kaufmann Kiefer, Lehrer Jonas, Lehrer Grimm, Amtsanwalt Portz.
Sangerhausen, Armendeputation: 2. Bürgermeister Seedorf.
Schmölln, Stadtrat: Armenamtsvorsteher Niezold.
Schweidnitz, Magistrat: Stadtbaurat Vorst, Bürgermeister Cassebaum.
Schwerin i. M., Magistrat, Armendirektion: Senator Krause.
Schwientochlowitz, Gesamtarmenverband: Gutsvorsteher Arndt Roth, Gemeindevorsteher Nolden.
Siegen, Magistrat: Armenamtsvorsteher Keßler.
Spandau, Armendirektion: Stadtverordneter Kirch, Bezirksvorsteher Söhl, Magistratsassessor Voigt.
Speyer, Magistrat: Vors. d. Armenpflegschaftsrats Störtz, Stadtsekretär Humann, Armenpflegschaftsrat Federmann.
Stettin, Magistrat: Bürgermeister Dr. Thode.
Stolp i. P., Magistrat: Bürgermeister Dr. Lütje.
Stoppenberg, Bürgermeisterei: Bürgermeister Meyer.
Straßburg i. E., Armenverwaltung: Verwaltungsdirektor Dr. Blaum, Geh. Justizrat von Bornhard, Bureauvorsteher Ulrich, Generalsekretär Weydmann, Wissenschaftliche Hilfsarbeiterin Frl. Wolf.

Stuttgart, Magistrat: Oberbürgermeister Lautenschlager, Gemeinderat Klein, Gemeinderat Dr. Dollinger, Kirchenrat Kroner, Rechnungsrat Bürckert, Polizeiamtmann Dr. Knapp, Buchhalter Striffler.
Wald, Rhld., Bürgermeisteramt: Stadtsekretär Freese.
Wanne, Amtsvorstand: Beigeordneter Overdrevermann
Wattenscheid, Magistrat: Bürgermeister Wibberding.
Wernigerode, Magistrat: Bürgermeister Eix.
Wetzlar, Armenverwaltung: Städt. Waisen- u. Armenpflegerin Frl. Emma Heertz.
Wien, Magistrat: Magistrats-Oberkommissär Horneck, Vizebürgermeister Hoß.
Wiesbaden, Magistrat: Magistrats-Obersekretär Kauffmann.
Wismar, Magistrat: Senator Sohm.
Worms, Bürgermeisterei: Bürgermeister Dr. Wevers.
Zeitz, Magistrat: Bürgermeister Kelp.

IV. Vereine und Anstalten.

Berlin.
Zentrale für private Fürsorge: Dr. Albert Levy.
Deutsche Zentrale für Jugendfürsorge: Frl. Lina Koepp.
Kinder-Rettungs-Verein u. Evang. Erziehungsamt der Inneren Mission: Pastor Pfeiffer.
Deutscher Verein gegen den Mißbrauch geistiger Getränke: Oberregierungsrat Falch, Stuttgart.
Caritas-Verband für Berlin und Vororte: Pfarrer Lewek.
Mädchen- und Frauengruppen für soziale Hilfsarbeit: Frau Anna L. Friedmann.
Brünn, Mähren. Deutsche Landeskommission für Kinderschutz: Frl. M. Roller.
Budapest. Erzsébet Armenhaus: Armenhaus-Direktor Pálos.
Charlottenburg.
Vereinigung der Wohltätigkeitsbestrebungen: Frau E. Stein.
Verein gegen Verarmung: Rentier Poppenberg.
Darmstadt. Allg. Verein gegen Verarmung u. Bettelei: Geh. Oberkonsistorialrat D. Petersen.
Dortmund.
Wohltätigkeitsverein: Frau Stadtrat Dr. Ruben.
Zentrale des Kath. Fürsorgevereins für Mädchen, Frauen u. Kinder: Frau Amtsgerichtsrat Neuhaus.
Dresden. Verein gegen Armennot und Bettelei: Rechtsanwalt Boehmert, Redakteur Dr. Scheven.
Frankfurt a. M.
Archiv Deutscher Berufsvormünder: Prof. Klumker.
Almosenkasten der israelit. Gemeinde: Sekretär Stamm.

Zentrale für private Fürsorge: Dr. Polligkeit.
Verein Kinderschutz: Dr. Reiß.
Verband zur Förderung der Armen- und Waisenpflege: Frau Meta Hammerschlag, Armenvorsteher Stern.
Ortsgruppe des Israel. Frauenbundes: Armenvorsteherin Frau Olga Gumpf.

Freiburg i. B. Caritasverband f. d. kath. Deutschland: Prälat Dr. Werthmann.

Gießen. Allg. Verein f. Armen- und Krankenpflege: Kirchenrat D. Schlosser.

Güstrow i. M. Landarbeitshaus: Landarbeitshaus-Sekretär Schlundt.

Hamburg.
Hamburger Gesellschaft f. Wohltätigkeit: Dr. Zahn.
Deutschlands Großloge II des Internat. Guttemplerordens: Pastor Rolffs, Osnabrück.
Isr. Humanitärer Frauenverein: Frau Alfred Levy.

Hannover.
Niedersächs. Herbergsverband: Schatzrat von Campe.
Verein für freiwillige Armenpflege: Stadtrendant Gooß.

Karlsruhe i. B. Badischer Frauenverein: Geheimer Rat Müller.

Kiel.
Gesellschaft freiwilliger Armenfreunde: Landesrat Bachmann, Pastor Mau, Pastor Cornils.
Verband für Einzelvormundschaft: Frl. Dora Möbius.

München. Verein Mutterschutz: Frau Rosalie Schönflies.

Reutlingen. Gustav-Werner-Stiftung zum Bruderhaus: 2. Vorstand W. Schall.

Siegen. Armenunterstützungsverein: Armenamtsvorsteher Keßler.

Stuttgart.
Zentralleitung für Wohltätigkeit: Oberregierungsrat v. Falch.
Verein zur Förderung der Wanderarbeitsstätten: Oberreg.-Rat v. Falch, Oberamtmann Dr. Haußmann.
Landesverband für Jugendfürsorge in Württemberg: Oberregierungsrat v. Widmann, Ludwigsburg.
Lokal-Wohltätigkeitsverein: Fabrikant Breuning, Frau Mayer-Kolb, Frau Anna Zech, Frau Stadtpfarrer Lumpp, Frau Cl. Jaumann, Reallehrer Schlenker.
Waisenpflegerinnen-Verband: Frl. Helene Reis.
Südwestdeutscher Herbergsverband: Stadtpfarrer Mögling
Stuttgarter Jugendsekretariat: Jugendpfarrer Wüterich.
Häuser der Barmherzigkeit: Dr. Clausnizer.
Rettungsverein zum guten Hirten: Sekretärin Frl. Entreß.
Verein für Kinderschulen: Stadtpfarrer Fischer.

Dienstbotenheimat Fellbach und Stammheim und Erholungsheim Stammheim: Obergeometer a. D. Herzog.
Evang. Stadtmission: Pfarrer Rieß.
Stuttgarter Jugendverein: Stadtvikar Dölker.
Stuttgarter Jugendgerichtshilfe: Stadtvikar Dölker, Sekretär Vollenweider, Fräulein Souchay.
Verein Mutterschutz: Frau Helene von Gemmingen, Frau Sophie Rosenfeld.
Elisabethen-Verein: Frau Elisabeth Schiller, Frau Clara Jaumann.
Israel. Ortsarmenverein: Kaufmann Strauß.
Stuttgart-Cannstatt. Evang. Verein: Dekan Oehler.
Stuttgart-Untertürkheim. Armenunterstützungskommission: Schultheiß a. D. Fiechtner.

Einzelpersonen.

Berlin:
Landgerichtsdirektor Dr. Aschrott,
Frau Else Levy,
Frl. Dorothea Hirschfeld,
Assessor Dr. Kieschke.
Charlottenburg: Frau Stadtältester Stendel.
Colmar i. E.:
Oberlandesgerichtsrat Diefenbach,
Justizrat Dr. Ruland.
Degerloch: Kaufmann Eberhard.
Dresden: Frau Stadtrat Müller.
Elberfeld: Frau Ewald Aders.
Emden: Senator von Bollhuis Smeding.
Eßlingen: Referendar Zimmer.
Frankfurt a. M.:
Dr. Girgensohn,
Frau Magistrats-Syndikus Langer.
Göppingen: Rabbiner Dr. Tänzer.
Hall (Schwäb.): Frl. Hermine Rembold.
Hannover: Frau Schatzrat Drechsler.
Hamburg:
Frl. H. Th. Meßtorff,
Expedient Hoffmann,
Kaufmann Alfred Levy,
Direktor Emil Hartmann und Frau,
Armenpfleger Ch. T. Fricke.
Helsingfors: Inspektor der Fürsorgeerziehung Adolf von Bonsdorff.
Lauf bei Nürnberg: Bezirksamtmann Decker.

Leipzig:
Stadtrat a. D. und Rechtsanwalt Ludwig-Wolf,
Frau Stadtrat Ludwig-Wolf,
Fräulein Ludwig-Wolf.
Ludwigsburg:
Gemeinderat Dr. Holler,
Frau Hedwig Zeller.
Lübeck:
Frau Emma Lienau,
Frl. Martha Rösing.
Mannheim: Frau Alice Bensheimer.
Münster i. W.: Provinzialbeamter Dr. Hoffarth.
Neumünster: Frau Nissen.
Oldenburg i. Gr.: Geh. Regierungsrat Düttmann.
Osnabrück: Frau Else Rolffs.
Pforzheim: Armensekretär Füller.
Rüstringen i. Old.: Frau Käthe Runde.
Schweidnitz: Frau Margarete Cassebaum.
Sinsheim a. E.: Medizinalrat Dr. Eschle und Frau Emilie Eschle.
Stoppenberg: Frau Bürgermeister Meyer und Tochter.
Straßburg i. E.:
Geh. Regierungsrat Frhr. v. d. Goltz,
Fürsorge-Inspektorin Frau Sadezky.
Stuttgart:
Waisenpflegerin Frl. Hedwig Bauer,
Ministerialrat Dr. Bechtle,
K. b. Major z. D. Becker,
Städt. Armenpflegerin Pauline Betz,
Polizeidirektor Dr. Bittinger,
Frau Marie Bonhoeffer,
Verwaltungspraktikant Braun,
Ratsschreiber Breuninger,
Kommerzienrat Chevalier,
Privatgelehrter Dehlinger,
Gemeinderat Dietrich,
Kaufmann Dolmetsch,
Redakteur Forschner,
Ratsschreiber Götz,
Redakteur Goldschmit,
Ratschreiber Grieb,
Geh. Legationsrat Frhr. v. Gültlingen,
Präsident Ministerialdirektor von Haag,
Städt. Assistent Hackh,
Ratschreiber Ludwig Hoch,
Architekt Josenhans,

Frau Marie Josenhans,
Ratschreiber Kappler,
Städt. Armenpfleger Klaiber,
Landgerichtsdirektor Klein,
Polizeiamtmann Dr. Knapp,
Frau Regierungsdirektor von Köninger,
Hofrat Kuhn,
Dr. Paul Lechler,
Kaufmann Paul Lechler jun.,
Gemeinderat Dr. Ludwig,
Prälat Mangold,
Verwaltungspraktikant Müller,
Städt. Rechnungsrat Müller,
Stadtdirektor Nickel,
Städt. Waisenpflegerin Schw. Martha Oesterlen,
Frau Frida Perlen,
Frau Sofie Reis,
Städt. Waisenpflegerin Anna Schall,
Schullehrer a. D. Schömperlen,
Städt. Waisenpflegerin Marie Schweikardt,
Amtsgerichtsdirektor Sieger,
Städt. Waisenpflegerin Martha Sperling,
Frl. Fanny Stähle,
Kaufmann Stellwag,
Verwalter Wagner,
Waisenpflegerin Dora Weber,
Redakteur Werner,
Verwalter d. städt. Armenanstalten Wezel,
Oberin Irmgard Zipperling,
Waisenpflegerin Paula Maeule, Cannstatt,
Redakteur Gloning, Untertürkheim.

Weinheim:
Dipl.-Ing. Freudenberg,
Frau Helene Freudenberg.

Wunstorf bei Hannover: Direktor d. Landarmen-Anstalt Thiermann.

Erste Sitzung.

Donnerstag, den 25. September 1913.

Die Sitzung wird um 9 Uhr 15 Minuten von dem Vorsitzenden Justizrat Dr. Ruland-Colmar eröffnet.

Vorsitzender: Hochgeehrte Versammlung! Namens des Deutschen Vereins für Armenpflege und Wohltätigkeit erkläre ich hiermit den Deutschen Armenpflege-Kongreß, die 33. Jahresversammlung des Deutschen Vereins für Armenpflege und Wohltätigkeit, für eröffnet. Nach unseren Satzungen hat die Versammlung selbst über die Geschäftsleitung zu beschließen.

Ich erteile zu einem Vorschlag dieserhalb dem Mitgliede des Vorstandes Herrn Kirchenrat D. Schlosser das Wort.

Kirchenrat D. Schlosser-Gießen: Ich erlaube mir zu Präsidenten vorzuschlagen die Herren Justizrat Dr. Ruland aus Colmar i. E., Bürgermeister v. Hollander aus Mannheim und Gemeinderat Klein aus Stuttgart; zu Schriftführern die Herren Stadtrat v. Frankenberg aus Braunschweig und Gemeinderat Dr. Dollinger aus Stuttgart.

Vorsitzender: Meine Damen und Herren! Sie haben den Vorschlag gehört. Wenn kein Widerspruch erfolgt, erkläre ich ihn hiermit für angenommen. — Ich bitte die Herren, am Vorstandstisch Platz zu nehmen.

Unsere Geschäftsordnung ist die des Deutschen Reichstags mit einem Unterschied. Es wird nicht, wie im Reichstag, stets für und dann gegen den betreffenden Antrag das Wort erteilt, sondern es erhalten die Redner in der Reihenfolge das Wort, in der sie sich gemeldet haben. Wir haben jedoch bei dem großen Umfange der diesjährigen Materie für den gegenwärtigen Kongreß eine besondere Redeordnung in Vorschlag zu bringen, die ich später zu erwähnen haben werde.

Ehe wir in die Tagesordnung eintreten, erteile ich zunächst dem Vertreter Seiner Majestät des Königs und des Württembergischen Staatsministeriums, Seiner Exzellenz Herrn v. Fleischhauer, das Wort.

Staatsminister des Innern Dr. v. Fleischhauer-Stuttgart: Ich habe die Ehre, dem Deutschen Armenpflege-Kongreß die Grüße Seiner Majestät des Königs zu überbringen. Seine Majestät bedauert, an den Verhandlungen des Kongresses nicht selbst teilnehmen zu können, wird diese aber mit lebhaftem Interesse verfolgen und läßt Ihnen die besten Wünsche für einen segensreichen Erfolg Ihrer Beratungen aussprechen.

Indem ich mich dieses Allerhöchsten Auftrags entledige, freut es mich, zugleich das warme Interesse der Regierung an den Bestrebungen des Vereins zum Ausdruck bringen und in deren Namen Sie herzlich willkommen heißen zu dürfen. Wir freuen uns Ihrer Anwesenheit um so mehr, als schon seit vielen Jahren freundliche Beziehungen zwischen Ihrem Verein und unserem Lande bestehen. Schon einmal, in den ersten Jahren seines Bestehens, hat der Verein als gern gesehener Gast in Stuttgart getagt, und seine Verhandlungen sind stets Gegenstand der Anteilnahme und Beachtung weiter Kreise bei uns gewesen. Ist doch Württemberg ein Land, in dem ein reger Sinn für Wohltätigkeit herrscht und sich in den mannigfachsten Veranstaltungen der Fürsorge für Arme und Notleidende betätigt. Die Bestrebungen der freien Liebestätigkeit besitzen eine feste Organisation und eine einheitliche Stütze in der Zentralleitung für Wohltätigkeit, die unter der besonderen Obhut und tätigen Anteilnahme Ihrer Königlichen Majestäten seit nahezu einem Jahrhundert eine segensreiche Tätigkeit auf dem Gesamtfelde der Wohltätigkeit entfaltet.

Auf dem Gebiet der öffentlichen Armenpflege sind die Klagen, die auf der letzten Stuttgarter Tagung Ihres Vereins namentlich über die Zustände im Landarmenwesen laut geworden sind, mehr und mehr verstummt, nachdem (kurz nach jener Tagung) die frühere unzulängliche Organisation der Landarmenverbände durch eine ihren Aufgaben besser entsprechende ersetzt worden ist. Nicht zum wenigsten mag zu dem jetzigen günstigen Stand dieses Zweiges der öffentlichen Verwaltung auch die Entlastung beigetragen haben, die der Armenpflege durch die fortschreitende Ausdehnung der Versicherungsgesetzgebung wie durch den erfreulichen Aufschwung des wirtschaftlichen Lebens zuteil geworden ist.

Wie hoch man aber auch den Einfluß dieser Faktoren einschätzen mag, so bleiben noch genug der Fragen übrig, vor die sich Staat und Gemeinden auf diesem Gebiete gestellt sehen. Hand in Hand mit der Hebung der gesamten Lebenshaltung sind auch die Ansprüche an die Armenpflege gewachsen. Und wenn es gelungen sein sollte, einer weiteren Ausdehnung der Verarmung Einhalt zu tun, so treten um so mehr die Fragen der inneren Vervollkommnung und Ausgestaltung der Armenfürsorge in den Vordergrund. Die öffentliche Verwaltung kann die Mitarbeit der freien Liebestätigkeit zur Lösung dieser Fragen nicht entbehren, und sie erhofft dabei auch von der Arbeit Ihres Vereins noch vielfache Förderung und Unterstützung.

Für die diesjährige Tagung haben Sie die Frage eines deutschen Reichsarmengesetzes in den Mittelpunkt der Verhandlungen gestellt und diesen damit eine Bedeutung gegeben, die ihnen die Aufmerksamkeit der weitesten Kreise sichert. Auch die württembergische Regierung wird den Verhandlungen mit gespanntem Interesse folgen und begleitet Sie mit den besten Wünschen für einen schönen und erfolgreichen Verlauf.

(Lebhafter Beifall.)

Vorsitzender: Der Vertreter Ihrer Majestät der Königin Geheimer Kabinettsrat v. Kübel hat das Wort.

Geheimer Kabinettsrat Ihrer Majestät der Königin von Kübel-Stuttgart: Ihre Majestät die Königin hat mich allergnädigst beauftragt, die Tagung des Deutschen Armenpflege-Kongresses wärmstens zu begrüßen, und zugleich dem Bedauern Ausdruck gegeben, daß es Ihrer Majestät wegen Abwesenheit von Stuttgart nicht möglich ist, der Einladung zum Kongreß zu folgen und an Ihren Verhandlungen auch persönlich teilzunehmen.

Ihre Majestät begrüßt die hochangesehene und hochverdiente Vereinsorganisation, die in jahrzehntelanger reich befruchtender Arbeit eine Höchstinstanz geworden ist für die Fragen und Probleme auf dem Gebiet der Armenpflege und Wohltätigkeit, und welche nunmehr in erfreulicher Weise im Begriff steht, der Gesetzgebung die Wege zu ebnen für die so sehr erwünschte materielle Rechtseinheit auf dem großen Gebiete des öffentlichen Armenwesens.

Möge die Stuttgarter Tagung einen verheißungsvollen, einen entscheidenden Schritt bedeuten auf dem Wege zu diesem hohen Ziel. Ihre Majestät die Königin Allerhöchst, welche durch ihr landesmütterliches Wirken Ihrem Vereine und seinen Bestrebungen nahesteht, bringt Ihrer Tagung das lebhafteste Interesse entgegen und begleitet Ihre Verhandlungen mit den besten und wärmsten Wünschen.

(Lebhafter Beifall.)

Vorsitzender: Der Vertreter des Herrn Reichskanzlers und des Reichsamts des Innern Herr Geheimer Regierungsrat Dr. Jung hat das Wort.

Vortragender Rat im Reichsamt des Innern Geheimer Regierungsrat Dr. Jung-Berlin: Meine Herren und Damen! Auch in diesem Jahre wieder bin ich in der angenehmen Lage, Ihnen das wärmste Interesse der Reichsregierung für Ihre Bestrebungen anläßlich Ihrer Tagung zum Ausdruck zu bringen, und verknüpfe damit auch die besten Wünsche der Königlich Bayerischen Staatsregierung und der Elsaß-Lothringischen Landesregierung kraft des mir besonders gewordenen Auftrags der hier anwesenden Herren Vertreter dieser Regierungen.

Die Aufgabe, die sich der Kongreß in diesem Jahre gesetzt hat, ist wohl die umfassendste, die seinem Tätigkeitsbereich je unterstellt gewesen ist. Es ist eine Aufgabe von besonderer Tiefgründigkeit und Bedeutung, aber auch eine Aufgabe — und dessen sind sich die anwesenden Herren wohl bewußt —, die nicht von heute auf morgen gelöst werden kann; eine Aufgabe, der noch manche Steine aus dem Wege geräumt werden müssen, ehe das Ziel, das Sie erstreben, die Vereinheitlichung des materiellen Armenrechts, auch erreicht sein wird. Aber, meine Herren, es ist eine Aufgabe, die des Schweißes der Edelsten wert ist, und eine Aufgabe, bei der die Reichsregierung Ihre Mitarbeit nur mit der wärmsten Dankbarkeit begrüßen kann. Da sie berufen ist, die Gesetzgebung vorzubereiten, so ist ihr natürlich die Sachkunde, die in Ihrem Kongreß sich verkörpert, von der allergrößten Bedeutung. Deshalb begrüßt die Reichsregierung freudig Ihr Zusammenwirken in dem heutigen Kongreß und wird nicht verfehlen, soweit es im Rahmen ihrer Zuständigkeit möglich ist, sich Ihre Arbeit zu gegebener Zeit nutzbar zu machen. Als Ausfluß der Dankbarkeit für Ihren opferwilligen Fleiß und die Zeit, die Sie auf diese Arbeit verwenden, darf ich die Hoffnung betrachten, daß es dereinst gelingt, das Ziel, das Sie sich gesetzt haben, und das einen weiteren Schritt auf dem Wege der inneren Vereinheitlichung Deutschlands bedeutet, zu erreichen.

(Lebhafter Beifall.)

Vorsitzender: Das Wort hat der Vertreter der Stadt Stuttgart Oberbürgermeister Lautenschlager.

Oberbürgermeister Lautenschlager-Stuttgart: Meine verehrten Damen und Herren! Bei dem gemütlichen Zusammensein am gestrigen Abend hatte ich bereits die Ehre, Ihnen den ersten Willkommengruß der Stadt Stuttgart zu entbieten. Heute schicken Sie sich an, in den wissenschaftlichen Teil Ihrer Tagung einzutreten, und da ist es mir ein lebhaftes Bedürfnis, Ihnen die Grüße der Stadt zu überbringen, in der frohen Hoffnung, Ihrer Tagung möge der große Wurf gelingen, bei der Lösung der Frage der Schaffung eines einheitlichen materiellen Armenrechts einen entscheidenden Schritt vorwärts zu tun.

Für die Stadt Stuttgart wäre es eine große Ehre, und sie würde es als einen besonderen Vorzug betrachten, wenn es ihr vergönnt wäre, bei den Uranfängen dieses Werkes mit Pate gestanden zu haben.

Die Neuregelung sieht eine weitgehende Geschäftsvereinfachung und Verbilligung des gesamten Armenpflegeapparates vor; Millionen würden erspart; für die Stadt Stuttgart eröffnet sich damit eine erfreuliche Aussicht.

(Heiterkeit.)

In Stuttgart war es schon jetzt dank der Segnungen der sozialen Gesetzgebung, aber auch dank einer unermüdlichen und immer zunehmenden Privatwohltätigkeit feststehend, daß die Armenaufwendungen nicht etwa steigen, sondern eine fallende Tendenz zeigen. Es läßt sich das an der Hand unserer Haushaltspläne seit 1908 feststellen. Ob die wirtschaftlich ungünstige Situation, in der wir uns seit mehr als Jahresfrist befinden, einen Rückschlag bringen wird, läßt sich heute noch nicht übersehen. Aber Sie werden es begreiflich finden, mit welchem Interesse wir nun gerade Ihre heutige Tagung verfolgen, nicht bloß wir Stuttgarter, sondern wohl alle Kommunen unseres deutschen Vaterlandes werden Ihren Beratungen mit dem größten Interesse entgegensehen. Ich darf Sie versichern, daß keine Stadtverwaltung im Deutschen Reiche in Verlegenheit kommen wird, die Mittel, die durch eine Vereinfachung der Armenpflege erübrigt werden, wieder zu gleichartigen Zwecken zu verwenden.

Und so wünsche ich Ihren Verhandlungen von ganzem Herzen besten Verlauf zum Segen unserer Städte und unseres ganzen deutschen Vaterlandes.

(Lebhafter Beifall.)

Vorsitzender: Für die ebenso ehrenvollen wie liebenswürdigen Begrüßungsworte, die wir soeben gehört haben, spreche ich namens des Vereins den allerherzlichsten Dank aus. Wir danken an erster Stelle Seiner Majestät und Ihrer Majestät für die Bewillkommnungsworte. Wir tun das mit umso wärmerem Herzen, als wir ja wissen, daß gerade in diesem Lande, in Württemberg, die Hilfe von Mensch zu Mensch von den höchsten bis zu den niedersten Kreisen betätigt wird. Die schöne Sage von dem Herzog, der sein Haupt in den Schoß eines jeden Untertanen legen durfte, hat sich in diesem Lande bis auf den heutigen Tag lebendig erhalten und gilt noch heute für den Herrscher des Landes.

Wir danken ferner dem Königlichen Ministerium für die freundlichen Worte, und wir wollen bemüht sein, das zu verdienen, was durch diese Worte uns verheißen worden ist.

Wir danken dann vor allen Dingen auch dem Herrn Vertreter des Reichskanzlers und des Reichsamts des Innern! Gerade dem Reichsamte des Innern gegenüber fühle ich mich verpflichtet, noch ganz besonders zu betonen, daß von seiner Seite uns nicht nur moralisch, sondern auch nach jeder Richtung die wesentlichste Unterstützung zuteil geworden ist. Sie alle, die Sie Fachleute sind, werden ja beurteilen können und im Laufe des Kongresses sich darüber zu äußern haben, wie die vorbereitenden Leistungen für die diesjährige Tagung zu bewerten sind.

Wenn wir mit Freude und, ich darf wohl sagen, mit Begeisterung an diese Arbeit herangetreten sind, so haben wir das in der sicheren Überzeugung getan, daß wir dort verstanden werden, wo die künftigen Gesetzesmaßregeln einmal zu erwarten sein werden, im Reichsamte des Innern!

Wir danken auch der gastfreien Stadt Stuttgart für die liebenswürdige Bewillkommnung. Was von dem ganzen Lande gilt, gilt vor allen Dingen auch von dieser Stadt. Wir wissen, daß in dieser Stadt die Einrichtungen der Armenpflege und der privaten Wohltätigkeit ganz hervorragend sind. Es besteht ein edler Wettstreit in Deutschland sowohl zwischen den Staaten wie den gut geleiteten Gemeinden, auf diesem Gebiete Gutes und stets Neues zu leisten. Daß Stuttgart mit an erster Stelle zu nennen ist, das wissen wir alle!

Ich habe nun, nachdem ich, soweit ich imstande dazu bin, diesen Dank zum Ausdruck gebracht habe, vor Eintritt in die Tagesordnung noch einige geschäftliche Mitteilungen zu machen.

Was zunächst die Vertretungen auf dem Kongreß angeht, so will ich im Interesse der Zeitersparnis sie Ihnen jetzt nicht alle zur Kenntnis bringen; sie ergeben sich aus der Gegenwartsliste, die demnächst verteilt wird, und sie werden in dem gedruckten Berichte auch einzeln genannt werden. Sie werden daraus zu Ihrer Freude ersehen, daß nicht nur zahlreiche große Verbände, sondern auch zahlreiche Gemeinden und Organisationen der Privatwohltätigkeit, die wir besonders begrüßen, hier vertreten sind und mit uns beraten werden.

Wir treten nunmehr in die Tagesordnung ein: Erster Gegenstand derselben ist:

Geschäftliche Mitteilungen.

Ich erteile zunächst das Wort unserem Rechnungs- und Kassenführer Herrn Stadtrat Ludwig-Wolf Leipzig.

Rechnungs- und Kassenführer Stadtrat a. D. Ludwig Wolf-Leipzig: Hochverehrte Damen und Herren! Wie für andere Korporationen ist auch für unseren Verein das Finanzwesen seine reale Grundlage, und deshalb gestatte ich mir, einer alten Gepflogenheit folgend, Ihnen über den Stand der Finanzen unseres Vereins folgende kurze Auskunft zu geben:

Unser Verein zählte am 1. September 603 Mitglieder, und zwar 274 Gemeinden, 47 größere Verbände, 94 Vereine und 188 Privatpersonen.

Im Anschluß hieran gestatten Sie mir vor allem noch folgendes: Wie Sie sich von der letzten Hauptversammlung her wie auch aus dem Bericht über dieselbe erinnern werden, hatte unser Verein in seiner letzten Jahresversammlung beschlossen, die von unserem unvergeßlichen Dr. Münsterberg begründeten zwei Institute, nämlich die Zeitschrift für das Armenwesen und die Zentralstelle für Armenpflege und Wohltätigkeit, zu erhalten und sie dem Verein anzugliedern, allerdings unter der Voraussetzung, daß die Finanzen unseres Vereins für die Zukunft es gestatten würden, diesen Beschluß auch weiter durchzuführen.

Diesem Beschluß entsprechend, hat nun der Zentralausschuß in seiner Januarversammlung einen Haushaltplan für den Verein und seine beiden angegliederten Institute aufgestellt. Es ist nach diesem aufgestellten Plan gewirtschaftet worden. Selbstverständlich konnte er sich damals bei seiner Aufstellung nur in sachverständigen „Schätzungen" bewegen. Wir haben aber nun seitdem 8 Monate hinter uns, die uns schon mehr eine gewisse Unterlage geben, wie sich die Sache für die Zukunft gestalten dürfte. Die Zeitschrift hat uns im Laufe dieser 8 Monate einen Ertrag geliefert — ich rechne hinzu, was noch ungefähr eingehen dürfte — von ungefähr 980 M.; sie hat dagegen einen Zuschuß erfordert und wird noch einen solchen erfordern im Betrag von 2920 M., so daß sie mit einem Manko von 1940 M. abschließen dürfte.

Die Zentralstelle wird eine Einnahme von ungefähr 2000 M. haben und wird abschließen voraussichtlich mit einem Bedarf von 5775 M., sodaß sie also einen Zuschuß von 3775 M. erfordern wird. Es werden also die beiden uns angegliederten Institute einen Zuschußbedarf von rund 5700 M. beanspruchen.

Demgegenüber hat nun der Verein selbst bisher eine Einnahme von 13 480 M. gehabt. Es dürfte noch etwas hinzukommen, vielleicht 300 M., so daß wir also mit 13 700 M. Einnahmen im Verein abschließen werden, denen nun allerdings an Bedürfnissen des Vereins selbst ein Betrag von 6860 M. gegenüberstehen wird, so daß sich für den Verein ein Plus von 6824 M. ergibt, welches hinreichen dürfte, das Manko der beiden uns angegliederten Institute im Betrage von 5700 M. zu decken, so daß uns vielleicht noch ein Überschuß von ungefähr 1100 M. bleibt.

Ich gestatte mir aber darauf aufmerksam zu machen, daß diese zurzeit günstige Finanzlage des Vereins in der Hauptsache dadurch hervorgerufen ist, daß die Jacob-Plaut-Stiftung uns bisher mit einer Beihilfe von 3000 M. jährlich unter die Arme gegriffen hat. Es wird sich also darum handeln, ob und inwieweit es möglich sein wird, in Zukunft für den Verein einen Überschuß zu erzielen, der es uns ermöglicht, die beiden anderen Institute aufrecht und lebensfähig zu erhalten.

Zu diesem Ende hat der Zentralausschuß in seiner gestrigen Sitzung den Vorstand beauftragt, nach Wegen Umschau zu halten, wie die Finanzen des Vereins sich noch etwas weiter heben lassen, um für den Fall, daß die angegebene Unterstützung wegfallen sollte, sie dann ersetzen zu können.

Das ist das, was ich Ihnen für heute über die Finanzen des Vereins mitteilen kann. Hoffen wir, daß die Finanzen des Vereins auch fernerhin einen erfreulichen Aufschwung nehmen, und daß es uns gelingt, ihm noch weitere Mittel zuzuführen.

(Bravo!)

Vorsitzender: Wünscht jemand das Wort zum Kassenbericht? — Das ist nicht der Fall.

Bevor wir zum zweiten Gegenstand der Tagesordnung übergehen, habe ich Ihnen, meine Damen und Herren, im Auftrag des Vorstandes und Zentralausschusses noch eine Mitteilung zu machen. Wir werden bei der diesjährigen Tagung von unserem sonstigen Gebrauche abweichen. Es hat schon bei den Beratungen des von Ihnen im vergangenen Jahre eingesetzten Ausschusses Einigkeit darüber bestanden, daß im Interesse einer gedeihlichen Verhandlung es wohl nicht geboten und auch nicht wünschenswert sei, an jeden einzelnen Bericht sofort die Einzelberatung zu knüpfen. Denn es würde dann der Leitung des Kongresses nicht wohl möglich sein, die Zeit einzuhalten und dafür zu sorgen, daß die gesamte Materie zur Verhandlung kommt. Es würde das jedenfalls zu unzuträglichen Abkürzungen der Redezeit führen. Wir haben uns deshalb zu folgendem Vorschlage entschlossen: Der Kongreß soll zunächst die sämtlichen Berichte hören und dann erst in die Einzelberatung eintreten! Wir hoffen, daß die Berichte nicht nur heute erledigt werden, sondern daß wir heute auch schon die Einzelberatung werden beginnen können.

Sollte das nicht der Fall sein, so würde die Diskussion erst morgen beginnen. Wir werden also zunächst die einzelnen Berichte hören.

Geschäftlich habe ich noch weiter zu bemerken, daß für diejenigen geehrten Teilnehmer des Kongresses, die nicht Vereinsmitglieder und noch nicht im Besitze des Druckexemplares unsres hundertsten Bandes sind, Sorge getragen ist, daß sie hier den Druckband für sich erwerben können. Es sind 20 Exemplare zur Verfügung, und wir bitten, sich eventuell an die Sekretärin unseres Vereins, Fräulein Hirschfeld, zu wenden, die dafür sorgen wird, daß der Band ausgehändigt wird, und zwar zum Buchhändlerpreis von 4.40 M.

Was nun die Reihenfolge der Redner angeht, so haben wir folgendes beschlossen: Es wird schon heute eine Rednerliste offen gelegt, die heute und morgen fortlaufend von dem ersten Schriftführer, Herrn v. Frankenberg, geführt werden wird. Wir bitten diejenigen Damen und Herren, die überhaupt im Laufe des Kongresses das Wort nehmen wollen, sich schon so bald wie möglich schriftlich zur Rednerliste zu melden. Es werden dort neben dem Rednerpult Zettel bereitliegen, auf welche ich die betreffenden Herrschaften bitte, erstens ihren Namen einzutragen und zweitens einfach mit lateinischer Ziffer denjenigen Punkt anzugeben, zu welchem sie das Wort zu ergreifen wünschen.

Wir werden zunächst nach Anhörung der Berichte eine „Generaldiskussion" folgen lassen, die nur die allgemeinen Gesichtspunkte betreffen kann und als Kardinalfrage wohl die „Notwendigkeit des Reichsarmengesetzes" behandeln wird. Die übrigen Materien haben wir ja, wie Ihnen allen bekannt ist, geteilt und numeriert. Es ist also jeder, der das Wort ergreifen will, in der Lage, durch Angabe der Nummer nach der Tagesordnung dem Herrn Führer der Rednerliste sofort bekannt zu geben, zu welchem Punkte er sprechen will. Wir werden dann beim Eintritt in die Diskussion hier am Vorstandstisch wissen, wieviel Redner sich gemeldet haben und zu welchen Punkten. Wir wollen selbstverständlich die Redefreiheit so wenig wie möglich beschränken; aber wir sind dadurch in die Lage versetzt, die ganzen Verhandlungen übersehen zu können. Wir bitten also dringend, daß die Herrschaften von diesem Wunsche Kenntnis nehmen und ihn erfüllen. Hinterher, wenn einmal die Diskussion eröffnet ist, werde ich es zu meinem Bedauern nicht zulassen können, daß noch nachträgliche Wortmeldungen irgendwie berücksichtigt werden, wenn nicht gerade im einzelnen Falle, was man ja nie wissen kann, die Versammlung anders beschließen sollte. Sie ist ja darin souverän. Ich werde jedesmal, wenn ein derartiger Streitpunkt kommen sollte, die Versammlung selbst entscheiden lassen.

Bevor wir, meine Damen und Herren, den ersten Berichterstatter hören, habe ich dann noch im Auftrage des Vorstandes einige Worte der Einleitung zu sprechen. Die gedruckten Berichte sind — zwar etwas später, als wir gewollt hatten — in Ihre Hände gelangt. Aber es hat doch jeder von Ihnen noch reichlich Gelegenheit gehabt, sich zur Sache selbst zu informieren. Es wäre deshalb auch eigentlich für die Damen und Herren, die wir hier als Fachgenossen begrüßen, überflüssig, ein einleitendes Wort zu sprechen. Im Einverständnisse mit meinem verehrten Kollegen Herrn v. Hollander, dessen einleitender Bericht in Ihren Händen ist, soll ich jedoch in kurzen Worten auch für diejenigen Damen und Herren hier noch ein einleitendes Wort sprechen, die nicht, wie die Mehrzahl von uns, eigentlich schon Fachleute sind, sondern es erst werden wollen. Zu unserer großen Freude begrüßen wir ja stets auf unseren Versammlungen solche Damen und Herren, die, ohne besondere Fachkenntnisse zu besitzen, aus allgemeinem Interesse für unsere Sache auf unseren Versammlungen erscheinen. Es wäre bedauerlich, wenn wir auf diese Damen und Herren von vornherein nur den Eindruck strenger fachmäßiger Wissenschaftlichkeit machten und ihnen dadurch die Möglichkeit nähmen, dem zu folgen, was hier geboten wird. Deshalb möchte ich nur, und zwar absichtlich in ganz laienhafter Weise, wenige Worte zur Einleitung sprechen.

Bei der Gründung des Deutschen Reiches ist die als eine Aufgabe des modernen Staates anerkannte Armenpflege durchaus nicht einheitlich durch das Gesetz geregelt gewesen. Wir unterschieden damals zwei Systeme: das sogenannte obligatorische und das fakultative System. Das obligatorische: die Mittel der Armenpflege werden obligatorisch, d. h. durch staatlichen Zwang, auf dem Wege der Steuergesetzgebung, aufgebracht; fakultativ: der Staat geht von dem Gedanken aus, daß die gesamte Armenpflege sich durch freiwillig aufgebrachte Mittel bewerkstelligen ließe.

Die beiden Gebiete dieser verschiedenen Systeme waren einerseits Alt-Deutschland, auf der anderen Seite Elsaß-Lothringen. Ganz Alt-Deutschland, sowohl Nord wie Süd, stand schon bei Gründung des Reiches auf dem Standpunkt, daß es nur auf dem Wege des Zwanges möglich sei, die großen Aufgaben der Armenpflege zu erfüllen. Elsaß-Lothringen, in der Nachfolge des französischen Systems, stand auf dem entgegengesetzten Standpunkt und war der Meinung, daß man die Mittel freiwillig aufbringen könne. Praxis wie Wissenschaft hatten aber schon seit Jahrzehnten anerkannt, daß das fakultative System für den modernen Staat undurchführbar sei; in Frankreich selbst war es durchbrochen.

Ihnen allen sind ja die Kämpfe bekannt, die gerade unser Verein auf diesem Gebiete geliefert hat, um zunächst eine Einheitlichkeit des Systems herbeizuführen. Auf dem Kongresse in Straßburg im Jahre 1896, in Nürnberg 1898 und in Mannheim 1905 hat der Verein diese Frage eingehend behandelt und in immer schärfer werdenden Resolutionen sich dahin entschieden, daß das fakultative System zu verwerfen sei! Auf diese Weise ist es gelungen, nach einem 14 jährigen Kampfe, wenn ich mich so ausdrücken darf, eine Einheitlichkeit des Systems in Deutschland zu erreichen. In Elsaß-Lothringen wurde im Jahre 1910 auf dem Wege der Landesgesetzgebung das Unterstützungswohnsitzgesetz, also das obligatorische System, eingeführt, und heute haben wir in Deutschland nur mehr dieses einheitliche obligatorische System.

Dieses System kann nun nach zwei Methoden ausgeübt werden, und so haben wir auch heute noch, wenn wir Gesamtdeutschland ins Auge fassen, zwei verschiedene Methoden der Ausführung: einmal das alte Heimatsrecht, das Grundprinzip, daß der Arme von seiner Heimatsgemeinde unterstützt wird, die diese Verpflichtung auch, solange er lebt, beibehält.

Von diesem alten Prinzip waren die norddeutschen Staaten, mit ihnen Baden und Württemberg, aber schon in den 70 er Jahren abgewichen. Sie hatten erkannt, daß die Regelung auf eine andere Weise stattfinden müsse und daß die Aufenthaltsgemeinde, nicht die Heimatsgemeinde, schließlich doch die Trägerin der Armenlast unter gewissen Kautelen sein müsse. So kam man zu dem sogenannten Unterstützungswohnsitz, dem Prinzip, wonach ein künstlich gedachter Wohnsitz angenommen wird, der die Unterstützungspflicht auszuüben hat.

Die beiden Methoden sind also einerseits das Heimatsrecht, anderseits der Unterstützungswohnsitz. Das Heimatsrecht gilt heute noch in Bayern, während dem Unterstützungswohnsitzgesetz heute das ganze übrige Deutschland einschließlich Elsaß-Lothringen unterliegt.

Nun ist auch die Frage, welche dieser beiden Methoden die bessere sei, mehrfach auf unseren Kongressen gestreift worden. Es ist das Verdienst unseres verehrten Kollegen Fleischmann aus Nürnberg, diese Frage seinerzeit, im Jahre 1898, in gründlich wissenschaftlicher und in zugleich praktischer Weise geprüft zu haben. Er ist damals zu dem Ergebnis gekommen, zwar die Vorzüge des Heimatsrechts durchaus anzuerkennen, anderseits aber auch schon in seinen Ausführungen anzudeuten und darzulegen, daß doch wohl das Unterstützungswohnsitzgesetz auf die Dauer das bessere, also das richtige sei.

Zu unserer aller großen Freude hat sich nun, ohne daß wir unsererseits dazu irgendwie einen besonderen Impuls gegeben hätten, die Königlich bayrische Staatsregierung im Laufe des vergangenen Jahres entschlossen, dem Unterstützungswohnsitzgesetz auch die Ausdehnung auf Bayern zu geben. Und so ist augenblicklich in Bayern ein Gesetz in Vorbereitung, durch welches das Prinzip des Unterstützungswohnsitzes auch auf Bayern übertragen werden soll. Damit wäre nun für das ganze Deutsche Reich zunächst auf diesem einen Gebiete, nämlich dem Gebiete der Frage, wie, mit welchen Organisationen, mit welchen Sicherungsmitteln usw. der Staat die öffentliche Armenpflege ausüben solle, eine Rechtseinheit erreicht.

Nun bleibt aber noch eine weitere Frage übrig, die auch dem Laien sofort verständlich ist. Wie die Armenpflege ausgeübt werden soll, das wird demnächst in ganz Deutschland feststehen; aber was sie im einzelnen zu leisten hat, das steht noch längst nicht fest! Diese Frage ist und bleibt in den verschiedenen Bundesstaaten noch verschiedenartig beantwortet. Und nun werden Sie aus den heutigen Berichten hören, wie man über die Frage der eigentlichen Pflichtleistung der Armenpflege verschieden denken kann, und Sie werden auch aus dem Berichte des Herrn Kollegen von Hollander hören, wie diese Frage in den verschiedenen Bundesstaaten bisher verschieden beantwortet worden ist.

Diese Unterschiede in der Gesetzgebung haben nun für die Armenpflege selbst — das liegt auf der Hand — bedenkliche Folgen, und diese Folgen sind sogar finanziell sehr erheblich. Es ist durchaus nicht übertrieben, wenn vorhin von Millionen die Rede gewesen ist. Auch ich bin der Überzeugung: wenn nach richtigem System und in richtigen Grenzen einmal in ganz Deutschland einheitlich die Armenpflege ausgeübt werden wird, dann werden alljährlich Millionen dem Volke erspart werden! Daran zweifle ich nicht einen Augenblick! Ich bin auch überzeugt, daß der enorme wirtschaftliche Aufschwung, den unser Vaterland in den letzten zwei Dezennien genommen hat, ganz wesentlich darauf beruht, daß wir in Deutschland in energischer Weise eine systematische Armenpflege durchgeführt haben. Wir retten stets das kommende Geschlecht, wenn wir richtig Armenpflege betreiben! Wir erziehen aus dem kommenden Geschlecht stets wieder steuerkräftige Bürger, und dadurch haben wir, von idealen Zwecken ganz abgesehen, den Vorteil, daß wir dem Staate, volkswirtschaftlich gedacht, immer wieder neue Steuerkräfte zuführen, die sonst verloren gehen würden. Generationen von Bettlern gibt es nicht mehr in einem Staate, der richtig Armenpflege treibt!

So glaube ich, in laienhafter Weise ausgedrückt, das Nötige gesagt zu haben, um die Berichte, die nunmehr folgen werden, auch denjenigen Herrschaften verständlich zu machen, die in unserem Sinne nicht vom Fach sind.

Ich erteile nunmehr dem ersten Berichterstatter Herrn Beigeordneten Dr. Greven-Köln, das Wort zu Punkt II:

Die Aufgaben der öffentlichen Armenpflege.

Berichterstatter Beigeordneter Dr. Greven-Köln: Meine hochgeehrten Damen und Herren! Bei den früheren Verhandlungen unseres Vereins über den Umfang der Aufgaben der öffentlichen Armenpflege 1905 in Mannheim und 1912 in Braunschweig hatte es den Anschein, als ob zwischen den verschiedenen Anschauungen über diese Frage eine tiefe Kluft vorhanden sei. Vielleicht dürfen wir nun doch heute hoffen, daß eine Einigung auf einer mittleren Linie erfolgen kann. Zu dieser Hoffnung berechtigt vor allem der Umstand, daß die beiden Berichterstatter der Braunschweiger Tagung, die mehr oder weniger die entgegengesetzten Anschauungen vertraten, sich mit den heute vorgelegten Richtlinien einverstanden erklärt haben. Die langwierigen früheren Verhandlungen sollten nun aber eine Mahnung sein, nicht allzusehr auf einer in etwa abweichenden Meinung zu bestehen. Wenn die Rechtseinheit erreicht werden soll, dann wird immer der eine oder andere seine

Wünsche bezüglich der Ausgestaltung der gesetzlichen Bestimmungen in etwa zurückstellen und sich der Mehrheit anpassen müssen. Es erscheint angebracht, diese Mahnung an die Spitze der heutigen Ausführungen zu stellen, weil bereits vor unserer Tagung der Wunsch laut geworden ist, die Grenzen der Armenpflege noch weiter zu stecken, als dies in den Richtlinien vorgesehen ist.

Bei Inangriffnahme eines neuen Gesetzes wird man zunächst immer einigermaßen den gegenwärtigen Rechtszustand berücksichtigen müssen. Da ist denn nun sehr zu beachten, daß nicht nur Preußen, sondern auch noch 13 andere Bundesstaaten heute die Pflichtleistungen der Armenpflege auf die Gewährung des unentbehrlichen Lebensunterhalts einschließlich Obdach, der erforderlichen Pflege in Krankheitsfällen und eines angemessenen Begräbnisses beschränken. Diese 14 Bundesstaaten weisen über 45¼ Millionen Einwohner auf. Demgegenüber sind es nur 12 Bundesstaaten mit einer Einwohnerzahl von etwa 19½ Millionen, die die Grenzen der Armenpflege weiter gesteckt haben. Aber auch sie gehen mit Ausnahme der beiden Bundesstaaten Bayern und Sachsen keinesfalls über das hinaus, was in den heutigen Richtlinien gefordert ist.

Allerdings kann die bestehende Gesetzgebung nicht ausschlaggebend für ein neu zu schaffendes Reichsgesetz sein. Das Reichsarmengesetz wird vielmehr die Aufgaben der Armenpflege so festzulegen haben, als es nach Lage unserer Lebensverhältnisse und nach den heutigen sozialen Anschauungen richtig erscheint.

In erster Linie ist nun der Satz aufgestellt, daß die Leistungen der öffentlichen Armenpflege auf die subsidiäre Gewährung des Notbedarfs zu beschränken sind. Die Folgerichtigkeit dieses Satzes ist nicht etwa nur aus der historischen Entwicklung des Begriffs der Armenpflege, sondern vor allem aus volkswirtschaftlichen Erwägungen herzuleiten. Sehr zu beachten ist hierbei, daß es sich nicht etwa um Festlegung der Grenzen der Armenpflege im *allgemeinen*, sondern um Bestimmung der Aufgaben der *staatlichen Zwangs*armenpflege handelt. Die *freiwillige* Armenpflege mag ihre Grenzen weiter stecken. Die *Zwangs*armenpflege dagegen muß immer im Auge behalten, daß sie ihre Mittel durch Zwangsbeiträge der Allgemeinheit, durch Steuern, aufbringt. Es ist immer zu bedenken, daß zwischen einem Armenunterstützten und dem niedrigsten Steuerzahler kein großer Unterschied ist. Wenn auch die Leistungen der niedriger Besteuerten keine so übermäßig großen sind, so haben wir doch alle Veranlassung, auf die unteren Steuerklassen Rücksicht zu nehmen. Vor allem wird man sich hüten müssen, eine Fürsorge einzuführen, die nicht auch wenigstens *jedem* aus dieser minderbemittelten Klasse zuteil wird. *Eine feste und gerechte Umgrenzung der Pflichten der Armenpflege erscheint unumgänglich.* Eine derartig feste Umgrenzung wird aber nicht mehr möglich sein, wenn man über die subsidiäre Gewährung des Notbedarfs hinausgeht. Immer wieder muß auch betont werden, daß eine zu weit gehende Armenfürsorge erfahrungsgemäß die Tatkraft weiter Volkskreise lähmt und die soziale Not daher nicht beseitigt, sondern vergrößert. Hierüber sind sich wohl alle Sachverständigen einig. Ich darf in dieser Beziehung auf die näheren Ausführungen meines gedruckten Berichts, insbesondere auch auf die dort zitierten zahlreichen Äußerungen von sachkundigster Seite verweisen. Schließlich ist noch von Bedeutung, daß, wie im Druckbericht dargetan, die Grundtendenz aller bestehenden Armengesetze, auch die des bayerischen und sächsischen, darauf ausgeht, die Pflichtleistungen der Armenpflege auf die subsidiäre Gewährung des Notbedarfs zu beschränken.

Der eingangs erwähnte Wunsch, die Grenzen der Armenpflege weiter zu stecken, als in den Richtlinien geschehen, bezieht sich auch diesmal hauptsächlich auf die vorbeugende Armenpflege. In der Septembernummer des „Helfers" ist eine Abhandlung enthalten, in der vorgeschlagen wird, „lieber die allgemeinen idealen Aufgaben jeder amtlichen oder nichtamtlichen Armenpflege als Hauptziele eines neuen Reichsarmengesetzes aufzustellen". Als solche Hauptaufgaben werden bezeichnet: I. Verhütung der Verarmung, II. Gewährung von Arbeit statt Almosen, III. Erziehung armer Kinder zu einem bestimmten Berufe, IV. allgemeine Erziehung gefährdeter jugendlicher Personen zur Arbeitsamkeit, Mäßigkeit, Anspruchslosigkeit und Sparsamkeit in guten Handwerker- oder Bauernfamilien oder in Erziehungsanstalten.

In Rechtfertigung dieser Vorschläge beruft man sich auf die Hauptbestimmungen der sächsischen Armenordnung vom 22. Oktober 1840 und die Motive dieses Gesetzes. Es wird gewünscht, daß der innerlich allein konsequente ideale Standpunkt der alten sächsischen Armenordnung auf dem Armenpflegetage die gebührende Würdigung und Berücksichtigung finden möge. Diese Ausführungen dürften einerseits von einer Überschätzung der Bestimmungen der sächsischen Armenordnung, dann aber auch von einer mißverständlichen Auffassung der in dem Druckbericht gemachten Vorschläge ausgehen. Was zunächst die erste Forderung angeht, die Verhütung der Armut als Aufgabe der Armenpflege zu bezeichnen, so kann man nur sagen, daß da der Armenpflege etwas auferlegt werden soll, was ganz unmöglich von ihr geleistet werden kann. Es bedarf wohl gar keiner Ausführung, daß das Streben sowohl einer vernünftigen Wirtschafts- wie Sozialpolitik dahin gehen muß, durchaus gesunde Verhältnisse zu schaffen und somit die Armut so viel wie möglich zu verhüten. Nie und nimmermehr wird aber die

Armenpflege *selbst* in dieser Beziehung Bedeutendes leisten können. Es handelt sich da um eine ganz gewaltige Aufgabe, für die die verschiedensten Maßnahmen auf wirtschafts- und sozialpolitischem Gebiet in Betracht kommen. Diejenigen, denen das im vorigen Jahre in einer deutschen Übersetzung von Helene Simon erschienene Buch des englischen Ehepaares Webb über „das Problem der Armut" bekannt ist, werden sich erinnern, daß in diesem Buche sogar der Vorschlag gemacht wird, die Armenpflege in dem heutigen Sinne ganz aufzuheben und an ihre Stelle eine ganze Anzahl sozialer Maßnahmen treten zu lassen. Die Webbschen Vorschläge, deren Durchführbarkeit ich hier nicht erörtern will, zeigen uns, wie gewaltig die Aufgabe ist, dem Problem der Armutsverhütung auch nur einigermaßen näherzukommen. Mit einer einfachen Bestimmung, daß die Armenpflege der Armut zuvorkommen oder entgegenwirken solle, wie sich derartige Bestimmungen in der sächsischen und auch in der bayerischen Armenordnung finden, ist da nichts getan. *Derartige allgemeine Bestimmungen müssen notwendig*, wie Herr Kollege Fleischmann dies bezüglich Bayerns in Mannheim konstatiert hat, *eine papierene Sache bleiben*. In ein Gesetz sollten doch wohl besser nicht so allgemein gehaltene Ratschläge und Winke aufgenommen werden. *Es erscheint vielmehr nötig, in einem Armengesetz die Verpflichtungen der Armenbehörden einerseits und die Ansprüche der Hilfsbedürftigen andererseits genau festzulegen und zu begrenzen*. Der Armenpflege allgemeinhin die Verhütung der Armut auferlegen zu wollen, erscheint jedenfalls als ein Unding. Bezüglich der Maßnahmen, die unter vorbeugender Armenpflege verstanden werden sollen, halte ich den Standpunkt aufrecht, den ich im Druckbericht eingenommen, daß auch diese Maßnahmen nur insoweit der gesetzlichen Armenpflege aufzuerlegen sind, als sie im Rahmen des Notbedarfs liegen. Es sind dies die Pflegemaßnahmen, durch die einer vorhandenen oder unmittelbar drohenden Hilfsbedürftigkeit durchgreifend abgeholfen wird. Diese durchgreifende Hilfe, wie ich sie nennen möchte, umfaßt sehr viel, namentlich auf dem Gebiet der Gesundheitspflege. Die Armenpflege muß alles nach ärztlichem Urteil zur Erhaltung oder Sicherung der Gesundheit Erforderliche tun, da ja die Gesundheit eines der zum Notbedarf gehörenden Lebensgüter ist. So ist also auch die Aussendung schwächlicher Kinder zu Erholungskuren als eine im Rahmen des Notbedarfs liegende Maßnahme durchgreifender Hilfe anzusehen, wenn sie vom Arzte als zur Erhaltung oder Sicherung der Gesundheit notwendig erachtet wird. Ich stimme somit Herrn v. Hollander durchaus zu, daß die Armenpflege hierzu verpflichtet ist. Auszuscheiden aus dem gesetzlichen Aufgabenkreis der öffentlichen Armenpflege sind dagegen alle über den Rahmen des Notbedarfs hinausgehenden, rein vorbeugenden Maßnahmen. Es muß auch den größten Bedenken begegnen, die Zwangsarmenpflege zur Trägerin einzelner bestimmter, rein vorbeugender Maßnahmen zu machen. Hierhin könnte man vielleicht die Bestimmung des § 25 der sächsischen Armenordnung rechnen, die dahin geht, „daß denjenigen, welche durch häusliche oder persönliche Umstände in vorübergehenden Notstand versetzt werden, unter solchen Umständen zeitiger Beistand zu leisten ist". Allerdings ist diese der Armenpflege auferlegte Verpflichtung noch reichlich unbestimmt, und eine gerechte, mehr oder weniger gleichmäßige Ausführung der Bestimmung erscheint daher sehr in Frage gestellt. Aber auch abgesehen hiervon erscheint es nicht angezeigt, eine derartige vorbeugende Fürsorge der Zwangsarmenpflege aufzuerlegen. Diejenigen Personen, die in eine augenblickliche Bedrängnis geraten sind, deren Notbedarf aber noch sichergestellt ist, sollte man lieber von der öffentlichen Armenpflege möglichst fernhalten. Auch von der Inanspruchnahme der Armenpflege gilt der Satz: „c'est le premier pas qui coûte". Wer erst einmal die erste Scheu überwunden hat, gewöhnt sich nur zu leicht daran, Kostgänger der Allgemeinheit zu werden. Es dürfte daher viel richtiger sein, alle rein vorbeugenden Maßnahmen wenigstens einigermaßen von der eigentlichen Armenpflege zu trennen. Selbstverständlich soll damit nicht etwa die vorbeugende Fürsorge irgendwie bekämpft werden; im Gegenteil erscheint der immer weitere Ausbau und die Vervollkommnung der sozialen Fürsorge dringend erwünscht. Soweit nicht allgemein einzuführende soziale Maßnahmen in Frage kommen oder die private Wohlfahrtspflege hilft, werden von den Gemeinden meist Stiftungsmittel oder freiwillige Gaben den Zwecken vorbeugender Pflege dienstbar gemacht werden können.

Wenn weiter im „Helfer" als zweite Hauptaufgabe der Armenpflege die Gewährung von Arbeit statt Almosen gefordert wird, so enthält dies eigentlich etwas Selbstverständliches. In dem Druckbericht ist ausdrücklich betont, daß auch die Armenpflege die Gebote der Wirtschaftlichkeit beachten muß und daß sie daher der Hilfsbedürftigkeit im allgemeinen möglichst durchgreifend abhelfen soll. Nun ist aber zweifellos die Verschaffung von Arbeit an einen Arbeitslosen die durchgreifendste und auch die wirtschaftlichste Art der Hilfe. Ich glaube, daß es kaum irgendeine Armenverwaltung geben wird, in der nicht nach diesem selbstverständlichen Rezept verfahren wird. Aber, meine Damen und Herren, wie weit kommt man mit diesem Rezept? Wir wissen doch alle, wie schwer die Lösung der Arbeitslosenfrage ist. Die allgemeine weitgehende Bestimmung des § 27 der sächsischen Armenordnung, „die Verschaffung lohnender Arbeit für Arbeitswillige und -fähige, aber arbeitslose Arme ist die Sorge der Armenbehörden", erscheint hiernach als eine unmöglich durchzuführende Verpflichtung für die Armenverwaltung. Wo keine genügende Arbeit ist, da werden auch die Armenverwaltungen sie nicht beschaffen können. Ich möchte wohl annehmen, daß auch diese Bestimmung der sächsischen Armenordnung mehr auf dem Papier steht, als in die Praxis umgesetzt worden ist. Von einer besonders erfolgreichen Arbeitslosenfürsorge der sächsischen Armenbehörden ist wenigstens bisher nichts bekannt geworden. Gewiß, soweit es der Armenpflege möglich, soll sie den Armen Arbeit anweisen. Das entspricht auch durchaus der Tendenz des § 1 des Preuß. AG. zum UWG., der in Leitsatz 3 in gewissem Maße als Vorbild für die reichsgesetzliche Regelung hingestellt ist. In Absatz 2 dieses Paragraphen ist nämlich festgesetzt, daß die Unterstützung geeignetenfalls mittels Anweisung der den Kräften des Hilfsbedürftigen entsprechenden Arbeiten erfolgen kann. Es würde übrigens nichts verschlagen, wenn in einem Reichsarmengesetz gesagt würde, daß die Unterstützung nach Möglichkeit durch Anweisung einer den Kräften des Hilfsbedürftigen entsprechenden Arbeit erfolgen solle. Aber auch hierbei würde immer daran festzuhalten sein, daß nur beim Fehlen des Notbedarfs die Armenpflege einzutreten hat. Im übrigen mag auch noch darauf hingewiesen werden, daß sich die Absicht, in dem Reichsarmengesetz auf eine Ausnutzung vorhandener Arbeitskraft energisch zu drängen, aus den vorgeschlagenen Richtlinien über den polizeilichen Arbeitszwang ergibt. Die Forderung der Gewährung von Arbeit statt Almosen enthält also nichts von den vorgeschlagenen Richtlinien Abweichendes.

Die weiteren Forderungen in der Abhandlung des „Helfers" beziehen sich auf die Erziehung der Kinder und ihre Ausbildung zu einem Beruf. Hierüber wird im einzelnen später noch zu reden sein. Es genügt hier auch in dieser Beziehung hervorzuheben, daß ein Verlassen der sicheren Grenze des Notbedarfs den schon erörterten schweren Bedenken begegnet. Man sollte aber doch auch annehmen, daß um so eher die Grenze des Notbedarfs für die Armenpflege angenommen werden könnte, als auch innerhalb dieser Grenze nach Satz 2 der Richtlinien eine wesentliche Erweiterung der Aufgaben der Armenpflege für den größten Teil Deutschlands durch Einbeziehung der Erziehung und Erwerbsbefähigung in die Pflichtleistungen der Armenpflege möglich erscheint. Diese Erweiterung der Pflichten der Armenpflege ist zweifellos eine nicht unerhebliche, und die Freunde der fortschrittlichen Ausgestaltung der Armenpflege müßten um so eher hiermit zufrieden sein, als doch offenkundig ist, daß heute noch an vielen Orten die beschränkteren Aufgaben der Armenpflege nicht einmal in genügender Weise erfüllt werden. Man darf daher wohl erwarten, daß eine Einigung dahin möglich ist, die Aufgaben der Armenpflege in einem Reichsarmengesetz auf die subsidiäre Gewährung des Notbedarfs zu beschränken.

Wollen einzelne Bundesstaaten sich hiermit nicht zufrieden geben, dann kann es ihnen schließlich überlassen werden, in Landesgesetzen der Armenpflege weitere Pflichten aufzuerlegen.

Von wesentlicher Bedeutung ist nun aber noch die Bestimmung des Umfangs des Notbedarfs. Hier ist vor allem zu betonen, daß der Notbedarf sich nach den sozialen Anforderungen der Zeit und des Ortes richtet. Dadurch ist eine Anpassung der Armenpflege an die allgemeine Entwicklung der Lebensverhältnisse und eine Gewährung der Armenfürsorge unter Bedingungen gewährleistet, die den jeweiligen Anforderungen der Bildung und des Kulturstandes entsprechen. Daß eine derartige Auffassung des Notbedarfs die einzig richtige ist, ergibt sich wohl ohne weiteres, wenn man die Verhältnisse in einem auf niederster Kulturstufe stehenden Volke, etwa einem Negerstamm Afrikas, denen in einem hoch entwickelten Kulturstaate gegenüberstellt.

Bei einer derartigen sozialen Auffassung des Begriffs des Notbedarfs werden wir aber nicht umhin können, auch die Erziehung und Erwerbsbefähigung in den Notbedarf einzubeziehen. Es läßt sich doch wohl nicht leugnen, daß für unsere heutigen Begriffe die Erziehung und in analogem Sinne auch die Erwerbsbefähigung etwas ganz Unentbehrliches, absolut Notwendiges ist. Es handelt sich hierbei um ein für jeden Menschen vorhandenes Bedürfnis, und das Kind, dem die Erziehung oder Erwerbsbefähigung nicht zuteil wird, entbehrt einer Lebensnotwendigkeit. Ich vermag hiernach nicht einzusehen, weshalb die Einbeziehung der Erziehung und Erwerbsbefähigung in den Notbedarf etwas Gekünsteltes an sich haben soll.

Niemand wird aber auch wohl dafür eintreten wollen, daß die Armenpflege die Kinder, die ihr infolge materieller Not anheimgefallen sind, ohne jede Erziehung lassen könnte. Selbst das preußische Oberverwaltungsgericht hält in diesem Falle die preußischen Armenverbände zu der nur einen akzessorischen Charakter tragenden Gewährung der Erziehung für verpflichtet. Wenn man nun aber die Leistungen der Armenverbände auf den Notbedarf beschränkt, so muß man in diesen Fällen die Erziehung als im Rahmen des Notbedarfs liegend anerkennen, und es ist dann nur ein Gebot der Logik, dies auch allgemein zu tun.

Die Einbeziehung der Erziehung und der Erwerbsbefähigung unter den Begriff des Notbedarfs findet aber endlich auch ihre Stütze in der bestehenden Gesetzgebung, und zwar haben nicht nur die in Betracht kommenden Armengesetze, sondern auch das BGB. die Erziehung und die Vorbildung zu einem Beruf als zu dem notdürftigen Unterhalt gehörig bezeichnet.

Die verschiedenen Einwendungen gegen die Einbeziehung der Erziehung und der Erwerbsbefähigung unter die Aufgaben der Armenpflege erscheinen nicht stichhaltig. Der Jugendfürsorge geschieht durch diese Einbeziehung kein Eintrag. Soweit die Jugendfürsorge anderweitig geregelt ist oder, wie zu wünschen, weiter ausgebaut wird, scheidet die Armenpflege aus, da sie selbstverständlich auch auf dem Gebiete der Erziehung nur subsidiär eintritt. Umgekehrt erscheint es aber unumgänglich, selbst bei anderweitiger weitgehender Regelung der Jugendfürsorge, daß die Armenpflege auf die Erfordernisse der Jugendfürsorge Rücksicht nimmt. Man wird der Armenpflege die Versorgung von Kindern wohl niemals ganz nehmen können; sicher muß aber einstweilen die Armenpflege noch in weitgehendem Maße hiermit befaßt werden. Unter diesen Umständen wird man aber unbedingt festlegen müssen, daß die Armenpflege auf die Erziehung der Kinder genügende Rücksicht nehmen muß. Nur auf diese Weise wird in vielen Fällen der Verwahrlosung von Grund aus und mit geringen Aufwendungen vorgebeugt werden können. Vor allem gilt dies für den Erziehungsnotstand in offener Armenpflege. Solange die Armenpflege nur der materiellen Not zu steuern hat, kann und wird es vorkommen, daß von einer Mutter verlangt wird, daß sie unter Vernachlässigung ihrer Erziehungspflichten den ganzen Tag über außer dem Hause dem Erwerbe nachgeht. Eine Verwahrlosung der Kinder ist dann fast unausbleiblich. Man wird wohl kaum für derartige Fälle besondere Jugendfürsorgeeinrichtungen treffen können. Der einzig zweckmäßige Weg zur Abhilfe erscheint jedenfalls, der Armenpflege die Rücksichtnahme auf die Erziehung zur Pflicht zu machen, d. h. die Erziehung unter die Aufgaben der Armenpflege einzureihen.

Bezüglich der vom Standpunkt der Fürsorgeerziehung gegen die Einbeziehung der Erziehung in den Pflichtenkreis der Armenpflege geltend gemachten Bedenken möchte ich mich hier begnügen, darauf hinzuweisen, daß allerdings die in Rede stehende Änderung der Armengesetzgebung ohne eine Änderung des preußischen Fürsorgeerziehungsgesetzes gemäß dem Antrage Schmedding der Fürsorgeerziehung den Todesstoß versetzen würde. Ich beziehe mich in dieser Beziehung des weiteren auf meine Ausführungen in dem Druckbericht und möchte nur auch hier nochmals die Notwendigkeit der beantragten Änderung des Fürsorgeerziehungsgesetzes dringend betonen.

Schließlich ist allen Bedenken gegenüber noch darauf hinzuweisen, daß heute schon in 12 Bundesstaaten mit fast 20 Millionen Einwohnern die Erziehung und zum Teil auch die Erwerbsbefähigung in die Aufgaben der Armenpflege eingeschlossen sind. Mit Fug und Recht hat im vorigen und auch in diesem Jahre Herr

v. Hollander darauf hingewiesen, daß von diesen Bundesstaaten eine Rückbildung der Pflichten der Armenpflege nicht erwartet werden kann. Für die übrigen Bundesstaaten ist aber die Aufnahme der Erziehung unter die Pflichten der Armenpflege eigentlich unbedenklich. Denn entweder ist in diesen Bundesstaaten in anderweitiger Weise für die Erziehung der in Betracht kommenden Kinder gesorgt — dann scheidet die Armenpflege wegen ihrer Subsidiarität aus — oder aber durch die Einbeziehung der Erziehung und der Erwerbsbefähigung unter die Aufgaben der Armenpflege wird eine sehr bedauerliche Lücke in der Wohlfahrtspflege ausgefüllt.

Die Frage, inwieweit die Erziehung und Erwerbsbefähigung der Armenpflege als Pflicht aufzuerlegen ist, ist dahin beantwortet, daß auch hier, wie auf allen übrigen Gebieten, die Leistungen der Armenpflege auf den Notbedarf beschränkt werden sollen. Maßgebend für den Begriff des Notbedarfs der Erziehung sind aber natürlich die modernen Anschauungen der Pädagogik. Die Armenpflege muß also das danach im allgemeinen erforderliche Erziehungsminimum leisten, analog dem, was die Armenpflege nach den Anschauungen der medizinischen Wissenschaft zur Wiederherstellung und Erhaltung der Gesundheit leisten muß. Auch für die Erwerbsbefähigung stellt der Notbedarf die Grenze dar, und es wird daher im allgemeinen für normale Kinder eine besondere Berufsausbildung von der Armenpflege nicht gefordert werden können. Da in dem erwähnten Aufsatz des „Helfers" gerade dies als eine Hauptaufgabe der Armenpflege aufgestellt wird, so sei nachdrücklichst darauf hingewiesen, daß doch wohl heute noch ein außerordentlich großer Prozentsatz der nicht für die Armenversorgung in Betracht kommenden Kinder einer besonderen Berufsausbildung ermangelt. Es erscheint nun nicht angängig, für die der Armenpflege anheimgefallenen Kinder gesetzlich eine so weitgehende Bevorzugung festzulegen. Im übrigen wird doch auch immer ein Bedürfnis nach ungelernten Arbeitskräften vorhanden sein. Vorläufig ist es daher jedenfalls ausgeschlossen, so generell die Forderung einer besonderen Berufsausbildung gesetzlich festzulegen. Zweifellos geschieht schon heute von den Armenverwaltungen gerade in dieser Beziehung sehr viel. So werden z. B. in Köln von den Waisenzöglingen die Knaben im allgemeinen nur gelernten Berufen zugeführt, d. h. es wird auch Lehrgeld usw. für sie gezahlt; die Mädchen aber werden nach der Schulentlassung in einem zweijährigen Haushaltungsunterricht auf den Beruf als Dienstmädchen vorbereitet. Besonders talentierte Knaben wie Mädchen werden auch gehobenen Berufen, wie z. B. dem Lehrberufe oder dem kaufmännischen Berufe, zugeführt. Eine derartig weitgehende Fürsorge für die Waisenzöglinge ist bei uns durch mannigfache Stiftungen ermöglicht. Ähnlich wird auch an anderen Orten durch Stiftungen hierfür gesorgt sein. Aber auch in der offenen Pflege streben wir in Köln heute schon danach, den Kindern aus den armen Familien die Ergreifung gelernter Berufe zu erleichtern. So sind z. B. die Armenbezirke angewiesen, darauf hinzuwirken, daß die Kinder eine Lehrstelle annehmen. In diesem Falle wird für die Kinder die Unterstützung, und zwar sogar ein etwas höherer Satz, fortgewährt. Es wird also keineswegs verlangt, daß die Kinder aus unterstützten Familien sofort nach der Schulentlassung in Verdienst kommen. Daneben besteht noch eine Einrichtung, die auch nicht unterstützten Familien zugute kommt, indem nämlich an auch nur einigermaßen bedürftige Lehrlinge während der Lehrzeit die erforderliche Kleidung von der städtischen Verwaltung geliefert wird. Sie sehen also, daß wir den hohen Wert einer besonderen Berufsausbildung keineswegs verkennen. Trotzdem erscheint jedenfalls heute die Zeit noch nicht gekommen, die Berufsausbildung allgemein zu verlangen. Vielleicht werden sich die Anschauungen in dieser Beziehung mit der Zeit ändern. So wird ja z. B. von vielen Seiten verlangt, daß man den Mädchen eine gewisse Ausbildung für ihren zukünftigen Beruf als Hausfrau und Mutter dadurch mitgeben solle, daß man auf die jetzige Schulzeit ein weiteres Jahr aufsetzt, das hauswirtschaftlichem Unterricht gewidmet sein soll. Wenn eine derartige hauswirtschaftliche Ausbildung für die Mädchen allgemein eingeführt wird, dann muß sie selbstverständlich auch den von der Armenpflege versorgten Kindern zuteil werden. Nach Lage der heutigen Verhältnisse und Anschauungen kann aber die allgemeine Forderung der Berufsausbildung keinesfalls als gerechtfertigt angesehen werden. Da auch für die Erziehung und Erwerbsbefähigung der bewegliche Rahmen des Notbedarfs für die Pflichtleistungen der Armenpflege gegeben sein soll, so ist die Möglichkeit vorhanden, auch hierin den fortschreitenden sozialen Anschauungen Rechnung zu tragen.

Wenn endlich im „Helfer" als vierte Aufgabe der Armenpflege die besondere Erziehung gefährdeter jugendlicher Personen gefordert ist, so ist demgegenüber zu bemerken, daß, wie schon in dem Druckbericht ausgeführt, selbstverständlich die Armenpflege auf die Besonderheiten jedes Falles, also auch auf die geistige Verfassung des ihr anvertrauten Kindes, mithin auch auf dessen etwaige Verwahrlosung, Rücksicht nehmen muß. Je nach Lage des Falles müssen also die Erziehungsmaßnahmen besonders sorgfältige sein, um das erforderliche Erziehungsmaß zu erreichen. Für diejenigen Staaten allerdings, die eine besondere Fürsorgeerziehung haben, dürfte in allen derartigen Fällen die Armenpflege auszuscheiden haben, da sie selbstverständlich auch hier absolut subsidiär ist. Soweit aber ein Eingreifen der Fürsorgeerziehung nicht gegeben ist, wird nach Einbeziehung der Erziehung unter die Aufgaben der Armenpflege diese auch für gefährdete und verwahrloste Kinder einzutreten haben.

Der Armenpflege würde die Erziehung und Erwerbsbefähigung selbst, d. h. die Sorge hierfür und nicht etwa die Bereitstellung der Kosten, aufzuerlegen sein. Die Rechte und Pflichten der Eltern und Vormünder würden dadurch in keiner unzulässigen Weise berührt. Die Pflichten schon deshalb nicht, weil auch hier das Eintreten der Armenpflege ein subsidiäres ist. Die Rechte um deswillen nicht, weil die Leistungen der Armenpflege an und für sich nicht aufgezwungen werden, sondern darauf verzichtet werden kann. Soweit in besonderen Fällen die Entziehung des Sorgerechts oder Ablösung der Vormundschaft in Betracht käme, müßten die zuständigen vormundschaftsgerichtlichen Instanzen angerufen werden.

Was nun die Form der Fassung der Aufgaben in einem Reichsarmengesetz angeht, so empfiehlt sich eine ähnliche Form, wie sie in dem preußischen Ausführungsgesetz zum UWG. gewählt ist. Eine mehr kasuistische Fassung wäre jedenfalls nicht zweckmäßig. Die mehr allgemeine Fassung des preußischen und der meisten anderen Landesgesetze trägt nicht nur den tatsächlichen Bedürfnissen, sondern auch der ständigen Fortentwicklung unserer Lebensverhältnisse und sozialen Anschauungen besser Rechnung. Auch ist von großem Wert, daß die Rechtsprechung des Bundesamts für das Heimatwesen in diesem Falle ihre Geltung mehr oder weniger behalten würde.

Die hauptsächlichsten Richtlinien für die gesetzliche Regelung der Aufgaben der Armenpflege sind hiernach in folgende Leitsätze zusammengefaßt:

I. Die Leistungen der öffentlichen Armenpflege sind auf die subsidiäre Leistung des Notbedarfs zu beschränken.

II. Außer dem unentbehrlichen Lebensunterhalt, der erforderlichen Pflege in Krankheitsfällen und einem angemessenen Begräbnis ist auch die Erziehung und Erwerbsbefähigung als im Rahmen des Notbedarfs liegend anzuerkennen.

III. Es ist wünschenswert, daß in einem künftigen Gesetz die Bestimmungen über die Aufgaben der öffentlichen Armenpflege sich im Wortlaut möglichst dem § 1 des jetzigen preußischen Ausführungsgesetzes anschließen.

Meine Damen und Herren, gestatten Sie mir zum Schluß noch einige Worte über die Dringlichkeit einer reichsgesetzlichen Regelung der Aufgaben der Armenpflege. Im Druckbericht ist bereits auf die Unzuträglichkeiten hingewiesen, die sich aus der Verschiedenheit der landesgesetzlichen Bestimmungen, dann aber auch aus dem Zwiespalt zwischen dem Reichsrecht, nämlich dem Unterstützungswohnsitzgesetz, und dem Landesrecht ergeben. Heute möchte ich hier noch ganz besonders betonen, daß durch die geforderte gesetzliche Regelung der Aufgaben der Armenpflege eine fühlbare Lücke in unserem Wohlfahrtswesen ausgefüllt würde, und zwar gilt dies für alle die Bundesstaaten, in denen die Erziehung und Erwerbsbefähigung bisher nicht zu den Aufgaben der Armenpflege zählt. In diesen Bundesstaaten, die über $^2/_3$ des Deutschen Reiches ausmachen, ist heute die Abhilfe eines Erziehungsnotstandes in offener Armenpflege nicht sichergestellt. Dann ist aber auch, und das ist vielleicht noch bedenklicher, eine genügende Versorgung der geistig oder körperlich gebrechlichen Kinder nicht gewährleistet. Für die blinden und taubstummen Kinder ist allerdings in letzter Zeit in Preußen durch das Gesetz, betr. die Beschulung blinder und taubstummer Kinder, Abhilfe geschaffen. Bezüglich der idioten und epileptischen Kinder liegen zwar auch in Preußen auf Grund der Dotationsgesetze den Provinzen besondere Verpflichtungen ob, aber diese Verpflichtungen sind doch nicht so genau festgelegt und so weitgehend, daß von einer einwandfreien Versorgung der bildungsfähigen Elemente unter diesen Kindern gesprochen werden kann. Ganz und gar aber fehlt es an verpflichteten Organen bezüglich der Krüppelkinder. Die Zahl dieser Kinder ist eine nicht unerhebliche. Die Versorgung aller dieser Kategorien würde für Preußen und die anderen in Betracht kommenden Bundesstaaten gewährleistet, wenn die vorgeschlagene reichsrechtliche Regelung der Armenpflege erfolgen würde. Da es nun aber zweifellos eine einigermaßen beschämende Tatsache ist, daß in unserem großen mächtigen Deutschen Reiche gerade für die Ärmsten der Armen, die geistig und körperlich gebrechlichen Kinder, des Lebens Notbedarf nicht in vollem Umfange sichergestellt ist, so dürfte der dringende Wunsch nach einer recht baldigen gesetzlichen Regelung und Ausfüllung dieser bedauerlichen Lücke in unserer Wohlfahrtspflege wohlbegründet sein.

(Lebhafter Beifall.)

Vorsitzender: Wir gehen über zu Punkt III:

Die Organe der öffentlichen Armenpflege.

Berichterstatter Schatzrat Dr. Drechsler-Hannover: Meine Damen und Herren! Wer das Thema meines Berichtes hört: die Organe der öffentlichen Armenpflege, der könnte meinen, daß es die eigentliche Armenpflege und Wohltätigkeit kaum berühre, sondern daß es sich hier mehr um die Rechtsbeziehungen der öffentlichen Organe zueinander handele. Nun kann ich Ihnen freilich nicht versprechen, ein so lehrreiches und interessantes Thema zu bringen wie mein Herr Vorredner; aber wer näher zusieht, dem wird doch einleuchten, daß die Frage, welchen Organen die Armenpflege übertragen ist, von außerordentlicher Bedeutung für die Armenpflege selber ist. Denn wir können die schönsten Gesetze haben — sie bleiben auf dem Papier stehen, wenn die Ausführung Organen übertragen wird, die dazu untauglich sind.

Das Gesetz über den Unterstützungswohnsitz hat sich nun seine Aufgabe verhältnismäßig leicht gemacht; es hat die gesamte öffentliche Armenpflege, um es kurz zu sagen, auf die politischen Gemeinden übertragen. Zwar drückt das Gesetz sich etwas anders aus, es überträgt die Aufgaben der öffentlichen Armenpflege an die Ortsarmenverbände, die aus einer oder mehreren politischen Gemeinden bestehen können; und daneben kennt es noch die Landarmenverbände, denen aber keine eigentliche Armenpflege übertragen ist. Sie sollen nur bestimmte Ausgaben für Armenzwecke erstatten, nämlich solche Ausgaben, die für Landarme gemacht sind, die nirgends einen Unterstützungswohnsitz haben, mit anderen Worten: die Landarmenverbände sollen nur einen Geldausgleich herbeiführen.

Ich werde mich nun in dem ersten Teile meines Berichtes damit beschäftigen, ob es richtig ist, die gesamte öffentliche Armenpflege durchweg der politischen Gemeinde und nicht etwa Gesamtarmenverbänden zu übertragen, und im zweiten Teile meines Berichtes werde ich mich mit der Stellung der Landarmenverbände befassen.

Das Gesetz über den Unterstützungswohnsitz hat offenbar angenommen, daß mit der Übertragung der Armenpflege an die politische Gemeinde auch eine tüchtige Armenpflege in allen Fällen gewährleistet sei. Das hat sich nun aber in der Praxis als unrichtig herausgestellt, ja, das Gesetz hat die Entwicklung zu Gesamtarmenverbänden geradezu unterbrochen. In den früheren Gemeindeverfassungen fand man meist die Bestimmung, daß die Gemeinden auch zwangsweise zu Gesamtarmenverbänden verbunden werden könnten. Das Gesetz über den Unterstützungswohnsitz kennt einen solchen Zwang nicht, und dementsprechend haben auch die meisten Ausführungsgesetze von einem solchen Zwange Abstand genommen. Die Folge war, daß die Bildung von Gesamtarmenverbänden künftig unterblieb; denn es ist ganz klar, daß sich Gesamtarmenverbände freiwillig nur sehr selten bilden, da die Gemeinde, die leistungsfähig ist, sich immer hüten wird, sich mit einer leistungsunfähigen Gemeinde freiwillig zusammenzuschließen.

Die Frage der leistungsunfähigen Armenverbände hat unseren Verein im Jahre 1886 hier in Stuttgart sehr eingehend beschäftigt. Es ist damals ein eingehender Bericht erstattet worden, und aus allen Teilen des Reiches wurde festgestellt, daß zahlreiche leistungsunfähige Verbände bestanden und daraus große Mißstände für die Armenpflege folgten. Zur Abhilfe hat man drei Vorschläge gemacht, die noch heute von Gültigkeit sind. Der erste Vorschlag besagte: die Landarmenverbände sollen die Ortsarmenverbände, die leistungsunfähig sind, ausgiebiger unterstützen. Der zweite Vorschlag war der: man solle bestimmte Zweige der Armenpflege, namentlich die Anstaltspflege, auf größere Verbände übertragen, und der dritte Vorschlag war die zwangsweise Zusammenlegung zu Gesamtarmenverbänden.

Was nun den ersten Vorschlag anbetrifft, so ist fast in allen Ausführungsgesetzen die Unterstützung leistungsunfähiger Ortsarmenverbände durch größere Verbände vorgesehen. Aber diese Vorschrift hat nicht verhindern können, daß zahlreiche leistungsunfähige Verbände vorhanden sind. Und das ist auch ganz klar; denn ein Landarmenverband, der im Falle der Not unterstützen muß, wird sehr streng prüfen, damit nicht etwa aus seinem Geldbeutel unnötig gewirtschaftet wird. Außerdem hat die regelmäßige Unterstützung von Ortsarmenverbänden auch eine große Gefahr; denn wenn ein Verband für seine Armenpflege regelmäßig Unterstützungen bekommt, dann gewöhnt er sich daran; schließlich hat er gar kein Interesse mehr daran, ob er sparsam wirtschaftet oder nicht, er sucht nur möglichst viel Geld von dem großen Verband heranzuziehen. Das ist für die Armenpflege selber von Nachteil. Wir werden also mit dieser Maßregel nicht auskommen; wir werden sie allerdings in einem künftigen Reichsarmengesetz auch nicht entbehren können; sie ist ein Sicherheitsventil, sie muß unter allen Umständen da sein, und man wird vorschreiben müssen, daß eine solche Unterstützung anteilmäßig erfolgt, damit der Armenverband, der unterstützt wird, immer an der Ausgabe interessiert bleibt. Das war der erste Vorschlag.

Nun kommt der zweite: die Übertragung bestimmter Zweige der Armenpflege an größere Verbände. Diese Übertragung ist im weitaus größten Teile Deutschlands erfolgt — ich werde auch im zweiten Teile noch darauf zu sprechen kommen —, und zweifellos ist auch eine Besserung bei den leistungsschwachen Gemeinden erfolgt. Wir können z. B. bei uns in der Provinz Hannover feststellen, daß durch die Übertragung der Anstaltspflege auf größere Verbände gleichzeitig mit dem Ausbau der sozialen Gesetzgebung die Armenlasten ganz bedeutend zurückgegangen sind. Während sie früher bei den ländlichen Gemeinden im Durchschnitt 20 % der Steuerlast betrugen, machen sie heutzutage nur noch 8 % aus. Also eine Besserung ist da. Aber das Übel ist noch nicht an der Wurzel gefaßt; das haben am allerdeutlichsten die Verhandlungen unseres Vereins vor 4 Jahren in München ergeben, als die ländliche Armenpflege behandelt wurde. Hier stellten die Berichterstatter aus dem Norden und Süden, aus dem Osten und Westen unseres Vaterlandes fest, daß noch zahlreiche leistungsunfähige Verbände vorhanden seien. Das ist auch ganz einfach und klar; denn solange es Gemeinden gibt, die eine Steuerkraft von 80 oder 50, ja von 16 Mk. haben, die aus drei oder vier Familien bestehen, wie es bei uns vorkommt, so muß jede größere Unterstützung den ganzen Haushaltsplan dieser Gemeinden, soweit sie überhaupt einen Haushaltsplan haben, über den Haufen werfen.

Daß das heutzutage noch der Fall ist, dafür will ich ein kleines Beispiel anführen. Ein Dienstmädchen wurde in unserer Provinz durch die Geburt eines Kindes hilfsbedürftig. Nach ihrer Wiederherstellung wurde ihr eine Dienststelle auf dem Lande vermittelt, und sie verdiente soviel Lohn, daß sie sich und ihr Kind unterhalten konnte. Aber es war noch nicht ganz ein Jahr verflossen, da kam der Gemeindevorsteher zu dem Hofbesitzer und setzte ihm so lange zu, bis dieser dem Mädchen den Dienst kündigte und es sofort entließ. Das Dienstmädchen kam hilfsbedürftig in den nächsten größeren Ort, wir nahmen sie in unsere Landarmenanstalt auf und haben ihr schließlich in der Stadt eine Dienststelle verschafft, wo sie heute noch ist und ihr Kind ohne Armenhilfe unterhält. Woher kam das? Der Gemeindevorsteher fürchtete, daß das Mädchen mit ihrem Kinde alsbald dem Ortsarmenverband zur Last fiele, und diese Furcht veranlaßte ihn, das Mädchen abzuschieben. Das ist auch von großem Nachteil für die ländliche Dienstbotenfrage; denn es ist ganz klar, daß das Mädchen, obwohl es vom Lande war, nun keine Lust mehr hat, auf das Land zurückzukehren. Man darf aber den kleinen Armenverbänden daraus keinen großen Vorwurf machen, denn sie können eben nicht anders, sie sind zu leistungsschwach.

So bleibt denn nichts anderes übrig als der letzte Vorschlag, der im Jahre 1886 hier in Stuttgart gemacht wurde, nämlich die zwangsweise Zusammenlegung von kleineren Armenverbänden zu Gesamtarmenverbänden. Gegen diesen Vorschlag sind verschiedene Bedenken laut geworden. Eines der Hauptbedenken ist das: Die politische Gemeinde, so sagt man, sei das Rückgrat unserer gesamten Verwaltung, der dürfe man nicht die Armenpflege nehmen und sie anderen Verbänden übertragen; darunter leide das Gemeindeleben. Meine Damen und Herren, gerade das Gegenteil ist richtig; das kann ich aus unseren hannoverschen Verhältnissen beweisen, wo wir Gesamtarmenverbände haben. Dort sind mehrere, 5, 6 Gemeinden, die weit auseinander liegen, zu Gesamtarmenverbänden zusammengeschlossen, und das Gemeindeleben, namentlich das freundnachbarliche Verhältnis unter den im Verband vereinigten Gemeinden, hat einen außerordentlich regen Aufschwung genommen. Die ganze Armenpflege ist vorzüglich organisiert, selbst eine gute Kinderpflege ist vorhanden. Die Kinder werden zuweilen in Erziehungsanstalten untergebracht oder es werden ihnen Badekuren vermittelt, kurzum, wir haben in diesen Armenverbänden ein sehr reges Gemeindeleben, und wir finden eine Verfassung, wie sie dem Armenverband in den größeren Städten beinahe ähnlich ist.

Wir finden ja auch auf allen möglichen anderen Gebieten des

öffentlichen Lebens die Vereinigung zu Zweckverbänden; Zweckverband ist das moderne Schlagwort und, es ist ein richtiges Schlagwort. Wir sehen Schulverbände, Kirchenverbände, Wegeverbände. Ja selbst die Haupt- und Residenzstadt Berlin hat sich einem Zweckverband eingliedern müssen, und so werden wir uns doch nicht scheuen, kleine ländliche Gemeinden, wenn es notwendig ist, einem Zweckverband einzugliedern.

Nun ist es aber keineswegs meine Ansicht, daß man plötzlich sämtliche kleinen Gemeinden zu Gesamtarmenverbänden zusammenwerfen soll, sondern man soll hier nur eingreifen, wo Not vorhanden ist. Es wird die Sache also nach meiner Meinung folgendermaßen organisiert werden müssen. Die Gemeinde, die leistungsschwach ist, kann den Antrag stellen, mit einer anderen Gemeinde oder mit einem anderen Verbande verbunden zu werden. Außerdem muß aber der Landarmenverband, der im Falle der Not unterstützungspflichtig ist, antragsberechtigt sein; er kennt die Verhältnisse sehr gut, und wenn man ihn für antragsberechtigt erklärt, so wird er schon dafür sorgen, daß diejenigen Gemeinden, die überbürdet sind, auch mit leistungsfähigen Gemeinden verschmolzen werden.

Meine Damen und Herren! Damit wäre ich am Ende des ersten Teiles meiner Ausführungen, nämlich der Zusammenlegung von Gemeinden, von Armenverbänden zu Gesamtarmenverbänden. Ich komme nun zum zweiten Teile.

Die Stellung der Landarmenverbände haben die Ausführungsgesetze zum Unterstützungswohnsitzgesetz teilweise verändert, teilweise völlig verschoben, indem sie nämlich die Anstaltspflege für Geisteskranke, Idioten und andere Nichtvollsinnige auf die Landarmenverbände übertrugen. Diesem Zustande hat auch das Unterstützungswohnsitzgesetz selbst Rechnung getragen, indem es in einem neuen Paragraphen vorgeschrieben hat: Soweit eine solche Übertragung erfolgt sei, hätten die Landarmenverbände die Stellung der Ortsarmenverbände. Das Verhältnis ist also gerade umgekehrt geworden: die Landarmenverbände üben die wirkliche Armenpflege aus, und die Ortsarmenverbände zahlen nur Pflegesätze, führen nur einen Geldausgleich herbei.

Dieses Problem der Stellung der Landarmenverbände hat unseren Verein ebenfalls im Jahre 1886 hier in Stuttgart beschäftigt. Man kann wohl sagen, daß der Kongreß in Stuttgart damals ein Markstein in der Entwicklung des Armenwesens gewesen ist. Hier verlangte man, alle diejenigen Aufgaben der Armenpflege, die große Kapitalien erheischen, große Einrichtungen mit sachverständiger, technischer Leitung müßten auf größere Verbände übertragen sein. Der Wunsch, den damals der Verein ausgesprochen hat, hat alsbald in unserem größten Bundesstaate Preußen durch das Gesetz von 1891 rechtliche Geltung erlangt, indem die

Anstaltsfürsorge für Geisteskranke, Idioten, Epileptiker, Taubstumme, Blinde usw. auf die Landarmenverbände der Provinzen übertragen wurde. Dieses preußische Gesetz ist sehr gut. Ich sage das nicht, weil ich aus Preußen stamme; denn ich will durchaus nicht behaupten, daß nun alles, was schwarz und weiß angestrichen ist, vorzüglich sei.

(Heiterkeit.)

Aber dieses Gesetz ist wirklich vorbildlich, und wir finden, daß auch die übrigen Bundesstaaten sich diesem Gesetze sehr genähert haben.

Wie sich im einzelnen die gesetzliche Lage in den verschiedenen Bundesstaaten gestaltet, habe ich in meinem gedruckten Bericht auseinandergesetzt, und ich darf darauf verweisen; ich will jetzt nur das Ergebnis ziehen. In dem weitaus größten Teile unseres Deutschen Reiches liegt die Sache so, daß die Anstaltspflege für die Nichtvollsinnigen den größeren Verbänden, meist den Landarmenverbänden, oder auch dem Staate, übertragen ist.

Diese haben die allgemeinen Verwaltungskosten zu tragen, während die Ortsarmenverbände nur die Pflegesätze zahlen müssen. Nur einzelne Bundesstaaten haben noch an dem alten System festgehalten, so Württemberg. Aber auch in diesen Staaten liegt die Sache nicht so, daß die Armenpflege an den Geisteskranken von den Ortsarmenverbänden wirklich ausgeübt wird, sondern die Anstalten sind in den Händen größerer Verbände, meist der Landarmenverbände, und diese zahlen die Pflegesätze, die nicht die vollen Kosten decken.

Also um das Ergebnis zu ziehen; In unserem ganzen Deutschen Reiche ist rechtlich oder tatsächlich die Armenpflege eines Geisteskranken, Idioten usw. nicht in den Händen der Ortsarmenverbände, sondern der Landarmenverbände. Es ist also eine Entwicklung eingetreten, die für eine reichsgesetzliche Regelung ganz besonders glücklich ist. Das Reich braucht gewissermaßen an dem Baume nur etwas leise zu schütteln, und die Frucht fällt ihm in den Schoß.

Wie soll sich im Reiche die Regelung gestalten? Man wird sich da anschließen müssen an das bewährte preußische Gesetz, um so mehr, als auch Elsaß-Lothringen und Bayern denselben Weg einschlagen. Danach werden also die Landarmenverbände die Anstaltspflege übernehmen und die allgemeinen Verwaltungskosten tragen. Man darf aber nicht so weit gehen, daß man den Ortsarmenverbänden jedes Interesse an der Fürsorge für diese Personen nimmt. Das würde aus zwei Gründen bedauerlich sein. Erstens, wenn die Ortsarmenverbände für die Geisteskranken keine Kosten zu zahlen haben, dann werden sie auch kein Interesse haben, die Angehörigen zu Beiträgen heranzuziehen, und die Folge ist, daß diese zu Beiträgen von den Landarmenverbänden, die diesen Verhältnissen fernstehen, schwer herangezogen werden können.

Man muß natürlich den Ortsarmenverband auch entsprechend an den Beiträgen beteiligen, die von dritter Seite aufgebracht werden. Der zweite Grund ist folgender: Wenn die Ortsarmenverbände für die Geisteskranken gar nichts zu zahlen brauchen, dann haben sie den Wunsch, jeden, der krank ist, vielleicht auch nur wenig krank ist, sofort auf die großen Verbände abzuschieben. Und vor allen Dingen macht sich das geltend, wenn ein solcher Geisteskranker entlassungsfähig ist; die Anstalt will einen Versuch mit der Entlassung machen, der Kranke bedarf aber einer liebevollen Aufnahme bei seiner Heimatsgemeinde. Das wird außerordentlich erschwert, wenn der betreffende Ortsarmenverband diesen Mann als unbequemen Mitbürger betrachtet, den man möglichst bald wieder auf den großen Verband abschieben müsse. Ich sage also, die Ortsarmenverbände müssen beteiligt bleiben.

Es wäre nur noch zu prüfen, welche Arten der Armenpflege denn auf die Landarmenverbände zu übertragen sind. In erster Linie, wie gesagt, diejenige Armenpflege, die das preußische Gesetz vorsieht, also die Pflege der Geisteskranken, Idioten, Epileptischen, Taubstummen, Blinden. Dabei wird es sehr wesentlich sein, für die Taubstummen und Blinden auch die Ausbildung zu einem Beruf mit in die Anstaltspflege hineinzuziehen. Bekanntlich hat das Bundesamt für das Heimatswesen eine sehr unsympathische Entscheidung getroffen, indem es bestimmt hat: für Taubstumme und Blinde braucht nach dem preußischen Gesetz von 1891 der Landarmenverband nur einzutreten, wenn sie *körperlich* hilflos sind. Nun sind aber die bestehenden Anstalten vorzugsweise dazu vorhanden, um die Taubstummen und Blinden *auszubilden*, und gerade für diese Ausbildung fehlt die gesetzliche Pflicht. Nun hat man ein preußisches Gesetz erlassen, das diese Fürsorge ergänzt; das Gesetz ist ein Zwitterding, denn es ist zweifelhaft, ob man die Fürsorge als Armenpflege auffassen kann. Andere Bundesstaaten haben die Verpflichtung als armenrechtliche festgestellt. Bei diesem verschiedenartigen Zustande erscheint es notwendig, die Fürsorge reichsgesetzlich, einheitlich zu regeln.

Meine Herren, in einem Bundesstaate, in Oldenburg, ist die Fürsorge auch ausgedehnt auf eine Kategorie, die der Herr Vorredner schon erwähnt hat, die Krüppel. Wer sich mit der Krüppelfürsorge beschäftigt hat, weiß, daß die Freunde der Krüppelfürsorge nichts dringender erstreben, als die Übertragung der Fürsorge auf größere Verbände. Man hat vor einigen Jahren eine Zählung der Krüppel im Deutschen Reiche veranstaltet und festgestellt, daß es 75 000 Krüppel gibt, welche pflegebedürftig sind, aber nur 5000 Betten. Man sieht, daß hier ein dankbares Feld der Tätigkeit vorhanden ist, und zwar um so mehr, als eine rechtzeitige orthopädische und operative Behandlung der Krüppel zu ganz überraschend guten Ergebnissen geführt und auch außerdem festgestellt hat, daß die Krüppelhaftigkeit nicht vererblich ist. Man sollte meinen, daß die übrigen Bundesstaaten und das Deutsche Reich allen Anlaß hätten, diesem Vorbilde Oldenburgs zu folgen.

Ferner wäre die Wanderarmenfürsorge ebenfalls auf die Landarmenverbände zu übertragen. Da aber hierüber besonders gesprochen wird, will ich mich auf eine kurze Bemerkung beschränken. Wenn die Wanderarmenfürsorge reichsgesetzlich geregelt wird, so bleibt immer noch eine Anzahl von unglücklichen Leuten übrig, die nicht arbeitsfähig oder nur halb arbeitsfähig sind, die aber keine Lust haben, dauernd in der Anstalt zu sein. Für diese Leute muß der Landarmenverband sorgen und die Möglichkeit haben, sie dauernd zwangsweise festzuhalten, damit sie sich an ein regelmäßiges Leben gewöhnen.

Endlich käme dann noch die Frage, ob, wie es z. B. in Elsaß-Lothringen geschehen ist, für Sieche, also für dauernd körperlich Kranke, der Landarmenverband eintreten soll. Ich möchte das in diesem Umfange nicht empfehlen, sondern möchte hier das preußische Gesetz empfehlen, das vorsieht, daß die Landarmenverbände solche Personen in ihren Anstalten aufzunehmen haben, soweit Platz vorhanden ist. Nun hat die Entwicklung gezeigt, daß die Landarmenverbände sich hier den Bedürfnissen der Ortsarmenverbände außerordentlich gut angepaßt haben. Die Anstalten sind immer mehr erweitert worden, damit die Siechen aus den kleinen Verbänden, die keine eigenen Anstalten haben, dort unterkommen können. Ich möchte hier als Musterbeispiel die Provinz Brandenburg anführen, die ein vorzügliches Altersheim für die land- und ortsarmen Siechen in Eilanghof bei Reppen geschaffen hat.

Wenn ein Reichsarmengesetz eine solche Regelung vornimmt, wie ich sie eben angedeutet habe, so verändert sich damit die Stellung der Landarmenverbände gegen früher erheblich. Man kann jetzt gewissermaßen zwischen zwei großen Arten der Armenpflege unterscheiden, nämlich der offenen Armenpflege, d. h. der Unterstützung durch Geldmittel, durch Wohnung, durch Feuerung, Krankheitspflege usw., die durch die Ortsarmenverbände ausgeübt wird, und zweitens der sogenannten geschlossenen Armenpflege, also der Anstaltspflege, Wanderarmenfürsorge usw. Diese wird durch die großen Verbände, die Landarmenverbände ausgeführt.

Nun fragt es sich, wenn diese Entwickelung sich so gestaltet hat, ob es dann nicht zweckmäßig ist, die offene Armenpflege endgültig den Ortsarmenverbänden zu überlassen und die Erstattungen, welche heutzutage noch von den Landarmenverbänden für landarme Personen geleistet werden müssen, aufzuheben. Jeder, der im öffentlichen Armenwesen zu arbeiten hat, weiß, was für Mühe und Arbeit diese Erstattungen machen. Um festzustellen, wer zur Tragung einer kleinen Summe verpflichtet ist, muß eine umständliche Vernehmung des Hilfsbedürftigen stattfinden, darüber, wo er sich aufgehalten hat, wie lange er sich da aufgehalten hat, ob er im Krankenhause gewesen ist, ob er bestraft ist: kurzum, alle Behörden werden in Bewegung gesetzt. Ein großer Beamtenapparat bei den Ortsarmenverbänden und bei den Landesbehörden wird unterhalten, um das alles festzustellen. Dabei handelt es sich oft um kleine Beträge, um 8 oder 10 Mark! Wenn man diesen ungeheuren Apparat aufheben könnte, würde man mindestens ein Drittel der Kosten ersparen, die für die offene Armenpflege von den Landarmenverbänden ausgegeben werden.

Nun kommt ein zweiter Punkt hinzu. Es ist bekannt, daß die Ausgaben, die die Landarmenverbände für die Unterstützung Landarmer durch die Ortsarmenverbände machen, sehr hoch sind. Die Ortsarmenverbände haben das natürliche Bestreben, zu verhüten, daß bei Personen, welche von Landarmenverbänden unterstützt werden, die Unterstützung aufhört; denn sie befürchten, diese Personen könnten sonst leicht Ortsarme werden, und dann müßten sie für diese eintreten. Das sind nicht nur die kleineren Ortsarmenverbände, die so handeln, sondern — ich sage das ganz offen — auch die größeren sind in dieser Beziehung rühmlich bekannt. Sie sind allzumal Sünder.

(Heiterkeit.)

Ich will als Beweis hier nur eine Tatsache anführen. Wir haben in der Provinz Hannover seit 10 Jahren einen Landarmenkontrolleur angestellt, der sein Hauptaugenmerk darauf zu richten hat, ob die Unterstützungen rechtzeitig eingestellt werden. Die Folge ist gewesen, daß, nachdem dieser Kontrolleur 10 Jahre lang tätig gewesen ist, wir eine Ersparnis von 100 000 M. jedes Jahr erzielt haben.

(Hört! Hört!)

Das ist ein Drittel unserer gesamten Ausgaben für die offene Armenpflege. Wo die Verhältnisse so liegen, wäre es zweckmäßig, das Landarmenwesen überhaupt aufzuheben und die Unterstützung demjenigen Ortsverband zu übertragen, in dem der Betreffende wohnt. Ich glaube nicht, daß daraus außerordentlich viele Nachteile entstehen. Man muß natürlich daran festhalten, daß, wenn eine Abschiebung stattfindet, der Verband, der abgeschoben hat, die vollen Kosten dem anderen Verband erstatten muß.

Wenn man sich dann ferner vor Augen hält, daß zahlreiche Lasten dem Ortsarmenverband abgenommen und auf den Landarmenverband übertragen werden sollen, wird man vom allgemeinen Standpunkt dazu kommen müssen, diese Zweiteilung der Armenpflege, wie ich sie angedeutet habe, auf die Ortsarmenverbände und die Landarmenverbände vorzunehmen. Aber ich will heute einen solchen Antrag nicht stellen; denn nachdem soeben erst das Unterstützungswohnsitzgesetz in Elsaß-Lothringen angenommen worden ist und in Bayern in Aussicht steht, ist es sehr zweifelhaft, ob diese sich zu einer Abänderung des Gesetzes über den Unterstützungswohnsitz entschließen werden; denn das würde notwendig sein. Vielleicht ist die Entwickelung auch noch nicht so weit. Ich will die Einheitlichkeit unserer Verhandlungen für heute nicht stören und den Antrag für heute nicht stellen, sondern mich darauf beschränken, dasjenige vorzuschlagen, was ich vorhin angedeutet habe, nämlich die Anstaltspflege für Nichtvollsinnige und für die Wanderarmen auf die Landarmenverbände in der Weise zu übertragen, wie ich mir auszuführen erlaubt habe.

Daß es wünschenswert ist, eine reichsgesetzliche Regelung vorzunehmen, ergibt sich aus meinen bisherigen Darstellungen. Aber ich möchte das noch kurz begründen. Wenn nämlich in einem Ortsverbande die Pflege für einen Armen nicht gut ist, wenn die Kinder verwahrlost werden, oder ein Geisteskranker nicht rechtzeitig in die Anstalt kommt, so leidet darunter nicht nur der Bundesstaat, in dem das der Fall ist, sondern auch die anderen Bundesstaaten werden dabei in Mitleidenschaft gezogen werden. Denn bei dem schnellen Wechsel der Bevölkerung können solche Personen alsbald einem anderen Bundesstaat zur Last fallen.

Meine Damen und Herren! Ich sagte im Anfang meiner Ausführungen, die Frage, welchen Organen die Armenpflege zu übertragen sei, sei wichtig für die Armenpflege selber, und wir haben gesehen, daß die Übertragung an ungeeignete Organe mangelhafte Armenpflege zur Folge hat. Wir dürfen aber eines nicht vergessen: die Frage der Armut hängt im wesentlichen von wirtschaftlichen Verhältnissen ab. Das hat auch aufs allerdeutlichste vor 4 Jahren in München der Generallandschaftsdirektor Kapp aus Ostpreußen betont, indem er darauf hingewiesen hat, daß die Ansiedlung von kleinen und mittleren Bauern und Arbeitern dazu führen würde, die Leistungsunfähigkeit der Ortsarmenverbände zu beseitigen. In der Tat, jede Ansässigkeit beugt der Armut vor. Wir können auch bei uns in der Provinz Hannover beobachten, daß dort, wo zahlreiche mittlere und kleine Bauern angesiedelt sind, die Frage der Armenpflege gar keine Rolle spielt. Und so wollen wir auch heute in unserem Verein wiederum betonen, daß neben der Organisation der Armenpflege die wirtschaftliche Fürsorge, insbesondere die Ansiedlung von Arbeitern und Bauern und, wo sie bereits erfolgt ist, eine planmäßige ländliche Heimats- und Wohlfahrtspflege ein dringendes Gebot ist.

(Lebhafter Beifall.)

Vorsitzender: Wir kommen zum IV. Punkt:

Der polizeiliche Arbeitszwang.

Berichterstatter Stadtrechtsrat Dr. Sperling-Mannheim: Meine Damen und Herren! Der polizeiliche Arbeitszwang, über dessen Stellung im Rahmen eines Reichsarmengesetzes ich zu berichten habe, ist der großen Mehrzahl von Ihnen ein alter Bekannter. Seit dem Jahre 1881, wo zum erstenmal dessen Notwendigkeit auf dem Armenpflegekongreß begründet wurde, hat sich der deutsche Verein für Armenpflege und Wohltätigkeit nicht weniger als achtmal mit dem Gegenstande befaßt, zuletzt auf der Jahresversammlung in München im Jahre 1909, wo auf Grund der Referate der Herren Direktor Dr. Lohse-Hamburg und Stadtrat Samter-Charlottenburg über die Frage der Zulässigkeit und der Zweckmäßigkeit des Arbeitszwanges ein lebhafter Meinungsaustausch stattgefunden hat. Der polizeiliche Arbeitszwang hat von jeher warme Freunde und lebhafte Gegner gehabt, und eine einmütige Stellungnahme konnte auch auf der Münchener Jahresversammlung nicht erreicht werden; aber die *große Mehrzahl der Versammlung* hat sich damals auf den von Dr. Lohse vertretenen Standpunkt gestellt, der den *Arbeitszwang als notwendig, als gesetzlich zulässig und als praktisch erfolgversprechend* zur Einführung dringend empfahl, und eine dahingehende *Resolution* angenommen.

Für die zur Vorbereitung eines Reichsarmengesetzes eingesetzte *Kommission*, die, wie ich beiläufig erwähne, von der Notwendigkeit der Einführung eines mit den erforderlichen Rechtsgarantien versehenen Verwaltungszwangsverfahrens gegenüber Arbeitsscheuen und säumigen Nährpflichtigen überzeugt ist, war die *Frage der Zulässigkeit und Notwendigkeit des Arbeitszwangs durch die erwähnte Münchener Resolution in bejahendem Sinne entschieden*, und damit ohne weiteres der Standpunkt gegeben, den das Referat in dieser Streitfrage einzunehmen hatte. Auch heute soll von mir auf die nun schon so häufig und ausgiebig erörterten Gründe für und wider das polizeiliche Exekutionsverfahren nicht näher eingegangen werden; dies verbietet sich schon mit Rücksicht auf die zur Verfügung stehende Zeit. Wollte man auf der diesjährigen Versammlung wiederum alle Gründe pro und kontra im einzelnen erörtern, so würde wohl hierzu allein eine mehrstündige Diskussion nötig sein. Für diejenigen von Ihnen jedoch, die der Münchener Tagung nicht angewohnt haben, möchte ich zur allgemeinen Orientierung über das Wesen des polizeilichen Arbeitszwangs folgende kurze Bemerkungen vorausschicken:

Die öffentliche Armenpflege muß dem Hilfsbedürftigen den notdürftigen Unterhalt gewähren, ohne Rücksicht auf die Ursachen der Hilfsbedürftigkeit, insbesondere ohne Rücksicht auf die *Würdigkeit* des Familienhauptes und der einzelnen Familienangehörigen; sie muß Frau und Kinder unterhalten, auch wenn der arbeitsfähige Ehemann und Vater ein Müßiggänger oder Trunkenbold ist, und auch dann, wenn er genügenden Verdienst hat, diesen aber für seine Person verbraucht und seine Familie darben läßt. Wenn man sich schon mit dieser Tatsache, daß in jedem Falle der Hilfsbedürftigkeit Unterstützung zu gewähren ist, abfinden muß, so erhebt sich doch auf der anderen Seite die Frage: Müssen wir mit verschränkten Armen zusehen, daß der Betreffende müßig herumlungert, oder daß er in frivoler Weise seine Arbeitsstelle, in der er genügenden Verdienst hat, niederlegt, sobald im Wege der Zivilklage gegen ihn vorgegangen und ihm ein Teil seines Lohnes für seine Familie abgezogen wird? Und da kann die Antwort nur lauten: In denjenigen Bundesstaaten, in denen der polizeiliche Arbeitszwang nicht eingeführt ist, müssen wir es in der Tat! Zwar hat der Gesetzgeber in dem Reichsstrafgesetzbuch, vor allem in § 361 Ziffer 10, eine Strafbestimmung vorgesehen, die derartige Arbeitsscheue und säumige Nährpflichtige mit Geld- oder Haftstrafe bedroht, wenn der Armenverband ihre Familie erhalten muß. Aber diese Strafbestimmung, die ein derartig schweres soziales Vergehen nur als Übertretung behandelt, bei der nicht einmal die Überweisung ins Arbeitshaus ausgesprochen werden kann, steht, wie man zu sagen pflegt, auf dem Papier. Das ist die Ansicht wohl aller Dezernenten der Armenverwaltungen, und das ist auch durch mehrfache statistische Erhebungen nachgewiesen. Die Fassung jener Gesetzesstelle ist so unglücklich und bietet dem Angeklagten so viele Hintertürchen, das strafgerichtliche Verfahren ist so schleppend und — nicht zum mindesten — die Nachsicht und Milde der Richter gerade in derartigen Fällen im allgemeinen so groß, die Strafe, wenn es überhaupt dazu kommt, so gering, daß manche Armenverwaltungen ohne weiteres davon absehen, überhaupt von dieser Strafvorschrift Gebrauch zu machen.

Nun wäre es ja wohl möglich, durch eine präzisere Fassung jenes Paragraphen, durch die Androhung strengerer Strafen und die Zulässigkeit der Überweisung ins Arbeitshaus eine gewisse Milderung dieser Mißstände herbeizuführen; aber eine durchgreifende Besserung, wie sie den Armenverwaltungen nottut, wird nach Ansicht der großen Mehrzahl der Praktiker im Hinblick auf das bisherige Versagen der Gerichte auch dann nicht eintreten, wenn die hier in Betracht kommenden Vorschläge der Kommission, die zur Beratung eines neuen Reichsstrafgesetzbuches eingesetzt ist, einmal Gesetz werden sollten, was ja noch keineswegs sicher ist. Es ist nicht anzunehmen, daß die Gerichte, nachdem sie seit Jahren die bisherigen Strafvorschriften fast durchweg mit so unverständlicher Milde und mit so geringem sozialem Verständnis angewendet haben, künftig von einem erweiterten Strafrahmen in einer Weise Gebrauch machen werden, die den Interessen der Armenverwaltungen genügend Rechnung trägt. Auch wird es kaum möglich sein, die Langsamkeit und Schwerfälligkeit des Verfahrens, die unserem heutigen Strafprozeß anhaftet, zu beseitigen und das Rechtsmittelwesen so zu gestalten, daß dem Verurteilten die Möglichkeit genommen ist, durch Erschöpfung des Instanzenzuges die Strafvollstreckung ungebührlich in die Länge zu ziehen. Gerade Arbeitsscheuen und säumigen Nährpflichtigen gegenüber, um die es sich hier handelt, sind kräftige Zuchtmittel erforderlich, welche der Tat auf dem Fuße folgen, damit das Pflicht- und Verantwortlichkeitsgefühl derartiger Individuen geweckt und eine entsprechende Wirkung erzielt wird.

Die Erkenntnis, daß im Wege des strafrichterlichen Verfahrens der namentlich in größeren Städten in erschreckender Zunahme begriffenen Zahl der Müßiggänger, Trunkenbolde und Nährpflichtverletzern nicht beizukommen ist, hat in einer Reihe von Bundesstaaten dahin geführt, den Armenverwaltungen eine schärfere Waffe im Kampfe mit diesen Personen in die Hand zu geben, und das ist der polizeiliche Arbeitszwang. Man versteht darunter die Befugnis, Arbeitsscheue und säumige Nährpflichtige ohne strafrichterliches Verfahren im Verwaltungswege in einer Arbeitsanstalt zwangsweise unterzubringen. Erfreulicherweise ist die Anzahl der Bundesstaaten, welche den polizeilichen Arbeitszwang auf Grund landesgesetzlicher Bestimmung eingeführt haben, in ständigem Wachsen begriffen. Im Jahre 1909, als wir zuletzt über das Thema verhandelt haben, gehörten hierzu nur die Bundesstaaten Sachsen, Württemberg, Mecklenburg-Schwerin, Oldenburg, Anhalt und Hamburg. Es wird wohl jenen Verhandlungen und der damals gefaßten Resolution ein großer Teil des Verdienstes daran zugesprochen werden dürfen, daß sich in den letzten drei Jahren Elsaß-Lothringen, Bremen, Lübeck und zuletzt auch Preußen zur Einführung des Arbeitszwangsverfahrens verstanden haben; auch in Baden ist ein dementsprechender Gesetzentwurf ausgearbeitet, der den nächsten Landtag beschäftigen wird. Sicher werden auch noch andere Bundesstaaten alsbald auf der hier betretenen Bahn folgen.

Es erhebt sich nun die Frage: Ist es bei dieser Sachlage empfehlenswert, alles weitere über Einführung und Gestaltung des polizeilichen Arbeitszwangs den Landesgesetzen der einzelnen Bundesstaaten zu überlassen, oder ist es erforderlich, einem Reichsarmengesetz diese Materie in irgendeiner Weise einzufügen? Mit den Gründen, welche die Kommission bewogen haben, diese Frage im Sinne der letzteren Alternative zu beantworten, muß ich mich zunächst beschäftigen.

Bekanntlich ist das Hauptargument, das die Gegner des polizeilichen Arbeitszwangs immer wieder vorbringen, die Erwägung, die Zwangseinweisung in ein Arbeitshaus sei im Grunde genommen nichts anderes als eine Strafe, deren Statuierung im Wege der Landesgesetzgebung aber unzulässig, da die Pflichtverletzungen, deren Bekämpfung durch den Arbeitszwang bezweckt werde und deren Bestrafung im Reichsstrafgesetzbuch bereits erschöpfend geregelt seien; das Reichsstrafrecht hindere also an der Einführung des Arbeitszwangs durch die Landesgesetzgebung. Ich möchte zu dieser Streitfrage hier nicht Stellung nehmen; sicher ist jedenfalls, daß demjenigen, der die Frage mit vorurteilslosen Blicken prüft, diese Bedenken sehr wohl kommen können, die ja auch anläßlich der Verhandlungen über das preußische Arbeitszwangsgesetz wiederholt und lebhaft von sachverständiger Seite vorgebracht wurden und die dazu führten, daß im preußischen Herrenhaus u. a. von Oberbürgermeister Bender angeregt wurde, die Materie „auf dem Boden, der zweifellos rechtsbeständig ist, nämlich dem Boden der Reichsgesetzgebung", zu regeln; übrigens wurde auch die auf der Jahresversammlung in München angenommene Resolution auf Antrag unseres jetzigen Herrn Vorsitzenden dahin formuliert, daß der polizeiliche Arbeitszwang in erster Linie reichsgesetzlich eingeführt werden sollte.

Wenn dem polizeilichen Arbeitszwang eine reichsgesetzliche Grundlage gegeben wird, so ist damit zweifellos der Haupteinwand, der bisher gegen seine Einführung vorgebracht wurde, aus dem Wege geräumt; man wird dann auch in der Lage sein, es klar auszusprechen, daß der Arbeitszwang nur denjenigen gegenüber zur Anwendung kommen soll, die schuldhafterweise der Arbeit aus dem Wege gehen oder die schuldhafterweise es unterlassen, ihrer Alimentationspflicht nachzukommen. Es ist sicher kein wünschenswerter Zustand, wenn die Landesgesetze bei der Formulierung der Voraussetzungen des Arbeitszwangs sich bisher ängstlich hüten mußten, in dem Gesetzestext das Moment des Verschuldens zu erwähnen, um nicht den Gesetzen von vornherein den Stempel der Ungültigkeit aufzudrücken. Auch wird es nur durch ein Reichsgesetz möglich sein, eine Rechtshilfepflicht für sämtliche Bundesstaaten festzulegen, die nötig ist, um ein ergangenes Zwangserkenntnis auch in anderen Bundesstaaten vollstrecken zu können, in denen sich bisher der betreffende Alimentationspflichtige der Vollstreckung entziehen konnte.

Nun ist es aber weder geboten noch zweckmäßig, die Materie in einem künftigen Reichsarmengesetz in einer Weise zu regeln, daß nunmehr auf Grund dieses Reichsgesetzes der Arbeitszwang in einer bestimmten Form und nach einer bestimmten Ordnung des Verfahrens ohne weiteres im ganzen Reichsgebiet in Kraft treten soll. Einerseits ist das Bedürfnis nach dessen Einführung nicht in allen Bundesstaaten das gleiche, und andererseits wäre es kaum möglich, bei der Verschiedenheit der Verwaltungsorganisation, der Behördengliederung und des Instanzenzugs in den einzelnen Staaten alle Einzelheiten des Exekutionsverfahrens in einem Reichsgesetze bindend festzulegen. Das Reichsgesetz wird vielmehr nur in zweifacher Hinsicht eine Grundlage für die Landesgesetze geben müssen: Es wird die Voraussetzungen für die Einleitung des Verwaltungszwangsverfahrens und den Personenkreis, gegen den sich dieses äußerstenfalls richten darf, klar zu umschreiben und die nötigen Rechtsgarantien festzusetzen haben gegen eine mißbräuchliche Anwendung des Arbeitszwangs.

Was die Personen, gegen die der Arbeitszwang zugelassen werden soll, anbelangt, so empfiehlt die Münchener Resolution unseres Vereins denselben gegen Arbeitsscheu und Versäumnis der Nährpflicht von Eltern gegenüber ihren Kindern unter 16 Jahren und von Ehemännern gegenüber ihren Ehefrauen. Es ist aber gerechtfertigt, den Rahmen etwas weiter zu nehmen und insbesondere die Möglichkeit von Zwangsmaßregeln auch gegen volljährige Kinder, deren Väter oder Mütter unterstützt werden müssen und gegen uneheliche Väter vorzusehen. Die Gründe, die für diese Erweiterung sprechen, sind in meinem Bericht im einzelnen dargelegt, und ich muß es mir im Hinblick auf die mir zur Verfügung stehende Zeit versagen, hier nochmals auf die Einzelheiten einzugehen. Ich möchte nur so viel hierzu sagen: Wenn man von dem dem preußischen Arbeitszwangsgesetz zugrunde liegenden, meines Erachtens durchaus richtigen Gedanken von dem öffentlich-rechtlichen Charakter der Nährpflicht, die durch den Arbeitszwang sichergestellt werden soll, ausgeht, so läßt es sich ohne weiteres rechtfertigen, auch diese beiden Personengruppen dem Gesetze zu unterstellen, da in beiden Fällen eine durch das Bürgerliche Gesetzbuch festgelegte Alimentationspflicht besteht. In einer Zeit, in welcher namentlich in den großen Städten die Zahl der frivolen Nährpflichtverletzungen von Kindern gegenüber ihren Eltern ständig zunimmt, und in der in immer steigendem Umfange öffentliche Mittel für die Versorgung der von ihren Vätern im Stiche gelassenen unehelichen Kinder aufgewendet werden, würde es jeder Begründung entbehren, wollte man diese beiden Personengruppen von vornherein von dem Arbeitszwange ausnehmen. In ihrem eigenen Interesse werden die Armenverwaltungen sich hüten, von dem Arbeitszwange gerade in diesen Fällen einen zu rücksichtslosen Gebrauch zu machen. Auch sollen die Landesgesetze nicht gehindert sein, den Arbeitszwang auf einzelne der im Reichsgesetze genannten Personen zu beschränken, und es könnte also sehr wohl ein Landesgesetz unter Berücksichtigung der besonderen Verhältnisse des betreffenden Bundesstaates davon absehen, uneheliche Väter oder volljährige Abkömmlinge dem Arbeitszwange zu unterwerfen.

Das Verwaltungszwangsverfahren darf nicht eine „prompte Justiz“ in dem Sinne ermöglichen, daß vom grünen Tisch weg durch einen Federstrich jemand ohne weiteres auf Jahre hinaus in ein Arbeitshaus gesperrt werden kann. Gerade weil der Arbeitszwang ohne förmliches gerichtliches Verfahren im Wege eines beschleunigten Verwaltungsverfahrens verhängt werden muß, wenn er wirksam sein soll, sind weitgehende Garantien nötig, damit er nicht zu willkürlicher und mißbräuchlicher Anwendung führt. Diese Garantien müssen als bindend für die Landesgesetze in einem künftigen Reichsarmengesetz aufgenommen werden.

Zunächst darf nur bei schuldhaftem Verhalten und nur bei dauernder Unterstützungsbedürftigkeit des Betreffenden der Arbeitszwang zulässig sein. Das Verwaltungszwangsverfahren soll nicht der öffentlichen Armenpflege die Handhabe bieten, um in die Lohnkämpfe einzugreifen; denn wer im Kampfe um bessere Arbeitsbedingungen, durch Streiks und Aussperrungen, seine Arbeitsstelle verliert, kann nicht dem Müßiggänger und Trunkenbold gleichgeachtet und gleich behandelt werden. Wird die Unterstützungsbedürftigkeit nur durch vorübergehende Umstände verursacht, die in absehbarer Zeit wieder gehoben sein werden, so läßt es sich nicht rechtfertigen, von dem einschneidenden Mittel der Verwaltungsexekution Gebrauch zu machen. Als weitere Kautele wird man in dem Gesetz vorsehen müssen, daß die Unterbringung nicht erfolgen soll, wenn sie mit erheblichen, den Umständen nach nicht gerechtfertigten Härten oder Nachteilen für den Unterzubringenden verbunden sein würde. Der Arbeitszwang kann aber auch nicht ein Mittel zur dauernden Freiheitsbeschränkung des Unterzubringenden sein. Das Reichsgesetz wird deshalb die Höchstdauer der Unterbringung vorzusehen haben; mit den neueren Gesetzen von Hamburg, Bremen, Lübeck und Preußen wird zweckmäßigerweise als Höchstdauer ein Jahr angenommen werden können.

Die Entscheidung über die Unterbringung muß, wie schon erwähnt, in einem beschleunigten Verwaltungsverfahren ergehen und sofort vollstreckt werden können, und die Beschwerde des Unterzubringenden gegen diesen Beschluß darf keine aufschiebende Wirkung haben. Daß ohne diese beiden Voraussetzungen der polizeiliche Arbeitszwang einen nennenswerten praktischen Erfolg nicht haben würde, bedarf keiner näheren Ausführung, und in den neueren Landesgesetzen finden sich deshalb auch beide Momente entsprechend berücksichtigt. Dagegen ist die Nachprüfung der die zwangsweise Unterbringung aussprechenden Verwaltungsentscheidung in einem zivilgerichtlichen oder verwaltungsgerichtlichen Verfahren ein Erfordernis, das ebenfalls bindend für die Landesgesetze in einem Reichsgesetze vorgeschrieben werden muß. Hierin wird eine gewichtige Garantie gegen das Ergehen rechtlich nicht begründeter und unbilliger Entscheidungen der Verwaltungsbehörden liegen. Schließlich wird für das Verwaltungsverfahren selbst mündliche Verhandlung und Anhörung des Unterzubringenden, soweit dies ohne erhebliche Schwierigkeit geschehen kann, zu verlangen sein.

Damit sind die hauptsächlichsten Punkte aufgezählt, welche in demjenigen Abschnitt eines Reichsarmengesetzes, der sich mit dem polizeilichen Arbeitszwang zu beschäftigen hätte, zu regeln wären. Alles übrige wäre der Landesgesetzgebung vorzubehalten, der noch ein sehr weiter Spielraum verbleiben würde, um die Einzelheiten des Verfahrens unter Berücksichtigung der Verwaltungsorganisation der einzelnen Staaten und der in den einzelnen Reichsgebieten verschieden gelagerten Bedürfnisse von sich aus festzulegen. Das wird aber keineswegs zu bedauern sein, da ja das Reichsgesetz lediglich eine unanfechtbare Rechtsgrundlage für die Landesgesetze geben soll. Es soll durch das Reichsgesetz auch kein Bundesstaat genötigt werden, den polizeilichen Arbeitszwang einzuführen; nur diejenigen Bundesstaaten, welche sich zu seiner Einführung entschließen, sollen gehalten sein, die Vorschriften des Reichsgesetzes, welche als zwingend bezeichnet sind, hierbei zu beachten.

Ich habe versucht, Ihnen einen Überblick darüber zu geben, wie die Materie des polizeilichen Arbeitszwangs im Rahmen eines künftigen Reichsarmengesetzes zu regeln wäre. Ich glaube, daß die Aufnahme ähnlicher maßvoller Bestimmungen, wie der in den Richtlinien des Druckberichts niedergelegten, in ein Reichsgesetz dazu beitragen würde, die heute noch vielfach bestehende Beunruhigung zu beseitigen und dem Gedanken des polizeilichen Arbeitszwangs neue Freunde zu gewinnen. Es wäre freilich sehr erwünscht, wenn das künftige Reichsstrafgesetzbuch auch seinerseits brauchbare Strafvorschriften zur Bekämpfung des Übels, um das es sich hier handelt, bringen würde; denn nicht in allen Fällen von Arbeitsscheu und Versäumung der Nährpflicht wird es angemessen sein, mit dem äußersten Mittel des polizeilichen Arbeitszwangs vorzugehen. Wenn die Armenverwaltungen die Möglichkeit haben, je nach Lage des Einzelfalles sich für das eine oder andere der beiden Mittel, das Strafverfahren oder das Verwaltungszwangsverfahren, zu entscheiden, so ist begründete Aussicht vorhanden, daß es gelingen wird, diesem Krebsschaden unserer heutigen Armenpflege endlich beizukommen.

(Lebhafter Beifall.)

Vorsitzender: Wir kommen zum V. Punkt:

Wandererfürsorge.

Berichterstatter Prof. Dr. Klumker, Wilhelmsbad.

Berichterstatter Professor Dr. Klumker, Wilhelmsbad: Meine Damen und Herren! Bei der Verteilung der Themen unter den Referenten ist mir nur ein kleines Stück der Arbeit zugefallen, ein Stück, das sich allerdings wesentlich von denen der übrigen Herren Referenten dadurch unterscheidet, daß das Gebiet, über das ich zu reden habe, jedenfalls am nächsten daran ist, reichsgesetzlich geregelt zu werden. Einerlei, wie die Frage eines Reichsarmengesetzes verlaufen wird, so ist eines sicher, daß im Augenblick schon die Reichsregierung einen Entwurf ausgearbeitet hat, der die Fürsorge für Wanderarme in neuer Weise regeln soll. Dadurch würde sich meine Aufgabe eng präzisieren lassen auf eine Besprechung dieses Entwurfs, wenn einmal dieser Entwurf schon seine instanzenmäßige Erledigung gefunden hätte und endgültig der Öffentlichkeit vorläge. Andererseits würde ich die mir gestellte Aufgabe, für ein Reichsarmengesetz die Frage der Wanderarmenfürsorge zu behandeln, doch damit nicht recht gelöst haben; denn im Unterschied von manchen anderen Gebieten hat mein Gebiet die Eigentümlichkeit, daß das, was auch reichsgesetzlich gemacht werden wird, jedenfalls nur ein Provisorium sein kann. Kaum eines der Gebiete der Armenpflege befindet sich in bezug auf die Grundanschauungen in einer so vollkommenen Umwälzung, wie gerade die Beurteilung dieses Gebietes. Unter unseren sehenden Augen vollzieht sich von Jahr zu Jahr ein Wandel in der Auffassung der Elemente, die hier behandelt werden sollen, und ein Wandel der Anschauungen, wie sie behandelt werden müssen.

Um in dieser schwierigen Situation wenigstens im kleinen Rahmen zu bleiben, habe ich in den schriftlichen Ausführungen möglichst stark die Frage der Wanderarmenfürsorge in einem Reichsarmengesetz zu präzisieren gesucht; aber ich habe nicht umhin können, auch zu versuchen, die Ziele, die Richtlinien dieser umwälzenden Entwicklung, in der wir uns befinden, einigermaßen festzulegen.

Die Frage der Wanderarmenfürsorge umfaßt in der augenblicklichen Diskussion zwei ganz verschiedene Gebiete, einmal die Fürsorge für denjenigen Wanderer, der arbeitswillig ist, der aus der augenblicklichen Lage des Arbeitsmarktes oder sonst aus ungünstigen Situationen der Arbeitsgelegenheit außerstande ist, sofort Arbeit zu finden und daher Arbeit im Wandern sucht, aber aus irgendwelchen Gründen ohne Mittel ist, ohne daß er deshalb im allgemeinen als armenunterstützungsberechtigt anzusehen wäre. Auf Armenunterstützung hat er selbstverständlich Anspruch, sobald er wirklich in Not ist. Aber die gesamte Klasse dieser Leute scheint noch in der Lage zu sein, sich durch Verwertung ihrer Kräfte den Unterhalt zu verdienen. Für diese gutwilligen Wanderer wollen die Vorschläge der Reichsgesetzgebung durch ein besonderes Gesetz sorgen, sie wollen Vorkehrungen treffen, durch die diesen Leuten die Notwendigkeit, Armenpflege in Anspruch zu nehmen, erspart wird. Ich kann diesen Kreis aus Rücksicht auf meine stimmliche

Indisposition aus meinen mündlichen Erörterungen ausschließen und auf meine Darlegungen im Vorbericht und die Leitsätze verweisen.

Die große Masse der Wanderer, die für die Armenfürsorge in Betracht kommen, scheidet man gewöhnlich in die beiden Gruppen der Arbeitsscheuen und der ganz Arbeitsunfähigen, eine Unterscheidung, die ich für die bequemere Verständigung beibehalte. Gerade in der Beurteilung dieser beiden Gruppen ändern sich unsere Anschauungen vollständig. Sie wissen aus meinen Ausführungen, daß ich das ganze Problem der Wanderarmen am anderen Ende nicht bloß aus diesem formellen Grunde angefaßt habe. Woher kommt das Gros der die Landstraße bevölkernden Leute? Sie kommen aus den Korrektionsanstalten, den Arbeitshäusern, den Gefängnissen, sie kommen aus einer Fürsorge, die sich ihrer bereits angenommen hat, und diese Fürsorge ist derart beschaffen, daß sie ständig der Landstraße einen Stamm von Wanderarmen liefert. Sicher ist, daß, wenn wir das Problem so lösen, daß wir erst die gutwilligen, die arbeitswilligen Wanderarmen versorgen und dann den Rest wie bisher behandeln, die Sache nicht erledigt ist; dann sind wir nicht weiter als heute. Denn aus dieser bisherigen Versorgung der letzteren kommt der Rest immer wieder auf die Landstraße. Wir haben hier eine Vorkehrung geschaffen, um die Landstraßen ständig zu bevölkern; so kommen wir aus diesem Zustande nicht heraus.

Um den Weg zu verstehen, den die Entwicklung gehen wird, muß ich mit ein paar Worten auf die letzte Gruppe eingehen. In bezug auf das, was das Korrektionshaus ist und was es leistet, ändern sich unsere Anschauungen in der theoretischen und praktischen Beurteilung. Wenn Sie in der Praxis mit dem Direktor eines Arbeitshauses oder dem Dezernenten sprechen, so kommt sein Urteil auf das hinaus, was Herr v. d. Goltz einst kurz gesagt hat: In den Korrektionsanstalten ist noch niemand gebessert worden. Wenn wir Leute in Korrektionsanstalten schicken zu dem Zweck, sie sollen dort gebessert und als arbeitsfähige Leute in die Gesellschaft zurückkehren, so müssen wir sagen, daß das Arbeitshaus ein vollkommenes débâcle erlebt hat. Aber es ist in der Praxis ein ganz anderes Ding, als es im Nebel der Theorie sein sollte. Das Arbeitshaus ist einmal eine Versorgungseinrichtung für die Elemente, die darin aufgenommen werden, und zweitens eine Einrichtung, um die Arbeitskräfte dieser Elemente nutzbar zu machen. Das sind die beiden großen Aufgaben des Arbeitshauses, und daraus folgt, daß das Arbeitshaus völlig unerfüllbare Aufgaben hat, wenn diese nach strafrechtlicher Überlieferung wie oben bestimmt werden. Es erreicht dann nur, daß es die Leute auf die Landstraße wieder hinauswirft. Das Problem liegt umgekehrt: warum tun wir die Leute hinaus, wenn sie wieder zurückkommen müssen? Die arbeitsscheuen und arbeitsunfähigen Wanderarmen sind die Stammgäste der Arbeitshäuser, die regelmäßig in die gewohnte Heimat zurückgehen, und die Schwierigkeit der Entwicklung ist die, daß die gesetzlichen Grundlagen des Arbeitshauses uns zwingen, die Leute aus diesem Heim immer wieder hinauszustoßen oder hinausgehen zu lassen. Wenn man ferner in das Arbeitshaus die Zuhälter hineingewiesen hat und es zu einer Zwangskuranstalt für gefährliche Verbrecher machen will, so zeugt das von einer vollkommenen Verkennung des Arbeitshauses. Weder Zuhälter noch schwere Verbrecher haben dort etwas zu suchen.

Der Grundschaden ist, daß wir die Leute immer wieder hinausgehen lassen oder hinausstoßen müssen, wo sie im Leben doch nicht durchkommen können — jeder Arbeitshausinspektor kann Ihnen Beispiele dafür erzählen —; dieser Zustand muß von Grund aus geändert werden. Wir müssen uns theoretisch zu der Überzeugung durchringen, zu der schon die Praxis gekommen ist, daß diese Leute im Leben draußen nicht existieren können, daß sie auf die Landstraße kommen, weil für sie in unserer Gesellschaft und Wirtschaftsordnung kein Platz ist. Das haben wir noch von einer anderen Seite einsehen gelernt, nämlich durch die Untersuchungen einzelner Psychiater, wie Wilmanns. Aber das Problem ist längst noch nicht gelöst, wenn wir feststellen, daß ein beträchtlicher Teil der Arbeitshausgäste mehr oder minder geisteskrank sind und als solche wohl entmündigt werden könnten.

Diese Geisteskranken sind nur ein Teil; die Gesamtheit muß in ihrer gesellschaftlichen Sonderart gewürdigt werden. Sie charakterisiert sich dadurch, daß sie selbständig im Leben nicht brauchbar ist; ob durch ungenügende Anpassungsfähigkeit oder durch ungenügende wirtschaftliche Verhältnisse, das ist für die Behandlung der Leute nicht entscheidend, sie sind eben unverwertbar im freien Verkehr. Wir brauchen, wenn wir nach dieser Seite die Landstraße von ihren Stammgästen säubern wollen, gesetzliche Grundlagen, die es ermöglichen, diese Elemente, entsprechend dem Wesen des Arbeitshauses, in Wirklichkeit dauernd zu versorgen und ihre Arbeitskraft nutzbar zu machen. Das letzte Ziel dieser Entwicklung geht darauf hinaus, daß man sagt: Es sind hier Leute, die ihre Angelegenheiten nicht selbst besorgen können, freilich nicht aus Geistesschwäche und Geisteskrankheit, sondern aus irgendwelchen anderen, im einzelnen noch nicht gefundenen Gründen. Wir müssen dahin kommen, auch für sie, wie für Geisteskranke und Geistesschwache, eine Entmündigungsmöglichkeit auf Grund dieser sozialen Unfähigkeit zu schaffen und sie in die anderen unmündigen Elemente einzureihen und dann dauernd dadurch zu versorgen.

Ob und wie bald wir ein derartiges Ziel erreichen, hängt

von einer Reihe anderer Umstände ab. Wir werden vielleicht den Weg zu gehen haben, daß wir den Aufenthalt im Arbeitshause ausdehnen, vielleicht auf fünf oder zehn Jahre, wie es eine Reihe ausländischer Staaten getan haben. Wir dürfen aber auch nie vergessen, daß, wenn wir eine derartige Gesetzgebung machen, sie auch dem Wesen der Dinge entsprechen muß. Wir dürfen also nicht bei der strafrechtlichen Regelung kleben bleiben. Nur dann haben wir die Möglichkeit, dem Ziel der Versorgung dieser Elemente näher zu kommen. Da sind Fragen zu erledigen, die einer langen Erwägung bedürfen. Wir können nicht einfach bei der Säuberung der Landstraße damit anfangen, daß wir diese Elemente weiter zwischen Gefängnis, Arbeitshaus, Arbeiterkolonie hin und her schieben; das hieße nur eine Garantie für eine dauernde Bevölkerung der Landstraße schaffen.

Während über diesen Punkt die Anschauungen noch vielfach differieren, sind sie sich über einen anderen Punkt mehr einig. Neben diesen meist als arbeitsscheu bezeichneten Elementen stehen solche, die halb oder ganz arbeitsunfähig sind und die auf der Landstraße zum Teil erscheinen, weil sie die Armenpflege ungenügend versorgt. Das sind die, die dem berühmten § 28 des Unterstützungswohnsitzgesetzes zum Opfer fallen, die nicht versorgt werden, weil die kleinen Ortsarmenverbände die Pflicht der Versorgung jedes hilfsbedürftigen Wanderers naturgemäß von sich abzuwälzen suchen. Ihnen wird durch eine Änderung des § 28 zu helfen sein, dadurch, daß an die Stelle dieser kleinen Verbände größere Verbände in irgendeiner Form gesetzt werden und damit die Last Schultern aufgeladen wird, die ihnen gewachsen sind.

Wieder ist das Ziel, das wir erreichen müssen, klar umrissen. Aber bei den nächsten Fortschritten handelt es sich nur um die vorläufige Unterstützungspflicht. Diese vorläufige Unterstützungspflicht muß in anderer Weise wie in § 28 geregelt und höchstwahrscheinlich den großen Verbänden, den Landarmenverbänden, übertragen werden. Freilich wird es notwendig sein, in dieser Richtung ganz entschiedene Kautelen zu schaffen. Es wird natürlich nicht einfach genügen, diese Leute definitiv auf die Landarmenverbände abzuschieben; dann drehen Sie das Unglück nur um. Jetzt tut der kleine Verband gar nichts für den Wanderarmen; später bekommt er sein Geld vom Landarmenverbande mühelos wieder und würde vielleicht sagen: Was werde ich mich mit ihm herumplagen; ich unterstütze ihn und bekomme dann mein Geld wieder zurück. Das bedeutete eine neue Art des Wanderbettels schaffen. Es wird nur dadurch gelingen, wenn mit der Unterstützungspflicht der Landarmenverbände die Möglichkeit geschaffen wird, die Unterstützungsart zu regeln, sie selbst zu übernehmen oder die einzelnen Ortsarmenverbände nach der

Richtung mit bindenden Anweisungen über die Ausführung der vorläufigen Unterstützung zu versehen. Wer endgültig diese Last trägt, kann gleichgültig sein, wenn nur der Landarmenverband sie vorläufig trägt. Wollten wir die endgültige Tragung dieser Last einfach den Ortsarmenverbänden abnehmen, dann würde ein großer Teil kleiner Verbände ihre Leute auf die Wanderschaft schicken, damit sie hilfsbedürftig werden und dem Landarmenverband anheimfallen. Wir würden eine neue Form der Abschiebung ins Leben rufen. Das genügt, um Ihnen zu zeigen, welche Scylla und Charybdis in der Formulierung dieses § 28 vorhanden ist.

Dann knüpfen sich an die Versorgung dieser Landarmen noch Forderungen an, die mit denen der Verwaltung der Korrektionsanstalten parallel laufen. Bei vielen dieser Elemente besteht das Übel, daß sie sich der Versorgung jederzeit entziehen können. Sie werden im Armenhause untergebracht und versorgt. Nach einiger Zeit gefällt ihnen das nicht mehr, sie verzichten auf die Unterstützung und gehen in die Weite, natürlich nirgends anders hin als auf die Landstraße, von der sie gekommen sind. Also wieder liefert unsere Art der Fürsorge der Landstraße eine schöne Anzahl von Stammgästen; wieder nicht durch die Schuld der Verwaltung, sondern durch die gesetzlichen Bestimmungen, die die Armenverwaltungen zwingen, diese Elemente wieder auf die Landstraße ziehen zu lassen. Also von hier aus kommt dieselbe Forderung wieder nach irgendeiner Art von Entmündigung, das Verlangen, die Leute, die draußen nicht existieren können, mit einem milden Zwange da festzuhalten, wo für sie gesorgt werden kann. Hier wird das Ziel darauf hinausgehen, für diese Elemente eine zwangsweise Versorgung in der einen oder anderen Weise zu schaffen. Daß man alle Sicherungen — die richterliche Kontrolle ist ja bereits in der Forderung der Entmündigung gegeben — treffen muß, die die persönliche Freiheit des Staatsbürgers fordern kann, habe ich im Vorbericht dargelegt.

Das sind in kurzen Umrissen die Dinge, die die Armenpflege auf dem Gebiete der Wandererfürsorge zu lösen hat und an deren Lösung jedenfalls ein Reichsarmengesetz mitzuarbeiten berufen ist, für das wahrscheinlich das neue, demnächst herauskommende Gesetz eine Vorarbeit sein wird.

Lassen Sie mich zum Schlusse daran anschließend wieder auf den Anfang zurückkommen. Die Frage: wie weit wird die Armenpflege für Wanderer das Wandererproblem lösen und lösen können, ist eine Frage, auf die es heute keine Antwort gibt. Diese Schwierigkeit, daß wir die Frage nicht beantworten können, ist der Grund dafür, daß auf dem Gebiete der Behandlung der Wanderer noch ganz große und schwierige Differenzen vorhanden sind, die in den nächsten Jahren kaum richtig ausgetragen werden dürften.

Die nächste Frage, die wir aufwerfen, um zu wissen, was zu geschehen hat, wenn wir die Arbeitsscheuen, die Arbeitsunfähigen von der Landstraße nähmen, wäre die: Was bleibt dann noch auf der Landstraße übrig? An sich eine so simple, so einfache Frage, deren Beantwortung als Grundlage aller Diskussionen so selbstverständlich erscheint, daß man immer nur in das größte Erstaunen geraten kann, wenn man feststellen muß: Es hat noch kein Mensch daran gedacht, vernünftiges Material darüber zu schaffen. Im Jahre 1870 hat unser alter Statistiker v. Mayr zum ersten Male für das Vagabundenwesen im Königreich Bayern eine Statistik aufgestellt, die vor allen Dingen wegen der grundlegenden Forderung der weiteren statistischen Erhebungen hätte von Bedeutung sein können, wenn jemand daran gedacht hätte, sie fortzusetzen. Ende der achtziger Jahre, 20 Jahre später, hat der Berliner Statistiker Berthold eine glänzende Statistik der Arbeiterkolonien geschaffen, eine Statistik, die zweifellos zu dem Besten gehört, was bisher auf diesem Gebiete erschienen ist. Anfang der neunziger Jahre haben die Arbeiterkolonien die Statistik aber einschlafen lassen, und seitdem haben wir niemals mehr über diese Elemente eine wirkliche und brauchbare Statistik erhalten. Wir wissen z. B. nicht, wieviel Menschen die Arbeiterkolonien versorgen, wir wissen nur, wieviel Aufnahmen sie haben. Wir wissen nichts über die Rückfälligkeit und über viele andere Dinge, über die wir ohne viele Schwierigkeiten genaue Kenntnis besitzen könnten. Wir besitzen nichts, weil die Arbeiterkolonien nur so irgendwelche Zahlen publizieren, deren Entstehung sehr fraglich und deren Wert sehr problematisch ist. Nur die württembergischen Arbeiterkolonien haben die Grundlagen der Statistik durch Zählkarten weiter fortgeführt; bearbeitet ist aber dieses Material auch nicht. Und doch ist es furchtbar einfach, die Frage, wieweit die Arbeitsscheuen und Korrigenden an der Masse der wandernden Bevölkerung beteiligt sind, statistisch einwandsfrei zu lösen. Wir besitzen aus neuerer Zeit Versuche aus einigen Provinzen, über die Wandernden Material zu schaffen. Das Beste in der Statistik ist die, die in Elsaß-Lothringen in neuester Zeit aufgenommen worden ist. Aber auch sie bietet wenig mehr als sehr lückenhafte Wanderstraßen, die sich aus den Aufnahmen der Polizei ergeben haben. Wir brauchen aber dringend eingehende statistische Erhebungen über diese Elemente.

Das Erstaunlichste an der ganzen Sache ist noch, daß diese Statistik eines der einfachsten und simpelsten Dinge wäre, die es auf dem Gebiete der sonst nicht ganz einfachen Statistik gibt. Es gibt nichts Einfacheres, als über jedes dieser Elemente in der Wanderarbeitsstätte, im Korrektionshaus oder Asyl, wo es gerade aufgenommen wird, eine Zählkarte herzustellen, die dann an eine Zentralstelle weitergegeben wird. Es belastet doch die einzelnen Organe nicht, wenn sie anstatt des Journals einen Kartenzettel ausfüllen, der durchgeschrieben und an eine statistische Zentralstelle gesandt wird. Eine Zentralstelle ist schon deshalb nötig, weil dort vor allem die Strafregister der Betreffenden herangezogen werden könnten.

Mit Hilfe derartiger Statistiken würde sich die Bewegung der wandernden Bevölkerung des Reiches in umfassendem Maße erfassen und damit zunächst ein wirklich brauchbares Material über die Wirkung der Wanderarbeitsstätten, auf die ich im einzelnen nicht eingehen kann, schaffen lassen. Das scheint mir das Dringendste, daß keinerlei gesetzliche Schritte auf diesem Gebiete gemacht werden, ohne daß das Reich eine derartige umfassende Statistik, deren Ideen auf den österreichischen Statistiker Mischler zurückgehen, ernsthaft in die Hand nimmt. Nur dann werden wir imstande sein, die Wirkung der neuen Maßregeln, die wir ergreifen, in irgendeiner Weise abzumessen und über das Stadium hinwegzukommen, wo die Freunde und die Gegner der Wanderarbeitsstätten sich mit dem Appell an das Herz bekämpfen, ohne wirklich sachliche Momente vorbringen zu können. Ich halte diese Forderung einer brauchbaren Statistik für die allererste und dringendste, die wir aufstellen können. Dieses ständige Reden ohne sachliches Material kann uns auf diesem Gebiete einfach nicht weiter bringen.

Dann wird es dringend notwendig sein, auf dem Gebiete der Wandererfürsorge auch für die jugendlichen Wanderer in besonderer Weise Vorsorge zu treffen. Ich kann auf dieses Problem nicht weiter eingehen; es ist erst vor zwei Tagen an dieser Stelle eingehend erörtert worden. Es leuchtet aber ohne weiteres ein, daß, wenn große Scharen jüngerer Wanderer unter 18, 16 Jahren auf der Landstraße erscheinen, da irgendeine besondere Vorkehrung dringend notwendig ist.

Das ist das, was ich Ihnen über meine Thesen hinaus sagen möchte. Eine andere Regelung auf diesem Gebiete wird unbedingt den bisherigen § 28 ändern und angreifen müssen; sie wird sich in einer Richtung bewegen müssen, in der man von der vorläufigen Versorgung zu einer dauernden Versorgung kommen muß; sie wird sich der jugendlichen Wanderer annehmen und vor allem darauf hinausgehen müssen, uns eine brauchbare Statistik über diese Elemente zu verschaffen.

(Lebhafter Beifall.)

Vorsitzender: Wir gehen über zu Punkt VI:

Die Tariffrage.

Berichterstatter Rechtsrat Fleischmann-Nürnberg: Hochverehrte Anwesende! Auch mir ist nur ein kleines Thema zur Behandlung zugewiesen worden. Ich bin aber darüber nicht unglücklich, weil ich bei seiner Behandlung gefühlt habe, daß, so klein es auch zu sein scheint, so groß doch seine wirkliche Bedeutung ist, und daß gerade die Behandlung dieses Themas vielleicht am beweiskräftigsten für die Notwendigkeit einer reichsgesetzlichen Regelung des Armenwesens mit sprechen wird.

Es kann ganz kurz der bisherige Rechtszustand geschildert werden. Wir haben das Unterstützungswohnsitzgesetz, welches außer in Bayern jetzt im ganzen Deutschen Reiche gilt. Es hat hinsichtlich des Tarifes in den §§ 29 und 30 Bestimmungen getroffen, welche, wenn meinen Vorschlägen entsprochen werden soll, einer gewissen Änderung werden unterzogen werden müssen. Die Bestimmungen sind im allgemeinen ja so wohlbekannt, daß ich auf ihre genaue Wiedergabe hier werde verzichten können. Es handelt sich im wesentlichen um die Bestimmungen darüber, nach welchen Grundsätzen zwischen einzelnen Armenverbänden die Ersatzleistungen hinsichtlich ihrer Höhe zu erfolgen haben. Es ist insofern der Sachverhalt auch ein ganz einfacher, als die Höhe der Tarifsätze im wesentlichen durch den preußischen Tarif bestimmt ist, der so ziemlich für das ganze Reich, soweit überhaupt Tarifbestimmungen erlassen sind, Geltung hat. Ich habe mir in meinen schriftlichen Ausführungen die Bemerkung erlaubt, daß im Vergleiche zu dem anderen System, das auf diesem Gebiete noch gilt, die preußischen Bestimmungen wohl die komplizierteren und in der Praxis schwerer anwendbaren sein dürften. Das zweite System, nach welchem gearbeitet wird, ist das bayrische System. Wir haben im bayrischen Armengesetze eine einzige Bestimmung, welche sich auf die Regelung der Ersatzleistungen bezieht, und das ist die Bestimmung, daß bei einer Behandlung in gemeindlichen oder in distriktiven Krankenhäusern diese Sätze durch Tarife zu regeln sind. Die Tarife sind von den Aufsichtsbehörden der einzelnen Armenverwaltungen für jede Anstalt besonders zu genehmigen und öffentlich bekannt zu machen. Zur Ausführung sind in einer ausführlichen Ministerialbekanntmachung allgemein gültige Bestimmungen getroffen, die den wesentlichen Inhalt haben, daß nur die wirklichen Selbstkosten und daß besondere Ansätze für Verwaltungskosten — es ist das mit dem anderen Systeme vollständig gleich — nicht berechnet werden dürfen. Es sind aber neben dem Tarife noch besondere, außerordentliche Aufwendungen erstattungsfähig. Das muß aber im Tarif ausgesprochen sein. Es ist also über den von der Aufsichtsbehörde festgesetzten runden Tarifsatz hinaus eine Mehrforderung durchaus unzulässig. In dieser Bestimmung, glaube ich, liegt schon ein ganz wesentlicher Vorzug gegenüber dem anderen Tarife, der mit viel zu vielen Einzelberechnungen vorgeht.

Die Verschiedenheiten in der Tariffrage werden sich nun — darüber ist gar kein Zweifel — im Verkehr zwischen dem Gebiete des Unterstützungswohnsitzes, mit dem preußischen Tarife in der Hauptsache, und den bayrischen Armenbehörden recht unangenehm fühlbar machen. Da die bayrischen Sätze erheblich höher sind als die anderen, werden künftighin, was ja bisher vermöge des bestehenden Rechtszustandes nicht der Fall war, bayrische Rechnungen bei den Armenverbänden, welche bisher daran gewöhnt waren, etwa nicht über 1,50 Mk. für den Tag ersetzen zu müssen, verschiedentlich starkes Kopfschütteln erregen. Der Tarifsatz beispielsweise unseres Nürnberger Krankenhauses beträgt 3,50 Mk. für den Tag,

(Bewegung)

und es wird sicher eine recht wenig erquickliche und umständliche Hin- und Herschreiberei in dieser Sache zu erwarten sein. Gerade dieser Umstand ist es, der es unter allen Umständen erfordert, daß auf dem Tarifgebiete eine einheitliche Regelung vorgenommen wird.

Meine verehrten Anwesenden! Ich bestehe keineswegs darauf — und ich habe das auch in meinem schriftlichen Berichte gesagt —, daß diese Regelung gerade nach dem mir besser erscheinenden bayrischen Muster erfolgen muß. Ich will mich vollständig damit zufrieden geben, wenn wir nur zu einer einheitlichen Regelung kommen, und werde selbst dann zufrieden sein, wenn es zunächst nur auf dem Vertragswege möglich wäre. Ich sehe vorläufig aber immer das weitere Ziel des Reichsgesetzes vor mir; eine Regelung m u ß erfolgen, um den vielen künftigen Unannehmlichkeiten aus dem Wege zu gehen. Wir können es nicht wünschen, daß wir in Bayern in die uns ganz unbekannte Lage versetzt werden, die einlaufenden Rechnungen künftig auf Heller und Pfennig genau nachzuprüfen, wie es nach den Bestimmungen des Gesetzes nötig wäre. Die Vereinfachung und Abkürzung des Verkehrs ist doch jedenfalls ein Ziel, dem wir unter allen Umständen nachstreben müssen. Es ist etwas auffällig, wenn in den Motiven zu den preußischen Bestimmungen ausdrücklich davon gesprochen wird, daß man als Zweck des Tarifes besonders die Regulierung der Forderungen, die Vereinfachung des Geschäftsverkehrs und des Streitverfahrens ansieht, während man diesem Ziele doch recht fern bleibt. Ich möchte es durchaus nicht wünschen, daß der Übergang Bayerns zum Unterstützungswohnsitze gleich von Anfang an zu einer Reihe recht unerquicklicher Streitigkeiten führt, zumal ja die Zuständigkeitsfrage usw. auf diesem Gebiete auch noch Schwierigkeiten bietet, die nicht so leicht zu überwinden sind. Ich meine: wenn ein guter Wille vorhanden ist — und den setze ich bei allen beteiligten und sachverständigen Kreisen voraus —, wird sich auch ein Weg finden lassen, um einer Einigung näher zu kommen.

Wie ich schon sagte, ist hier vielleicht nicht recht der Platz, über die Einzelheiten der Qualität dieses oder jenes Systems eingehender zu sprechen. Ich möchte mich daher darauf beschränken, was ich auch in meinem schriftlichen Berichte erwähnt habe, daß ich eine Besorgnis nicht unterdrücken kann, wenn in der bisher in den meisten Bundesstaaten üblichen Weise fortgefahren wird, die Besorgnis nämlich, daß, wenn die Tarifsätze zu niedrig gehalten werden, darunter die Armenpflege und nicht zuletzt die Armen selbst Schaden leiden könnten. Denn unser Bestreben ist es doch, die Einrichtung der den Armen vorzugsweise dienenden öffentlichen Anstalten, die Einrichtung der Krankenhäuser überall derart zu treffen, daß sie den höchsten Ansprüchen genügen. Ich stehe ferner auf dem Standpunkte: je besser hier Vorsorge getroffen wird, desto schneller und besser werden sich die einzelnen Fälle abwickeln lassen. Wenn zu wenig ersetzt wird gegenüber den höheren Aufwendungen, die namentlich in den größeren, gut eingerichteten Krankenhäusern gemacht werden, so besteht die Gefahr, die Ausgaben zurückzudämmen. Es wird sich leicht das Bestreben zeigen, weniger zu leisten, wenn zu wenig ersetzt wird. Ich stehe nicht auf dem Standpunkte, daß gerade der letzte Pfennig ersetzt werden muß, denn das Interesse der einzelnen Gemeinden an einer geordneten, guten Armenpflege erfordert auch eine finanzielle Beteiligung, deren sich auch insbesondere eine größere Stadt gar nicht wird erwehren wollen. Es ist aber dringend zu wünschen, daß der Gerechtigkeit insoweit entsprochen wird, daß auch ein Teil der allgemeinen Unkosten mit in den Tarif eingerechnet werden darf, so daß die ersetzte Summe den wirklichen Auslagen nach Möglichkeit gleichkommt.

Das ist die ganze Forderung, die erhoben wird. Ich sehe sehr wohl ein, daß auf diesem Gebiete von allen Seiten mit großer Mäßigung vorgegangen werden muß, wenn nicht die sehr erstrebenswerte Einigung gefährdet werden soll. Ein Nachgeben auf beiden Seiten ist natürlich hier sehr erwünscht, und eine sachkundige Beratung wird hier über Schwierigkeiten, die sich zeigen sollten, leicht hinwegführen können. So zeigt es sich bei der Betrachtung der Frage, daß sie wichtiger ist, als sie auf den ersten Blick erscheinen mag, und daß gerade in diesem Punkte eine Verständigung schwieriger ist, als man auf den ersten Blick glauben möchte.

Die Grundsätze, die Richtlinien, die ich mir in meinem Berichte aufzustellen erlaubt habe, finden Sie auf Seite 116 des gedruckten Berichts. Ich glaube, über die einzelnen Sätze nichts weiter mehr bemerken zu sollen, und füge nur hinzu, daß ich Herrn Bürgermeister v. Hollander für die Unterstützung sehr dankbar bin, die er meiner Anschauung dadurch hat zuteil werden lassen, daß er noch die Art der Berechnung nach einem Mannheimer Muster dargelegt hat, aus welchem zu ersehen ist, wie sehr wünschenswert hier eine Besserung ist.

Also ich schließe damit: Rechtseinheit soweit immer nur möglich, selbstverständlich unter tunlicher Wahrung und Schonung der einzelnen Interessen, auch überlieferter Anschauungen, mit denen wir rechnen müssen. Im übrigen aber wünsche ich, daß unsere Beratungen auch über diese Frage eine Klärung herbeiführen und die Grundlage zu einer künftigen Einigung bilden mögen.

(Lebhafter Beifall.)

Vorsitzender: Meine Damen und Herren! Wir lassen nunmehr eine Pause von ungefähr einer Stunde eintreten. Ich mache darauf aufmerksam, daß dann der Kongreß noch zwei Berichte hören wird. Er wird darauf zu entscheiden haben, ob wir dann heute noch in die Diskussion eintreten. Es ist also durchaus wesentlich, daß sich sämtliche Herrschaften wieder versammeln.

(Pause.)

Vorsitzender: Wir treten nunmehr in die Fortsetzung der Berichte ein. Ich bitte Herrn Bürgermeister Dr. Thode-Stettin das Wort zu nehmen zu Punkt VII:

Aufsicht über die öffentliche Armenpflege und Rechtsprechung.

Berichterstatter Bürgermeister Dr. K. Thode-Stettin: Meine Damen und Herren! Wird künftig an Stelle der bisher bestehenden Vielheit und Mannigfaltigkeit landesgesetzlicher Bestimmungen ein einheitliches materielles Armenrecht für das ganze Deutsche Reich geschaffen, so ist damit noch nicht ohne weiteres gewährleistet, daß die öffentliche Armenpflege nun auch tatsächlich überall gleichwertig geübt werde. Wir wissen, daß heute gewaltige Unterschiede bestehen und daß vor allem von den kleineren Armenverbänden vielfach aus Leistungsschwäche, oft aber auch aus Unverstand oder gar Böswilligkeit Unzureichendes geleistet wird.

Das Reichsarmengesetz wird deshalb über Aufsicht und Rechtsprechung Bestimmungen treffen müssen, und zwar führt der Weg zunächst unmittelbar dahin, das Bundesamt für das Heimatwesen zu einem Reichsarmenamt auszugestalten.

Es wird zu prüfen sein, welche Aufgaben diesem Reichsarmenamt zuzuteilen sein würden.

Was die Rechtsprechung betrifft, so hat schon heute die weit überwiegende Mehrheit der Bundesstaaten von der Ermächtigung des § 52 UWG. Gebrauch gemacht und die Entscheidung der sogenannten Landessachen in der Berufungsinstanz dem

Bundesamt für das Heimatwesen übertragen. Wenn in allerjüngster Zeit durch das Reichsgesetz über die Einführung des Unterstützungswohnsitzgesetzes in Bayern diesem Bundesstaate ein Reservatrecht insofern eingeräumt worden ist, als die §§ 37 und 56, Abs. 2 Satz 2 UWG. nur mit Zustimmung Bayerns geändert werden können, so wird man darin kein unübersteigbares Hindernis für die weitere Vereinheitlichung des Armenrechtes zu erblicken brauchen; es wird vielmehr in der Zuversicht auf die künftige Zustimmung Bayerns die Forderung aufgestellt werden müssen, das Reichsarmenamt zur Berufungsinstanz zu machen für sämtliche Streitigkeiten unter deutschen Armenverbänden über die öffentliche Unterstützung Hilfsbedürftiger, also auch für alle Landessachen.

Wird das Reichsarmenamt dergestalt zur Berufungsinstanz bestellt, so empfiehlt es sich, ihm weiterhin die Befugnis zu geben, auch außerhalb eines Streitverfahrens armenrechtliche Zweifelsfragen durch den Spruch seines Plenums mit bindender Kraft für sämtliche deutschen Armenverbände zu entscheiden. In Anbetracht des eng begrenzten Rechtsgebietes und im Hinblick auf das Gewicht, das die Rechtsprechung des Bundesamts für das ganze Armenwesen gewonnen hat, erscheint es unbedenklich, dem Reichsarmenamt dieses Sonderrecht beizulegen, durch dessen gelegentliche Ausübung zur rechten Zeit eine Unsumme einzelner Rechtsstreitigkeiten im Keime erstickt werden könnten.

Hingegen wird es nicht angängig sein, das Reichsarmenamt zur oberen Beschwerdeinstanz in Sachen verweigerter und nicht ausreichend gewährter Unterstützung zu bestellen. Zwar wäre eine Zentralisation auf diesem Gebiete sehr wünschenswert, doch ist sie praktisch nicht durchführbar, denn einmal würde die Eilbedürftigkeit der meisten einschlägigen Beschwerden entgegenstehen, vor allem aber würde die Zentralstelle mit einer solchen Flut von Beschwerden überschüttet werden, daß sie außerstande sein würde, sie in geeigneter Weise zu bewältigen.

Nicht ganz so einfach ist es, auf dem Gebiete der eigentlichen Aufsicht die Befugnisse des künftigen Reichsarmenamtes richtig abzugrenzen. Eine alte Forderung des Deutschen Vereins für Armenpflege und Wohltätigkeit geht auf stärkere Zentralisation der Aufsicht über das Armenwesen, und sicherlich müßte das Reichsarmengesetz dieser Forderung zu genügen trachten. Indes sind hier enge Grenzen gesetzt. Es wird niemand fordern, daß etwa das Reich selbst die Ausübung der Armenpflege übernehmen und dafür ausführende oder auch nur, daß es überwachende Organe schaffe; es wird vielmehr bei dem herkömmlichen und bewährten System bewenden, nach dem die Selbstverwaltungskörper die Träger der Pflicht zur Armenpflege bleiben und ihre Tätigkeit auf diesem wie auf allen anderen Gebieten von den zuständigen Landesbehörden überwacht wird. Bei Begrenzung der Aufsichtsbefugnisse des künftigen Reichsarmenamtes wird deshalb ein Eingreifen in die Landeshoheit der Bundesstaaten tunlichst vermieden werden müssen, nicht minder sind die Rechte der Selbstverwaltung sorgsam zu schonen. Dem Reichsarmenamt würde die Tätigkeit der obersten sachverständigen Zentralstelle nur insoweit zuzuweisen sein, als diese darin besteht, das einschlägige Material zu sammeln, zu sichten, zu verwerten, sowie Aufklärung und Belehrung über fachliche Fragen zu verbreiten. Der hiermit bezeichneten Aufgabe, die eindringende Kenntnis aller einschlägigen Verhältnisse und Rechtsfragen zu fördern, könnte die Tätigkeit des Reichsarmenamts in hervorragender Weise zum Segen unseres gesamten deutschen Armenwesens dienen. Um aber dieser Aufgabe genügen zu können, müßte das Reichsarmenamt das gesetzliche Recht erhalten, von sämtlichen deutschen Armenverbänden über die allgemeinen Angelegenheiten ihrer Verwaltung Berichte zu erfordern.

Weiter sollte man in der Erteilung von Aufsichtsbefugnissen an das Reichsarmenamt nicht gehen. Es muß vielmehr bei der unmittelbaren Beaufsichtigung der Armenverbände durch die Landesbehörden sein Bewenden behalten, und zwar reicht die allgemeine Kommunalaufsicht aus: weder bedarf es der gesetzlichen Festlegung besonderer Richtlinien für diese Aufsicht noch der Einführung besonderer Aufsichtsbeamten, die nur auf dem Gebiete der Armenpflege zu wirken hätten. Wenn die Armenpflege heutzutage noch vielfach unzureichend geübt wird, so liegt, wie wir sahen, der Grund zum wesentlichen Teile in der Leistungsschwäche der Armenverbände. Wird für die Erstellung leistungsfähiger Verbände gesorgt, so hat im übrigen die allgemeine Kommunalaufsicht zureichende Mittel, um hervortretende Mängel der Armenpflege abzustellen.

In einem nicht unwesentlichen Punkte würde das Reichsgesetz eine Maßnahme sicherstellen können, die in einzelnen Bundesstaaten bereits durchgeführt worden ist und sich als zweckdienlich bewährt hat: es erscheint nämlich wünschenswert, gesetzlich festzulegen, daß die der Armenpflege dienenden Anstalten durch die Amtsärzte — wo solche vorhanden — zu überwachen sind. Sicherlich wird diese Tätigkeit des Amtsarztes den Armenverwaltungen oft ärgerlich und lästig sein, aber bei sachlicher Beurteilung wird man zugeben müssen, daß sie zweckentsprechend und notwendig ist, zumal den meisten Gemeindeverwaltungen ein eigenes sachverständiges Organ fehlen wird.

Endlich ist hier noch ein Vorschlag vorzubringen, der nicht nur in der Fachliteratur mehrfach vertreten worden ist, sondern sich auch bereits in der Praxis erfolgreich durchgesetzt hat und der dahin geht, die Landarmenverbände in gewissem Maße an der Aufsicht über die Ausübung der Armenpflege durch die Ortsarmenverbände zu beteiligen. Es wird sich empfehlen, die Landarmenverbände durch das Reichsarmengesetz allgemein zu ermächtigen, sich der Ortsarmenverbände ihres Bezirkes als ihrer Organe behufs der öffentlichen Unterstützung Hilfsbedürftiger zu bedienen. Wenn ein Landarmenverband von diesem Rechte Gebrauch macht oder wenn er einem überbürdeten Ortsarmenverband eine Beihilfe gewährt (§ 8 UWG.), so soll er befugt sein, jederzeit Einsicht von den Einrichtungen und Maßnahmen der öffentlichen Armenpflege des Ortsarmenverbandes zu nehmen oder durch bevollmächtigte Abgesandte nehmen zu lassen und bei der staatlichen Aufsichtsbehörde auf Abstellung vorgefundener Mißstände anzutragen.

Sind hiermit die Vorschläge, die sich auf die Regelung der Aufsicht und Rechtsprechung beziehen, kurz bezeichnet, so werden an der Hand meines Vorberichtes noch einige Punkte zu berühren sein, die zwar dem materiellen Rechte angehören, aber nach der Stoffeinteilung zweckdienlich im Zusammenhang mit den Fragen der Rechtsprechung zu erörtern sein dürften. Im Interesse der Armenverbände wird dringend zu fordern sein, daß das erstrebte Reichsarmengesetz einige Fragen, über denen sehr zum Nachteil der Praxis störende Unklarheit schwebt, bündig entscheide.

Die erste betrifft die Abschiebung. Der bei weitem häufigste und selbst für große und leistungsfähige Verbände oft sehr lästige Fall ist der der Abschiebung von Kranken. Um der Neigung zur Abschiebung einen wirksamen Damm entgegenzusetzen, wird zweckdienlich in das Reichsarmengesetz eine Bestimmung aufzunehmen sein, nach der der Armenverband, der sich einer Abschiebung schuldig macht, gehalten ist, dem die Fürsorge übernehmenden Armenverbande alle Aufwendungen in voller, nicht nur in tarifmäßiger Höhe zu erstatten.

Die wichtige Frage ferner, ob der Armenverband einen Erstattungsanspruch gegen den Unterstützten und seinen Nachlaß habe, ist bekanntlich vom UWG. nicht entschieden worden, weil sie als lediglich dem Zivilrecht angehörend betrachtet worden ist. Durch das Einführungsgesetz zum Bürgerlichen Gesetzbuch ist das einschlägige Landesrecht aufrechterhalten worden. Die landesgesetzliche Regelung ist verschieden; die Rechtsprechung für große Gebiete unsicher. Für Preußen ist allerdings durch die Entscheidung des Reichsgerichts II. Zivil-Senat vom 28. März 1911 die Streitfrage dahin ausgetragen, daß nach § 68 des AG. zum UWG. in der Fassung der Novelle vom 11. Juli 1891 die Tatsache der Unterstützung allein zur Begründung des Erstattungsanspruches ausreicht. Eine reichsgesetzliche Norm sollte allgemein die Frage in dem Sinne klarstellen, daß derjenige, der für sich, seine Ehefrau oder seine Kinder eine Unterstützung empfangen hat, verpflichtet wird, deren Wert mit gesetzlichen Zinsen zu erstatten. Die Erstattung kann auch aus dem Nachlasse des Unterstützten gefordert werden. Die gleiche Verpflichtung trifft die Angehörigen des Unterstützten in Höhe der für sie verwendeten Beträge. Der Anspruch darf aber erst geltend gemacht werden, wenn der Erstattungspflichtige ohne Beeinträchtigung des für sich und seine unterhaltsberechtigten Angehörigen nach billigem Ermessen erforderlichen Unterhalts zur Erstattung imstande ist. Unterstützungen, die Kindern und jugendlichen Personen unter 18 Jahren gewährt sind, sind von diesen selbst nicht zurückzufordern. Ist an sich schon eine rigorose Anwendung dieser Bestimmungen nicht zu befürchten, so wird durch die letztgenannten Klauseln weitere Sicherheit geboten.

Nach § 61 Absatz 2 UWG. werden die auf anderen Titeln beruhenden Verpflichtungen zur Unterstützung des Hilfsbedürftigen von den Bestimmungen des Gesetzes nicht betroffen, d. h. sie bestehen unbeschadet und neben der durch das UWG. begründeten öffentlichen Unterstützungspflicht der Armenverbände unverändert fort. Da die Unterstützungspflicht der Armenverbände subsidiärer Natur ist, d. h. ihrem Wesen nach zur Aushilfe bestimmt ist, wenn etwa anderweit Verpflichtete nicht vorhanden sind oder ihrer Pflicht tatsächlich nicht nachkommen, so hat der Armenverband ein wesentliches Interesse daran, die anderweit Verpflichteten zur Erfüllung ihrer Pflicht anhalten zu können. Es wird sich deshalb empfehlen, nach dem bewährten Vorbilde des heutigen preußischen Rechts in das Reichsarmengesetz eine Vorschrift aufzunehmen des Inhalts: Auf den Antrag des Armenverbandes, der einen Hilfsbedürftigen unterstützen muß, können durch einen mit Gründen versehenen Beschluß der Verwaltungsbehörde, nach Anhörung der Beteiligten die nach den Vorschriften des Bürgerlichen Gesetzbuchs Unterhaltspflichtigen angehalten werden, dem Hilfsbedürftigen nach Maßgabe ihrer gesetzlichen Verpflichtung die erforderliche laufende Unterstützung zu gewähren. Der ordentliche Rechtsweg bleibt vorbehalten und hat aufschiebende Wirkung, die Rechte der Beteiligten werden somit in keiner Weise verkürzt. Daß sich die Vorschrift nur auf den laufenden und zukünftigen Unterhalt, nicht auch auf die Erstattung bereits verausgabter Beträge zu beziehen hat, bedarf kaum ausdrücklicher Erwähnung.

Was dann den Rückgriff des unterstützenden Armenverbandes auf den anderweit Unterhaltspflichtigen betrifft, so erweist sich als für die Praxis äußerst störend die Zweifelsfrage, ob es notwendige Voraussetzung des Anspruchs ist, daß der Schuldner in Verzug gesetzt werde. Viele Gerichte vertreten die Rechtsansicht, daß ein Erstattungsanspruch aus § 62

UWG. nur dann mit Erfolg geltend gemacht werden könne, wenn der Verpflichtete gemäß §§ 1613, 284 BGB. durch Mahnung seitens der Unterhaltsberechtigten in Verzug gesetzt worden sei. Damit werden ersichtlich außerordentlich viele nach gesundem Rechtsgefühle durchaus begründete Ersatzansprüche der Armenverbände vereitelt. Das Reichsarmengesetz sollte deshalb klarstellen, daß der unterstützende Armenverband von den anderweit Verpflichteten Ersatz seiner Aufwendungen auch für die Vergangenheit fordern dürfe, ohne daß der Pflichtige in Verzug gesetzt worden sei, mit anderen Worten, daß der Armenverband in diesem Falle einen selbständigen Anspruch hat, nicht bloß einen durch cessio legis auf ihn übergegangenen Anspruch des Unterstützten geltend macht.

Endlich bedarf auch hinsichtlich der Ansprüche Dritter gegen den Armenverband eine alte Streitfrage dringend der gesetzlichen Entscheidung. Haben Dritte, die ohne Auftrag einen Hilfsbedürftigen unterstützen, gegen den gesetzlich unterstützungspflichtigen Armenverband einen im Rechtswege verfolgbaren zivilrechtlichen Erstattungsanspruch? Die Frage, die in der Literatur wie in den höchstrichterlichen Entscheidungen widerstreitend beantwortet worden ist, wird grundsätzlich zu verneinen sein. Es ist unerwünscht, daß die die Grundlage des Anspruchs abgebende Feststellung, ob Hilfsbedürftigkeit vorgelegen habe, durch die ordentlichen Gerichte erfolge, obwohl die Beurteilung dieser Frage nach der ganzen Absicht der Armengesetzgebung nicht den Gerichten, sondern den Aufsichts- und Spruchbehörden zustehen soll. Es würde ferner die Gefahr naheliegen, daß durch das Zwischenschieben eines Dritten der Grundsatz, daß dem Armen kein Rechtsanspruch auf die Unterstützung zustehen soll, würde vereitelt werden. Damit wäre der Umgehung des Gesetzes Tor und Tür geöffnet. Allerdings wird man von der grundsätzlichen Verneinung des Anspruchs Dritter eine Ausnahme zulassen müssen, die notwendig ist, um das Interesse der Hilfsbedürftigen sicherzustellen. Ärzten, Apothekern und Hebammen nämlich wird man einen Anspruch in Höhe der Mindestsätze ihrer Gebührenordnung zugestehen müssen sofern sie in einem dringenden Falle die erforderliche Hilfe leisten und diese Tatsache dem Armenverband unverzüglich anzeigen.

Meine Damen und Herren! Als siebenter in der Reihe der heutigen Berichterstatter habe ich es vor allem als Pflicht betrachtet, mich größtmöglicher Kürze zu befleißigen. Ein knapp umrissener Vortrag der Richtlinien zum Abschnitt „Aufsicht und Rechtsprechung" schien mir um so eher zulässig zu sein, als Sie, meine Damen und Herren, den ausführlichen Druckbericht bereits seit längerer Zeit in Händen haben und weil ferner die von mir unterbreiteten Vorschläge eigentlich in keinem Punkte etwas Neues enthalten, sondern sich ganz zwanglos aus den Erörterungen ergeben, die in früheren

Jahren der Deutsche Verein für Armenpflege und Wohltätigkeit gepflogen hat.

Ich bin überzeugt, daß die vorgeschlagene Abgrenzung der Zuständigkeit des künftigen Reichsarmenamtes den berechtigten Forderungen auf eine Zentralisation der Aufsicht über die Armenpflege nach Möglichkeit entgegenkommt, ohne doch die altbewährten Grundlagen unseres öffentlichen Armenwesens zu beeinträchtigen. Würden ferner die im zweiten Teile meines Berichtes berührten Zweifelsfragen durch das Reichsarmengesetz bündig entschieden, so würden einer zweckentsprechenden Verwaltung des öffentlichen Armenwesens die Wege weiterhin geebnet und einer Unsumme von Rechtsstreitigkeiten von vornherein der Boden entzogen werden. So schließe ich mit der Bitte, die Versammlung wolle den in voller Übereinstimmung mit dem Herrn Hauptberichterstatter von Hollander vorgelegten Richtlinien dieses Abschnittes ihre Zustimmung erteilen.

(Lebhafter Beifall.)

Vorsitzender: Zunächst hat Herr Stadtrat von Frankenberg zu einigen kurzen geschäftlichen Mitteilungen das Wort.

Schriftführer Stadtrat von Frankenberg-Braunschweig: Meine Damen und Herren! Es sind freundliche Begrüßungen eingelaufen, unter anderen aus Budapest von Herrn Königlichen Rat Almady, der bedauert, nicht teilnehmen zu können, aber allen Fachgenossen herzliche Grüße sendet, und von dem Verband der Kinderhorte, der in Barmen seinen Sitz hat. Der Vorstand wird nicht ermangeln, in üblicher Weise für diese Grüße freundlichst zu danken.

Wir haben ferner durch den Verlag von Karl Marhold in Halle a. S. für sämtliche Mitglieder des Deutschen Vereins für Armenpflege und Wohltätigkeit eine sehr wertvolle Zusammenstellung über die deutschen Versorgungsanstalten und Heime für Alte, Sieche und Invaliden zur Verfügung gestellt bekommen. Die Vereinsmitglieder, für die es von besonderem Interesse ist, zu erfahren, daß Herr Professor Klumker der Herausgeber der Zusammenstellung ist, werden auf Meldung im Bureau dieses Werk kostenlos erhalten. Diejenigen der verehrten Anwesenden, die nicht Mitglieder sind, aber einen Abdruck zu beziehen wünschen, werden freundlichst gebeten, sich in diesem Falle nicht an das Bureau, sondern an Herrn Professor Klumker persönlich zu wenden. Ich glaube, der Vorstand hat alle Veranlassung, für diese Aufmerksamkeit des Verlages aufrichtig dankbar zu sein.

Vorsitzender: Ich glaube, meine Damen und Herren, Sie werden mit mir einverstanden sein, wenn ich die telegraphischen

Begrüßungen dankbar erwidere, allerdings in einer unserer „Armut“ mehr entsprechenden Form.

Was die Gabe des Verlages angeht, so spreche ich gleichzeitig im Namen des Vereins und des anwesenden Kongresses unseren Dank dafür aus und bitte Herrn Professor Klumker, dem Verlage, der dieses Werk in so freigebiger Weise zur Verfügung stellt, diesen Dank zu übermitteln.

Wir gehen nunmehr über zu Punkt VIII:

Schlußbetrachtung: Die Notwendigkeit eines Reichsarmengesetzes.

Berichterstatter Bürgermeister von Hollander-Mannheim: Sehr geehrte Damen und Herren! In sechs verschiedenen schriftlichen und mündlichen Berichten ist Ihnen auseinandergesetzt worden, wie beschaffen der Inhalt eines künftigen deutschen Reichsarmengesetzes sein müßte, wenn wir ein solches erhalten, und aus welchen Gründen eine reichsgesetzliche Regelung der in Betracht kommenden Fragen geboten erscheint. Die sechs erörterten Stoffgebiete sind nicht etwa zufällig oder willkürlich aus einer größeren Anzahl von Fragen herausgegriffen worden: sie umfassen in der Tat das gesamte Gebiet der heute durch die einzelnen Landesgesetzgebungen in den sog. Ausführungsgesetzen zum UWG. behandelten Fragen, soweit sie für ein Reichsgesetz in Frage kommen. Nachdem insbesondere der Herr Kollege Dr. Thode in dankenswerter Weise seinen Bericht über die Rechtsprechung nicht nur auf die formelle Seite beschränkt, sondern auch einzelne Fragen behandelt hat, die in materieller Beziehung durch die Rechtsprechung zu entscheiden sind, ist in der Tat eine gewisse Vollständigkeit erreicht worden. Wir werden sagen können, daß diejenigen Fragen des Armenrechts, die in unseren Berichten nicht behandelt worden sind, entweder schon durch das UWG. reichsgesetzlich geregelt sind oder auch in Zukunft der Landesgesetzgebung überlassen bleiben sollen.

Mir liegt zum Schluß unserer Berichterstattung eine dreifache Aufgabe ob. Ich habe Ihnen den gegenwärtigen Stand der deutschen Armengesetzgebung ins Gedächtnis zurückzurufen, ich habe Ihnen ferner namens der auf Ihren Beschluß eingesetzten Kommission die allgemeinen Gesichtspunkte auseinanderzusetzen, die uns bei der Bearbeitung eines deutschen Reichsarmengesetzes maßgebend zu sein scheinen, und endlich habe ich kurz zusammenfassend auf Grund der Einzelberichte die Notwendigkeit eines Reichsarmengesetzes zu begründen.

In bezug auf den ersten Punkt kann ich mich unter Berufung auf meine Ausführungen in dem vorjährigen Bericht über die gesetzliche Regelung der Aufgaben der öffentlichen Armenpflege und auf den Ihnen heute gedruckt vorliegenden Vorbericht sehr kurz fassen. Es sei nur daran erinnert, daß nach der heute geltenden Reichsverfassung das Armenwesen der Beaufsichtigung durch das Reich und seiner Gesetzgebung überhaupt nicht unterliegt. Das ist nur bezüglich der mit dem Armenwesen allerdings zusammenhängenden Bestimmungen über Freizügigkeit, Heimats- und Niederlassungsverhältnisse der Fall. Darauf gründet sich die Zuständigkeit des Reiches zum Erlaß des UWG. Dieses Gesetz mußte daher die durch die Reichsverfassung gezogenen Kompetenzgrenzen einhalten. Es durfte nur diejenigen Fragen des Armenwesens regeln, deren Regelung mit der Freizügigkeit und den Heimatsverhältnissen in einem direkten Zusammenhang stand. Das UWG. beanspruchte nicht und konnte es nicht beanspruchen, ein deutsches Reichsarmengesetz zu sein. Wenn es doch vielfach als solches und als die gesetzliche Grundlage des gesamten Armenwesens angesehen worden ist, so beruhte das auf einem Irrtum, der dadurch entschuldbar wird, daß das UWG. das einzige Reichsgesetz auf dem Gebiete des Armenwesens war, daß es eine wesentliche Umgestaltung der einzelstaatlichen Armenpflege herbeigeführt hat, und daß die Landesgesetze, die das Armenwesen regelten, sich vielfach — nicht ganz korrekt — als Ausführungsgesetze zum UWG. bezeichneten, während sie doch über den Rahmen eines bloßen Ausführungsgesetzes weit hinausgehen und z. B. die Aufgaben der öffentlichen Armenpflege und damit die eigentliche Grundlage des Armenwesens selbständig regeln mußten.

Heute haben wir daher neben dem UWG., das nach dem Anschluß Bayerns für das ganze Reich Geltung haben wird, noch 26 verschiedene Landesgesetze, die das Armenwesen in den Einzelstaaten regeln. Diese Landesgesetze stimmen in manchen wichtigen Punkten überein, namentlich sind sie darüber einig, daß jedem Unterstützungsbedürftigen von dem zu seiner Unterstützung verpflichteten Armenverbande der unentbehrliche Lebensunterhalt, Obdach, die erforderliche Pflege in Krankheitsfällen und ein angemessenes Begräbnis zu gewähren ist. Die Gesetze vieler kleinerer Einzelstaaten haben sich sogar in ihrem vollen Wortlaut dem preußischen Ausführungsgesetz zum UWG. angeschlossen. In anderen wichtigen Punkten weichen aber die Gesetze der größeren Bundesstaaten sehr erheblich voneinander ab. Das hat zur Folge, daß zwar nach dem UWG. jeder Deutsche in jedem Bundesstaat in Bezug auf die Art und das Maß der im Falle der Hilfsbedürftigkeit zu gewährenden öffentlichen Unterstützung und auf den Erwerb und Verlust des Unterstützungswohnsitzes als Inländer zu behandeln ist, daß aber die Angehörigen desselben Bundesstaates durchaus verschieden behandelt werden, je nachdem ihre Hilfsbedürftigkeit in dem eigenen oder in einem anderen Bundesstaate zutage tritt, und daß Armenverbände auf dem Wege der Ersatzleistung an andere Armenverbände Aufwendungen für Hilfsbedürftige zu erstatten haben, die sie selbst ihren eigenen Hilfsbedürftigen garnicht gewähren dürfen. Daß diese Verhältnisse einer Änderung bedürfen, braucht nach den im vorigen Jahre stattgehabten Erörterungen kaum weiter ausgeführt zu werden.

Diese Änderung kann auf dem Wege einer einheitlichen Reichsgesetzgebung oder durch eine übereinstimmende Landesgesetzgebung erfolgen. Auf beiden Wegen kann die notwendige Einheitlichkeit des Rechtes erreicht werden. Welcher Weg eingeschlagen werden soll, ist mehr eine Frage praktischer Erwägungen und der Taktik als des Prinzips. Die einheitliche Reichsgesetzgebung führt schneller zum erstrebten Ziel, weil durch sie widerstrebende Elemente einfach niedergestimmt werden können, sie ist daher von unserem Standpunkt aus zweifellos vorzuziehen. Wenn aber die erforderliche Majorität für ein Reichsgesetz nicht zu erwarten sein sollte — da es sich um eine Verfassungsänderung handelt, so genügen 14 Stimmen im Bundesrat schon zur Ablehnung —, so wird durch Einwirkung auf die gesetzgebenden Faktoren der einzelnen Bundesstaaten die Herbeiführung einer übereinstimmenden Landesgesetzgebung zunächst zu erstreben sein, natürlich mit dem Ziel, der künftigen Reichsgesetzgebung dadurch die Wege zu bahnen.

Es kann dabei nicht unsere Absicht sein, in Zukunft das gesamte Armenwesen in allen seinen Einzelheiten einheitlich zu gestalten. Wir empfinden es als einen Vorzug der Entwicklung, den unsere staatlichen Verhältnisse genommen haben, daß die so heiß erstrebte und so dringend erforderliche Einheit des Reiches mit dem föderativen Charakter des Bundesstaates so eng verbunden ist, und es ist nicht das geringste Verdienst des Fürsten Bismarck, daß er neben der Einheit in den notwendigen Dingen auch die Selbständigkeit der einzelnen Bundesstaaten mit solcher Treue gewahrt hat. In necessariis unitas, in non necessariis libertas: das ist der Grundsatz, der für die Ordnung der staatlichen Verhältnisse der Glieder unseres Reiches zu gelten hat. Dieses Grundsatzes, dessen Befolgung das deutsche Volk seine glänzende Entwicklung auf dem wirtschaftlichen, wissenschaftlichen und künstlerischen Gebiete zu danken hat, wollen wir auch eingedenk sein, wenn es sich um ein Reichsarmengesetz handelt. Die Verhältnisse in den einzelnen Ländern und Landesteilen sind doch allzu verschieden, als daß das Armenwesen in ihnen überall durchaus gleichmäßig gehandhabt werden könnte. Der Verwaltung muß der nötige Spielraum gelassen werden. Man denke nur daran, daß in einem rein großstädtischen Staatswesen wie Hamburg doch andere Grundsätze für die Armenpflege werden maßgebend sein müssen, wie in den rein ländlichen Bezirken des Ostens oder wie in den rheinisch-westfälischen Industriegemeinden. Diesen Verschiedenheiten muß übrigens in den größeren Bundesstaaten auch die Landesgesetzgebung in der gleichen Weise Rechnung tragen, so daß damit gar nichts Neues verlangt wird. Bei dem Reichsarmengesetz werden wir aber, um nach keiner Seite hin Verstimmungen oder Mißtrauen zu erwecken, mit besonderer Schärfe den Grundsatz betonen müssen, daß nur diejenigen Fragen durch das Reichsgesetz geregelt werden dürfen, bei denen die Rechtseinheit im Interesse des ganzen Reiches und seiner einzelnen Teile zwingend geboten ist. An alle zu erörternden einzelnen Fragen werden wir diesen Maßstab anzulegen haben: was nicht durch das Gesetz unbedingt für das ganze Reich einheitlich geregelt werden muß, ist nicht in das Reichsgesetz aufzunehmen, sondern ist der Landesgesetzgebung oder den Verordnungen der Einzelstaaten zu überlassen.

In bezug auf den Inhalt eines künftigen Reichsgesetzes entsteht dann die weitere Frage, ob dieses Gesetz in dem Sinne einheitlich gestaltet werden soll, daß es das gesamte Reichsarmenrecht umfaßt, d. h. daß auch das bisherige UWG. als ein Teil des Reichsarmenrechts in das Gesetz aufgenommen und in dasselbe hineingearbeitet wird. Im Prinzip wäre diese Frage unbedingt zu bejahen. Daß auch vom Standpunkt der Gesetzestechnik aus dem nichts entgegenstehen würde, beweisen die Armengesetze Preußens und Badens, die vor der Einführung des UWG. in diesen Ländern erlassen waren, und aus denen der Unterstützungswohnsitz in das Bundesgesetz hinübergenommen wurde. Das Badische Armengesetz vom 5. Mai 1870 ist heute noch in Geltung, und nur die Bestimmungen, die sich auf den Unterstützungswohnsitz bezogen, sind mit der Einführung des UWG. in Baden aufgehoben worden. Wenn ich mich heute dennoch für die Aufrechterhaltung des UWG. in seiner bisherigen Form aussprechen muß, so sind es eigentlich gewisse Imponderabilien, die für diesen Entschluß maßgebend sind. Auch das historisch Gewordene beansprucht sein Recht und wird nur aus absolut zwingenden Gründen zu beseitigen sein. Wir haben uns alle an das UWG. in seiner bisherigen Form gewöhnt und würden es ungern missen. Vor allem aber kommt in Betracht, daß Bayern erst soeben das UWG. angenommen hat. Man müßte es daher unbedingt der Initiative Bayerns überlassen, wenn dieser Beschluß eine Abänderung dahin erfahren sollte, daß an Stelle der Annahme des UWG. die Annahme eines Reichsarmengesetzes mit dem UW. treten sollte. Als wünschenswertes Ziel der Entwicklung unseres Armenrechts würde allerdings ein einheitliches Reichsarmengesetz unter Aufhebung des bisherigen UWG. anzusehen sein. Wir haben aber keinen Grund, die Erreichung dieses Zieles stürmisch zu fordern, da es mehr eine Frage der Gesetzestechnik als eine Frage des praktischen Bedürfnisses ist, ob die beiden Gesetze nebeneinander bestehen bleiben oder zu einem einzigen vereinigt werden sollen. Das Bessere ist auch hier des Guten Feind. Wir wollen uns damit begnügen, baldmöglichst das zu erreichen, was wir für das Gute halten.

Wenn wir praktische Politik treiben und unsere Wünsche bald erfüllt sehen wollen, so werden wir uns in bezug auf den Inhalt und die Form des künftigen Reichsarmengesetzes — soweit es möglich ist — an das jetzige preußische Ausführungsgesetz zum UWG. anzuschließen haben, zumal dieses Gesetz mit den Ausführungsgesetzen zahlreicher anderer Bundesstaaten übereinstimmt. Aber auch auf die Verhältnisse und die Gesetzgebung Bayerns als des zweitgrößten Bundesstaates wird weitgehende Rücksicht zu nehmen sein. Daß Bayern die Sorge für die Erziehung und die Erwerbsbefähigung der Kinder schon früher zu den gesetzlichen Aufgaben der Armenpflege gerechnet hat, wird es uns sehr erleichtern, diese wesentliche Forderung für ein zukünftiges Reichsarmengesetz durchzusetzen, wird es aber auch rechtfertigen, wenn etwaigen Wünschen und Anträgen Bayerns entgegengekommen wird. Auch den Bedürfnissen der anderen Bundesstaaten wird man in weitem Maße entgegenkommen können, wenn daran festgehalten wird, daß überhaupt nur diejenigen Gebiete durch das Reichsgesetz einheitlich geregelt werden, in denen die Verschiedenheit des Rechts aus zwingenden Gründen beseitigt werden muß. Im übrigen wird der Inhalt des künftigen Reichsarmengesetzes durch denjenigen Stoff umgrenzt, der zurzeit in den verschiedenen Landesausführungsgesetzen enthalten ist.

Wenn wir uns nunmehr der wesentlichsten Frage zuwenden wollen: Ist ein einheitliches Reichsarmengesetz notwendig, und aus welchen Gründen ist es notwendig? so kann diese Frage nur in der Weise beantwortet werden, daß die Notwendigkeit mit Beziehung auf die einzelnen Fragen nachgewiesen wird, die einer einheitlichen Regelung durch die Reichsgesetzgebung bedürfen, wie das von den einzelnen Berichterstattern geschehen ist. Ich habe in meinem Schlußbericht diese Gründe nochmals kurz und übersichtlich zusammenzufassen.

Die Regelung der *gesetzlichen Aufgaben der öffentlichen Armenpflege*, d. h. die Entscheidung über die grundlegende Frage, wann die öffentliche Armenpflege einzugreifen und was sie zu gewähren hat, ist heute in den verschiedenen Landesgesetzen nur in dem *einen* Punkte in verschiedenartiger Weise erfolgt, daß die Sorge für die Erziehung und die Erwerbsbefähigung der Kinder in einigen Bundesstaaten als Aufgabe der öffentlichen Armenpflege anerkannt worden ist, während in Preußen und in der Mehrzahl der kleineren Bundesstaaten das nicht der Fall ist. Daß diese Rechtsungleichheit dringend der Beseitigung bedarf, ist in unserem Kreise allseitig anerkannt worden. Bei dem starken Wechsel des Aufenthaltsortes bei unserer arbeitenden Bevölkerung ist es heute eigentlich dem Zufall überlassen, ob die Angehörigen des gleichen Bundesstaates von den Armenverwaltungen die Sorge für die Erziehung ihrer Kinder verlangen können oder nicht. Es hängt ausschließlich von dem Orte ab, an dem die Hilfsbedürftigkeit eintritt. Wenn diese Frage aber einheitlich geregelt werden muß, so kann diese Regelung — das ist meine feste Überzeugung — nur in dem Sinne erfolgen, wie sie von dem Herrn Referenten vorgeschlagen worden ist. In diesem Punkte — aber auch wohl nur in diesem einen Punkt — wird unser größter Bundesstaat Preußen eine Konzession machen müssen. Er wird es aber gewiß auch gerne tun, wenn er sich davon überzeugt, daß die von uns vorgeschlagene Lösung ihm eine Verbesserung des Gesetzes bringt. Daß diejenigen Staaten, die seit einer langen Reihe von Jahren die Erziehung als Aufgabe der Armenpflege angesehen haben — und zu ihnen gehört Bayern —, ihre Gesetzgebung nicht rückwärts revidieren und diesen Zweig der Armenpflege nicht aufgeben können, ist wohl selbstverständlich. Wenn wir diese Frage heute hier zum ersten Male behandeln würden, so wäre es wohl mit Sicherheit zu erwarten gewesen, daß die Gegensätze, die im vorigen Jahre in Braunschweig zutage traten, sich in derselben Weise geltend gemacht hätten. Heute werden wir wohl sagen dürfen, daß diese Gegensätze doch eigentlich auf einem jetzt beseitigten Mißverständnis beruht haben. Es ist daher für die Frage des Reichsarmengesetzes ganz außerordentlich förderlich gewesen, daß unseren diesjährigen Beratungen die vorjährige Verhandlung vorausgegangen ist. Wenn man den Begriff der unbedingten Subsidiarität der öffentlichen Armenpflege so scharf betont, wie das von dem Herrn Referenten geschehen ist, so können auch die eifrigsten Verfechter der von der Armenpflege getrennten Jugendfürsorge gegen die beantragte Erweiterung der Aufgaben der Armenpflege nichts einwenden. Die öffentliche Armenpflege kann immer nur erfreut sein, wenn die ihr obliegenden Aufgaben von anderer Seite in ausreichender Weise erfüllt werden. Es muß sogar ihr eifrigstes Bestreben und ihre vornehmste Aufgabe sein, sich selbst unnötig zu machen. Leider wird aber diese Aufgabe niemals erfüllt werden. Wenn die von der Armenpflege gesonderten Organe der Jugendfürsorge die Erziehung eines Kindes besorgen, so hat die Armenpflege diese Sorge nicht mehr. E i n Organ muß aber vorhanden sein, das einzutreten hat, wenn alles andere versagt. Es sollte im Deutschen Reiche unmöglich sein, daß auch nur e i n Kind deswegen sittlich zugrunde gehen muß, weil niemand da ist, der für seine Erziehung sorgt, oder weil diejenigen Instanzen, die dafür in Frage kommen, sich über ihre Zuständigkeit nicht einigen können, oder weil die entscheidenden Behörden über diese Zuständigkeit verschiedener Meinung sind. Die Armenpflege muß in allen Fällen einzugreifen befugt und verpflichtet sein, wenn nicht tatsächlich schon von anderer Seite für die Erziehung gesorgt ist.

Die Organe der öffentlichen Armenpflege: Ortsarmenverbände und Landarmenverbände — sind durch das UWG. gegeben;

dagegen haben die Landesgesetze über die Zusammensetzung und Einrichtung, über die Beschaffung der erforderlichen Mittel sowie darüber zu bestimmen, in welchen Fällen und in welcher Weise den Ortsarmenverbänden von den Landarmenverbänden oder von anderen Stellen eine Beihilfe zu gewähren ist. Genügende Leistungen der Armenpflege können nur von einem leistungsfähigen Armenverbande erwartet werden. Es ist aber eine in unserem Verein seit vielen Jahren oft beklagte Tatsache, daß diese Leistungsfähigkeit insbesondere zahlreichen ländlichen Armenverbänden fehlt. Die Reform der ländlichen Armenpflege war das Thema, das auf den ersten Jahresversammlungen am häufigsten und am umfassendsten behandelt worden ist, und vor 27 Jahren hat der Verein hier in Stuttgart auf Grund der umfassenden Berichte des Freiherrn v. Reitzenstein schon ähnliche Forderungen aufgestellt, wie sie im Jahre 1909 in München von uns vertreten worden sind. Die Zustände auf diesem Gebiet sind in dieser Zeit trotz mancher Maßregeln zur Entlastung der kleineren Armenverbände in großen Landesgebieten nicht besser, sondern schlechter geworden. Die eingetretene soziale Entwicklung und die auf dem Gebiete der Krankenpflege und Krankheitsverhütung gemachten Fortschritte haben früher nicht gekannte Forderungen an die Armenpflege gestellt, die eine weit größere Leistungsfähigkeit voraussetzen. Die Gewährung des notdürftigsten Lebensunterhaltes konnte bei den bescheidenen ländlichen Ansprüchen auch von den kleinen Armenverbänden geleistet werden: kostspielige Krankenpflege durch Unterbringung in Irrenhäuser, Lungenheilstätten und andere Krankenanstalten zu gewähren, sind sie nicht in der Lage, und es wird daher zum Schaden der Unterstützungsbedürftigen nicht von ihnen verlangt. Hier kann nur eine alle Bundesstaaten umfassende Gesetzgebung helfend eingreifen. Die schon im UWG. vorgesehene Zusammenlegung mehrerer Gemeinden zu einem Ortsarmenverbande muß für die mit Armenlasten überbürdeten und für die leistungsunfähigen kleinen Gemeinden nach bestimmten Normen vorgeschrieben werden. Ein Ortsarmenverband muß so groß sein, daß der einzelne Unterstützungsfall nicht sofort das ganze Armenbudget über den Haufen werfen kann. Allzu kleine Armenverbände brauchen nicht immer mit Armenlasten überbürdet zu sein, sie haben oft sogar überhaupt keine Armenlasten; sie sind aber leistungsunfähig, weil jede größere Ausgabe für die Armenpflege, wenn sie unglücklicherweise erforderlich werden sollte, ihnen unerschwinglich ist. Es muß mithin dafür gesorgt werden, daß solche Gemeinden, bevor der kritische Unterstützungsfall eintritt, leistungsfähig gemacht, d. h. mit anderen Verbänden zu einem Armenverbande vereinigt werden. Ferner muß gesetzlich vorgeschrieben werden, daß überbürdete Ortsarmenverbände in einem gewissen Maße von den Landarmenverbänden zu unterstützen sind, und daß die mit großen Kosten verbundene Errichtung und Unterhaltung von Anstalten wie Irrenhäuser, Taubstummen- und Blindenanstalten, Krüppelheime usw. den Landarmenverbänden zu übertragen sind. Auch diese Forderungen sind von unserem Verein schon im Jahre 1897 in Kiel nach den eingehenden Darlegungen von Brandts und Zimmermann erhoben worden. Die in einem Reichsarmengesetz hierüber zu erlassenden Bestimmungen würden eine durchgreifende Verbesserung der ländlichen Armenpflege bringen.

Auf die von Herrn Schatzrat Dr. Drechsler angeregte Frage, ob der Unterstützungswohnsitz und damit das Landarmentum in Zukunft nicht ganz beseitigt und die endgültige Unterstützungspflicht nicht einfach der Aufenthaltsgemeinde übertragen werden solle, werde ich mir erlauben, in meinem Schlußwort mit einigen Worten zurückzukommen.

In den letzten Jahren sind zahlreiche Bundesstaaten dazu übergegangen, ihre Ausführungsgesetze zum UWG. dadurch zu erweitern, daß sie Bestimmungen über den sog. polizeilichen Arbeitszwang erlassen haben, d. h. über einen von den Verwaltungsbehörden zu verhängenden Arbeitszwang gegen arbeitsscheue Personen und gegen solche Personen, die sich einer Versäumnis der Nährpflicht schuldig machen. Das Bedürfnis nach einem solchen Arbeitsscheuengesetz ist von den Praktikern wohl allseitig anerkannt worden. Dagegen sind vielfach Bedenken dagegen erhoben worden, daß dieser Zwang, der den Charakter einer Strafe trage, auf dem Verwaltungswege ausgesprochen werden soll, und insbesondere dagegen, daß die Landesgesetzgebung auf einem Gebiete eingreife, auf dem nach der Reichsverfassung die Gesetzgebung des Reiches zuständig sei, und das auch durch das Reichsstrafgesetzbuch in einer die Landesgesetzgebung ausschließenden Weise erschöpfend geregelt worden sei. Wenn auch diese Bedenken von der Majorität unseres Vereins und von den Regierungen und gesetzgebenden Körperschaften vieler Bundesstaaten nicht geteilt worden sind, so hat man sich doch genötigt gesehen, in den Landesgesetzen das wesentliche Moment der Schuld bei Feststellung des Arbeitszwanges gar nicht mit ausdrücklichen Worten zu verlangen, damit die Arbeitsauflage nicht den Charakter einer nur auf Grund der Reichsgesetzgebung zulässigen Strafe erhalte. Diese den nicht rechtskundigen Personen schwer begreiflich zu machende Unterlassung hat viel dazu beigetragen, dem polizeilichen Arbeitszwang Gegner in der Presse und in den politischen Parteien zu erwecken. Das Fehlen einer reichsgesetzlichen Regelung verhindert aber zweifellos auch manche Bundesstaaten, an die Einführung des vom Standpunkt der öffentlichen Armenpflege aus durchaus wünschenswerten Arbeitszwanges zu gehen. Wenn ein Reichsarmengesetz eine solche Grundlage schaffen würde, so wären die wesentlichsten Bedenken gehoben, und man könnte ausdrücklich und klar aussprechen, daß der Verwaltungszwang nur gegen solche Personen ausgesprochen werden darf, bei denen Arbeitsscheu oder schuldhafte Versäumnis der Nährpflicht festgestellt ist. Ferner hätte das Reichsgesetz noch den Personenkreis zu bestimmen, der dem Arbeitszwang unterworfen werden kann, während es der Landesgesetzgebung überlassen bliebe, diesen Personenkreis auch enger zu begrenzen, und endlich hätte das Reichsarmengesetz noch die notwendigen Rechtsgarantien festzusetzen und insbesondere zu bestimmen, daß gegen die Entscheidung der Verwaltungsbehörde die Berufung auf eine gerichtliche oder verwaltungsgerichtliche Entscheidung offen gelassen werden muß. Eine derartige reichsgesetzliche Regelung würde dem Verwaltungszwang eine ganz unanfechtbare rechtliche Grundlage geben, würde die vorhandene Unpopularität der bestehenden Landesgesetze beseitigen und würde dazu beitragen, die heute unleugbar vorhandene, meiner Ansicht nach sachlich unbegründete Beunruhigung zu beseitigen. Daß die letztere Annahme nicht zu optimistisch ist, dürfte schon daraus hervorgehen, daß der „Vorwärts“ nach Kenntnisnahme unseres schriftlichen Berichts erklärt hat, die vorgeschlagenen Bestimmungen enthielten sehr wesentliche Verbesserungen des bestehenden preußischen Gesetzes, während letzteres tatsächlich doch auch nur die Arbeitsscheuen und die schuldhaft die Nährpflicht Versäumenden treffen will.

Einer reichsgesetzlichen Regelung der Wandererfürsorge stehen die Reichsregierung und der Reichstag durchaus sympathisch gegenüber. Der Reichstag hat schon am 29. April 1908 gelegentlich der Beratung der letzten Novelle zum UWG. eine dahingehende Resolution angenommen, und das Reichsamt des Innern hat bereits, wie kein Geheimnis mehr ist, den Entwurf eines Wanderfürsorgegesetzes und eines Wanderarmengesetzes ausgearbeitet, der in nächster Zeit dem Reichstag zugehen soll. Auf den Inhalt dieser Gesetzentwürfe kann hier, da er noch nicht offiziell veröffentlicht ist und nicht endgültig feststeht, nicht eingegangen werden. Aber so viel kann mit Sicherheit angenommen werden, daß die Entwürfe die seit vielen Jahren gewünschte Abänderung des § 28 bezw. 30 des UWG. bringen. Hinsichtlich der arbeitsfähigen und nach Arbeitsgelegenheit suchenden Wanderer wird eine vorübergehende Arbeitsgelegenheit in Arbeitsstätten und Arbeitsheimen zu erstreben sein, die als soziale Einrichtungen — ganz unabhängig von der Armenpflege — errichtet werden müßten, und die ihre Wirksamkeit im engsten Anschluß an die kommunalen Arbeitsnachweise zu entfalten hätten. Die der Armenpflege obliegende Unterstützungspflicht der halb oder ganz arbeitsunfähigen Wanderer aber bedarf insofern notwendig einer anderen Grundlage, als die endgültige Unterstützungspflicht den Landarmenverbänden übertragen werden müßte, damit die bei den Wanderern so lästige und zeitraubende Feststellung des Unterstützungswohnsitzes in Wegfall kommen würde. Wir werden dabei Gewicht darauf zu legen haben, daß die Unterstützungspflicht nicht demjenigen Landarmenverbande übertragen wird, in dessen Bezirk sich die Person beim Eintritt der Hilfsbedürftigkeit befindet, sondern vielmehr dem Landarmenverband, in dessen Bezirk die Unterstützung tatsächlich erfolgt ist. Der erstere Landarmenverband läßt sich oft nur mit großen Schwierigkeiten ermitteln, und es wird zu zahlreichen Streitigkeiten kommen, da namentlich bei den invaliden und halb arbeitsfähigen Wanderern es nur sehr schwer festgestellt werden kann, wo die Hilfsbedürftigkeit eigentlich zuerst zutage getreten ist. Der bisherige § 28 UWG. hat die Ortsarmenverbände dazu veranlaßt, die hilfsbedürftigen Wanderer nach Gewährung eines kleinen Ortsgeschenks möglichst schnell zur Fortsetzung der Wanderung zu veranlassen. Bettel und Landstreicherei wurden dadurch geradezu gezüchtet. Wenn die Landarmenverbände als endgültig unterstützungspflichtig zu gelten hätten, läge zum Abschieben kein Grund mehr vor, zumal wenn die in unserem Druckbericht weiter geltend gemachten Wünsche auf Festsetzung eines einigermaßen ausreichenden Tarifs für die Krankenhausbehandlung und auf Bestrafung der Abschiebung durch die Verpflichtung zum Ersatz der vollen Aufwendungen erfüllt werden sollten. Auch diese im 6. und 7. Abschnitt unseres Berichts begründeten Forderungen stehen mithin im engen Zusammenhang mit der Wandererfürsorge. Ob diese Fürsorge durch ein besonderes Reichsgesetz geschaffen wird oder durch ein Reichsarmengesetz, ist von sekundärer Bedeutung. In jedem Falle muß die Reichsgesetzgebung hier eingreifen, wobei eine Abänderung der §§ 28 und 30 UWG. dringend erforderlich ist.

Auch die Tariffrage ist bisher durch das UWG. geregelt, und zwar in unzureichender Weise. Hier kommt besonders die Krankenhauspflege in Betracht. Nach dem § 30 UWG. dürfen die allgemeinen Verwaltungskosten der Anstalten bei den Ersatzforderungen nicht in Ansatz gebracht werden. Die ungeahnte Entwicklung des modernen Krankenhauswesens hat es aber mit sich gebracht, daß die sogenannten Individualkosten heute nicht einmal den dritten Teil der tatsächlich auf den Verpflegungstag entfallenden Gesamtkosten betragen. Innerhalb des einzelnen Bundesstaates kann wenigstens ein fester Tarif festgesetzt werden, der tatsächlich freilich auch ganz unzureichend bemessen wird. Den Armenverbänden der anderen Bundesstaaten gegenüber aber müssen die Individualkosten in jedem Falle besonders nachgewiesen werden, was mit den größten Weiterungen und Schwierigkeiten verbunden ist. Hier muß die Reichsgesetzgebung durch die Ermöglichung eines festen und einigermaßen ausreichenden Tarifs helfend eingreifen. Auch die Beerdigungskosten geben oft zu langwierigen Verhandlungen und zu vielen Streitigkeiten Anlaß, wenn es sich um die

Ersatzansprüche gegenüber anderen Armenverbänden handelt. Auch hier wäre durch die Reichsgesetzgebung ein fester Tarif zu ermög lichen.

Eine durch ein Reichsgesetz bewirkte einheitliche Regelung der Aufgaben der öffentlichen Armenpflege und ihrer Organe erforder auch eine einheitliche Aufsicht über die Armenpflege und eine einheitliche Rechtsprechung. Die Zentralisation der Aufsicht ist aber schon in den letzten Jahren in unserem Verein mehrfach besprochen und gefordert worden; insbesondere ist auf der Tagung im September 1905 in Mannheim bei Beratung der heutigen Anforderungen an die öffentliche Armenpflege im Verhältnis zu der bestehenden Armengesetzgebung ein Leitsatz angenommen worden, der die notwendige Zentralisation der Aufsicht über die Ausübung der Armenpflege zum Gegenstand hatte. Als oberste Aufsichtsinstanz kann bei dem Bestehen eines Reichsgesetzes nur eine zentrale Reichsbehörde in Frage kommen. Es liegt daher nichts näher, als das bisherige Bundesamt für das Heimatwesen zu einem Reichsarmenamt umzugestalten, das zugleich oberste Spruchbehörde und oberste Aufsichtsbehörde zu sein hätte, wie es das Reichsversicherungsamt in Angelegenheiten der Reichsversicherung ist. Die unmittelbare lokale Aufsicht müßte natürlich nach wie vor den Landesbehörden zustehen, wie das ja auch z. B. auf dem durch das Reichsrecht geordneten Gebiete der Gewerbeordnung der Fall ist. Das Reichsarmenamt hätte auch außerhalb eines Streitverfahrens bindende Normen für die auf Grund des Gesetzes auszuübende Armenpflege zu erlassen und hätte ferner als oberste sachverständige Zentralbehörde aufklärend und anregend zu wirken. Das Reichsarmengesetz müßte die notwendigen Grundlagen über die Zusammensetzung und den Wirkungskreis dieser Zentralbehörde aufstellen. Dieser Zentralbehörde wäre dann auch die bisher vom Bundesamt für das Heimatwesen ausgeübte oberste Rechtsprechung zu übertragen. Bisher haben die meisten Bundesstaaten — darunter auch Preußen — von der ihnen durch § 52 UWG. eingeräumten Befugnis Gebrauch gemacht und haben die letztinstanzliche Entscheidung in Streitsachen zwischen Armenverbänden des betreffenden Bundesstaates gleichfalls dem Bundesamt übertragen, dem sonst nur die Entscheidung in den sog. interterritorialen Streitsachen zustehen würde. Ob einem künftigen Reichsarmenamt die gleiche Zuständigkeit wird eingeräumt werden können — was im Interesse einer gleichmäßigen Rechtsprechung zu wünschen wäre — wird hauptsächlich von Bayern abhängen, dem in dieser Beziehung durch das Reichsgesetz über die Einführung des UWG. in Bayern ein Reservatrecht eingeräumt worden ist. Wir brauchen das nicht zu beklagen Wir haben es soeben erlebt, daß Bayern freiwillig auf sein Reservatrecht in bezug auf das Heimatrecht verzichtet hat; wir dürfen darauf vertrauen, daß ein gleiches geschehen wird, sobald Bayern sich davon überzeugt haben wird, daß das Interesse der einheitlichen Rechtsprechung dieses Opfer fordert. Wenn wir das Reichsarmenamt erhalten, werden wir auf die Lösung dieser Frage gerne noch eine Zeitlang warten. In bezug auf die weiteren vom Kollegen Dr. Thode mit Recht gewünschten Bestimmungen des künftigen Reichsarmengesetzes muß ich auf den gedruckten Bericht verweisen.

Ich habe gesucht, hochverehrte Damen und Herren, Ihnen in kurzer Übersicht darzulegen, warum wir ein Reichsarmengesetz verlangen, und was wir von ihm erwarten. In meinem gedruckten Schlußbericht finden Sie die Richtlinien durch gesperrten Druck hervorgehoben. Diese Richtlinien sollen der Diskussion zur Grundlage dienen. Sie sind nicht eigentlich als Leitsätze in dem Sinne zu betrachten, wie wir sie sonst bei unseren Erörterungen zur Annahme zu empfehlen pflegen. Sie sind weniger als programmatische Forderungen anzusehen, sie sind vielmehr praktische Ratschläge in bezug auf den Inhalt und die Form eines künftigen Reichsarmengesetzes. Bei der großen Anzahl der Sätze ist es nicht denkbar, daß sie einzeln zur Diskussion gestellt und der Abstimmung unterworfen werden. Die in der Besprechung etwa geltend gemachten Einwendungen werden durch das Gewicht der Gründe zu wirken haben. Es ist zu hoffen, daß die Diskussion in erster Linie die großen Gesichtspunkte ins Auge faßt. Eine vielseitige Zustimmung zu den *wesentlichen* Grundlagen ist in diesem Fall für die Wirkung unseres Vorhabens von weit größerer Bedeutung, als eine noch so gründliche Erörterung der kleineren Fragen, über die man verschiedener Ansicht sein kann.

Ob und wann wir zu einem Reichsarmengesetz gelangen, hängt von den hohen Bundesregierungen und dem Deutschen Reichstage ab. Wir hoffen und wünschen, daß es bald geschieht, zumal der gegenwärtige Zeitpunkt, in dem Bayern sich dazu anschicken muß, sein Landesgesetz auszuarbeiten, ganz besonders günstig erscheint. Unsere Sache ist es, dem noch neuen und bisher wenig beachteten Gedanken die Wege zu bahnen. Wir tun es nicht aus Neuerungssucht oder in dem Bestreben, eine durch die Sache nicht gebotene Uniformität der Gesetzgebung herbeizuführen, sondern in dem aufrichtigen Bestreben, unserer Armenpflege und der Versorgung unserer Armen die richtigen Wege zu weisen. Unser Verein steht vor einer großen und bedeutsamen Aufgabe. Möge er dieser großen Aufgabe gegenüber nicht als zu leicht befunden werden!

(Wiederholter lebhafter Beifall.)

Vorsitzender: Meine Damen und Herren! Nachdem Sie die Berichterstattungen gehört haben, habe ich zunächst eine Geschäftsordnungsfrage an Sie zu richten, die Frage, ob wir heute noch in die Einzelberatung eintreten sollen, oder ob das erst morgen geschehen soll. (Rufe: Heute! — Morgen!)

— Einen Augenblick, meine Damen und Herren! Dafür, heute noch die Debatte zu beginnen, spricht die Zeitersparnis, und ich persönlich muß sagen: je mehr wir heute erledigen, desto weniger Arbeit haben wir morgen. Aber zwei wichtige Gesichtspunkte, ein formeller und ein materieller, sprechen dagegen. Formell haben wir in unserer gedruckten Tagesordnung schon vor Wochen den Mitgliedern unseres Vereins bekanntgegeben, daß für die Einzelberatung der zweite Tag bestimmt ist. Es könnte also leicht vorkommen, daß einzelne Mitglieder morgen erst eintreffen, um an dieser Diskussion teilzunehmen, und es entsteht die Frage, ob es formell zulässig ist, eine derartige Änderung nachträglich eintreten zu lassen. Da wir aber auf unserem Kongresse von dem Grundsatz ausgehen, daß der Kongreß souverän ist und die Tagesordnung beschließt, muß das einzelne Mitglied auf Änderungen gefaßt sein. Materiell spricht dagegen, daß eine gewisse Geistesabspannung nach dem, was uns heute geboten worden ist, eingetreten sein dürfte.

Wünscht jemand zu dieser Frage das Wort? — Das ist nicht der Fall, dann nehme ich die Abstimmung vor.

Ich bitte die Mitglieder des Vereins, sich zu erheben. Nur diese sind stimmberechtigt; die übrigen Damen und Herren bitte ich, sitzen zu bleiben.

Ich bitte diejenigen stimmberechtigten Mitglieder, die dafür sind, daß die Einzelberatungen erst morgen beginnen, die Hand zu erheben.

(Geschieht.)

Ich stelle fest, daß das wohl die Einstimmigkeit ist, ich bitte aber um die Gegenprobe.

(Dieselbe erfolgt.)

Die große Mehrheit ist der Meinung, daß die Einzelberatung morgen beginnt.

Meine Damen und Herren, auf Wiedersehen morgen früh pünktlich um 9 Uhr.

(Schluß der Sitzung 2 Uhr 45 Minuten.)

Zweite Sitzung.

Freitag, den 26. September 1913, vormittags 9 Uhr.

Der Vorsitzende, Justizrat Dr. Ruland-Colmar i. E. eröffnet die Sitzung um 9 Uhr 15 Minuten.

Vorsitzender: Hochverehrte Damen und Herren! Namens des Vorstandes erkläre ich den zweiten Verhandlungstag für eröffnet.

Vor Eintritt in die Tagesordnung habe ich Ihnen zunächst eine Mitteilung zu machen. Im Laufe des vergangenen Jahres hat unser Verein und unser Freundeskreis zwei schwere Verluste erlitten. Herr Bürgermeister Schmidt-Mainz und Herr Stadtrat Böckh-Karlsruhe sind uns durch den Tod entrissen worden. Nur mit kurzen Worten möchte ich ihrer gedenken. Sie wissen, mit welcher Begeisterung Bürgermeister Schmidt sich der großen Aufgabe gewidmet hat, die uns alle besonders interessiert, der Jugendfürsorge! Sie kennen seine vorzügliche Arbeit, und Sie wissen, wie er mit ganzem Herzen und mit ganzer Seele bei der Sache war. Es ist geradezu ergreifend, zu hören, wie er bis zum letzten Tage seines Lebens noch die Hoffnung geäußert hat, in diesem Sinne weiter tätig zu sein und gerade an unserm heutigen Werke mitzuwirken.

Herr Stadtrat Böckh-Karlsruhe, der langjährige Vorsitzende des badischen Landarmenverbandes, hat in seiner engeren Heimat sich hohe Verdienste um unsere Sache erworben.

Das Andenken dieser beiden Herren wird ein gesegnetes sein. Ich bitte Sie, sich zur Erinnerung von den Plätzen zu erheben.

(Die Versammlung erhebt sich.)

Wir treten nunmehr in die Tagesordnung ein.

Der Vorstand hat die Absicht, Ihnen vor Eintritt in die Einzelberatung eine Frage vorzulegen, welche für den Gang und für das Ergebnis der heutigen Versammlung entscheidend sein wird. Es ist nicht unsere Absicht, irgendwie Ihren Beschlüssen vorzugreifen. Die diesmaligen Verhandlungen sind nach unserer Überzeugung so wohlvorbereitet, daß jeder von Ihnen sich seine feste Ansicht gebildet hat, und wir sind gerade deshalb hier versammelt, diese

Ansichten zu hören und dadurch das Werk zu klären. Vielleicht aber kann es von Vorteil sein, wenn Sie vorerst den Vorschlag hören, den wir Ihnen über das Ziel der heutigen Verhandlungen machen würden. Nur wenn Sie selbst vor der Debatte unseren Vorschlag zu hören wünschen, werden wir ihn Ihnen bekannt geben. Die Verhandlungen werden in eine allgemeine und alsdann in eine Sonderberatung zerfallen. Es kann sich nun fragen, ob Ihrerseits der Wunsch besteht, vor Beendigung dieser Beratungen unseren Vorschlag über die zu fassenden Beschlüsse zu hören. Ich richte hiermit die Frage an die Versammlung: Wünschen Sie den Vorschlag des Vorstandes vorher zu hören, oder wünschen Sie zunächst in die Beratung einzutreten?

(Rufe: Vor Eintritt in die Debatte!)

Ich habe einen bestimmten Grund, formell zu sein, denn auf mir lastet die Verantwortung.

Ich bitte, da stimmberechtigt nur die Mitglieder des Vereins und die Vertreter der uns angehörigen Korporationen sind, die stimmberechtigten Mitglieder, sich zu erheben. Diejenigen von Ihnen, welche zunächst den Vorschlag des Vorstandes vor Eintritt in die Debatte zu hören wünschen, bitte ich, die rechte Hand zu erheben.

(Geschieht.)

Das ist die große Mehrheit, wenn nicht Einstimmigkeit.

Meine Herren, wenn das große Werk, zu dem Sie sich alle mit so großer Begeisterung versammelt haben, uns gelingen soll, wenn wir wirklich die erste Anregung und das erste Fundament zu einer einheitlichen deutschen Reichsgesetzgebung auf unserem Gebiete geben sollen, dann dürfen wir heute nur große Gesichtspunkte gelten lassen! Ich möchte mit den Worten des Altmeisters Goethe die Richtung zeigen, die wir für die richtige halten:

„Vergebens werden ungebundne Geister
Nach der Vollendung reiner Höhe streben.
Wer Großes will, muß sich zusammenraffen;
In der Beschränkung zeigt sich erst der Meister.“

(Bravo!)

Nur dann, meine Damen und Herren, wenn wir uns selbst heute beschränken, wenn wir alle kleinen Nebenwünsche beiseite treten lassen, wenn wir nur das große, schöne Ziel im Auge behalten, wird die heutige Verhandlung vollen Erfolg haben!

(Erneuter Beifall.)

Verlieren wir uns aber in Einzelheiten, gelingt es uns nicht, einzelne nebensächliche Besserungswünsche zu unterdrücken, dann werden wir, was wir groß begonnen haben, klein beenden.

Zu diesem Zweck hat nun der Vorstand beschlossen, Ihnen eine kurz gefaßte „Resolution“ vorzuschlagen! Sie haben schon aus den Vorträgen gehört, daß weder der Ausschuß noch der Vorstand die „Richtlinien“ als eigentliche „Leitsätze“ ansehen, die für alle Zukunft endgültig die Ansicht der Fachgenossen festlegen sollen. Die „Richtlinien“ sollen, wie das Wort auch sagt, nur das Ziel andeuten, aber in der Einzelfassung durchaus verbesserungsfähig sein und bleiben. Wenn Sie wissen würden, wie ich das weiß, mit welcher Hingebung und Gründlichkeit die Herren Berichterstatter gearbeitet haben, wie jedes Wort überlegt worden ist, wie es nochmals durchberaten worden ist, dann werden Sie, wie ich, überzeugt sein, daß gerade diese Männer stets bereit sind, das Bessere dem Guten vorzuziehen. Aber dazu ist Zeit notwendig, und das Werk darf nicht übereilt werden. Darum war es unser Wunsch, daß dieses Werk, das heute gedruckt vor Ihnen liegt, auch in seiner Geschlossenheit unberührt bleibe. Erfreulicherweise sind bisher formelle Anträge auf Änderung dieser Richtlinien nur in ganz beschränkter Zahl eingelaufen. Es handelt sich um zwei Anträge, die später zur Beratung gestellt werden, Verbesserungsvorschläge, die durchaus erwägenswert sind, aber im großen und ganzen doch zeigen, daß auch in diesen Punkten die „Richtlinien“ im allgemeinen das Richtige getroffen haben.

Es haben sich rund 30 Redner zum Wort gemeldet, und Sie ersehen schon aus dieser Zahl, daß die einzelnen Redner sich werden Beschränkungen unterwerfen müssen.

Meine Damen und Herren! wir schlagen Ihnen vor, den heutigen Kongreß folgenden Beschluß fassen zu lassen. Ich werde diesen Vorschlag langsam vorlesen und ihn dann noch begründen, damit wir in die Beratung eintreten können:

> „Der Erlaß eines Reichsarmengesetzes im Sinne der vorgeschlagenen Richtlinien erscheint notwendig. Der Ausschuß wird mit endgültiger Fassung dieser Richtlinien unter Berücksichtigung der heutigen Verhandlungen beauftragt. Der Vorstand wird ersucht, die Berichte und Verhandlungen des Kongresses an zuständiger Stelle zur Kenntnis zu bringen.“

Was den ersten Punkt angeht, so werden Sie die Frage zu prüfen haben — und das wird Gegenstand der Generaldiskussion sein —: wird die Notwendigkeit eines Reichsgesetzes bejaht?

Ein zweiter allgemeiner Gesichtspunkt ist: werden die Richtlinien von Ihnen gebilligt?

Im Laufe der Diskussion werden Gesichtspunkte hervortreten, die vielleicht den Herren Berichterstattern neu sind. Es erscheint uns deshalb praktisch und notwendig, den Ausschuß, dessen Arbeit Sie vor sich haben, noch einmal zu versammeln und dann eine endgültige Redaktion dieser Richtlinien vorzunehmen und zwar unter Berücksichtigung alles dessen, was heute aus Ihrem Kreise uns zur Kenntnis kommt. Diese Arbeit wird nach unserer Auffassung im Januar des nächsten Jahres fertig sein. Die Versammlung des Ausschusses soll noch vor der Versammlung des Zentralausschusses stattfinden, so daß wir im Januar alles fertig vor uns haben werden.

Was den letzten Punkt betrifft, so ist mehrfach mündlich und schriftlich angeregt worden, mit einem formellen Antrag des Kongresses an die zuständigen Stellen heranzutreten. Wir sind aber der Meinung, daß das nicht geschehen soll! Die Arbeitsleistung selbst spricht für sich und soll für sich sprechen. Wir wissen, welcher Behörde wir gegenüberstehen: Es gibt keine Behörde in Deutschland, die so gewissenhaft arbeitet wie das Reichsamt des Innern! Jeder, der Gelegenheit gehabt hat, diese Arbeit kennen zu lernen, weiß das. Ebenso genau wissen wir, daß, wenn unsere Verhandlungen und Beschlüsse dieser Stelle zur Kenntnis gebracht werden, das allein schon genügt, um das Werk weiter zu fördern. Wir behalten unsere zurückhaltende Stellung. Dieser Weg wird meines Erachtens zum vollen Erfolg führen. Wir haben die Erfahrung Bayern gegenüber gemacht. Obgleich in unserem Kreise allgemein längst der Wunsch deutlich hervorgetreten war, daß auch Bayern sein armenrechtliches Reservatrecht aufgeben und dem übrigen Deutschen Reiche beitreten solle, haben wir uns niemals damit hervorgedrängt, und doch ist der volle Erfolg unserer Bestrebungen eingetreten!

Der Vorstand glaubt also, daß, wenn die heutigen Verhandlungen sich auf die allgemeinen Gesichtspunkte und die Annahme der verlesenen Resolution beschränken, wir dann einem vollen Erfolge entgegensehen.

Sie haben unsere Meinung gehört, und wir treten nunmehr in die

Allgemeine Beratung

ein. Es haben sich zur Generaldebatte im ganzen sieben Redner gemeldet, und ich bitte den Herrn Landgerichtsdirektor Aschrott, zunächst das Wort zu nehmen.

Landgerichtsdirektor Dr. Aschrott-Berlin: Hochverehrte Anwesende! Es ist keine ganz leichte Aufgabe, nachdem wir gestern von sieben Referenten eingehende vortreffliche Berichte gehört haben, jetzt als erster Redner die Generaldebatte zu eröffnen. Die Aufgabe wird um so schwieriger, als naturgemäß hier in der Versammlung der Wunsch besteht, zu den Leitsätzen oder, wie ich jetzt sagen muß, Richtlinien, die von den einzelnen Spezialreferenten aufgestellt worden sind, Stellung zu nehmen. Aber ich glaube doch, zu der allgemeinen Frage eines Reichsarmengesetzes einige Worte sagen zu müssen.

Meine Damen und Herren, bereits gestern hatte der Herr Vertreter des Reichsamts des Innern in seinen Begrüßungsworten in vorsichtiger Weise auf die Schwierigkeiten hingewiesen, die das Zustandekommen eines Reichsarmengesetzes haben würde. Diese Schwierigkeiten liegen nicht nur darin, daß heute das Gebiet der Armengesetzgebung nicht zur Kompetenz des Deutschen Reiches gehört, daß also eine Änderung der Reichsverfassung damit verbunden ist, sondern sie werden auch veranlaßt durch zweifellos bei uns bestehende partikularistische Richtungen, die sich dagegen sträuben werden, eine weitere Zentralisierung der Gesetzgebung und eventuell auch der Verwaltung in Deutschland herbeizuführen. Die Schwierigkeiten werden noch dadurch vergrößert, daß auf einigen der Gebiete, die nach den Vorschlägen unserer Referenten in dem Reichsarmengesetz geregelt werden sollen, auch in unserem Kreise Meinungsverschiedenheiten bestehen, wie sie in der Spezialdebatte noch hervortreten werden.

Da fragt es sich — und das ist die erste Frage, die ich Ihnen vorlegen möchte —, ob wir nicht zu einer Beschränkung der Stoffgebiete, die im Reichsarmengesetz zu regeln wären, kommen könnten: ob nicht eine Vereinheitlichung des deutschen materiellen Armenrechtes in bestimmten Materien auch auf einem anderen Wege herbeigeführt werden könnte, als durch ein Reichsarmengesetz?

Bei einem der verhandelten Themata, bei der Wandererfürsorge, ist ja bereits hervorgehoben worden, daß ein Reichssondergesetz jetzt in Vorbereitung ist. Diese Materie wird aller Wahrscheinlichkeit nach also aus dem Reichsarmengesetz ausscheiden, weil sie bereits vorher durch ein Sondergesetz geregelt ist.

Dieselbe Art der Behandlung durch ein Reichssondergesetz ist aber auch möglich und, wie ich gleich hervorheben will, nach meiner Meinung auch wünschenswert bezüglich des polizeilichen Arbeitszwanges. Daß der polizeiliche Arbeitszwang ohne weiteres, ohne Verfassungsänderung, von Reichs wegen geregelt werden kann, darüber kann ein Zweifel nicht bestehen. Gerade die Materie des polizeilichen Arbeitszwanges hat, wie unsere Verhandlungen in München deutlich haben erkennen lassen, auch in unserem Kreise sehr verschiedene Ansichten ausgelöst. Da dabei sich schroff gegenüberstehende Meinungen hervorgetreten sind, so ist es mir sehr zweifelhaft, ob es angebracht wäre, diese Materie in ein Reichsarmengesetz hineinzubringen. Dadurch könnten diejenigen, die gegen die etwa vorgeschlagene Regelung des Arbeitszwanges sind, zu Gegnern des Reichsarmengesetzes überhaupt werden. Wäre es deshalb nicht besser, diese Materie, wenn sie neu geregelt werden soll, durch ein Sondergesetz, nicht durch das Reichsarmengesetz, zu regeln?

Noch ein zweiter Weg ergibt sich zu einer einheitlichen Regelung in anderer Weise als durch ein Reichsarmengesetz, nämlich auf dem Wege der Verständigung unter den einzelnen Bundesstaaten. Für diese Art der Regelung scheint mir ein anderes Gebiet, das gestern behandelt worden ist, nämlich die Tariffrage, geeignet. Ich darf mich ja hier in der Generaldebatte selbstverständlich nicht zu dem Thema selbst äußern, aber das muß ich hervorheben: Ich bin absolut nicht davon überzeugt worden, daß die Behandlung der Tariffrage in das Reichsarmengesetz gehört. Ich glaube, daß hierüber eine Verständigung zwischen den einzelnen Bundesstaaten möglich wäre und die Sache auf diese Weise geeigneter geregelt werden könnte.

Meine Damen und Herren, Sie sehen, daß auf den Wegen, die ich eben vorgeschlagen habe, von den sechs Spezialthemata, die gestern behandelt worden sind, drei aus dem Rahmen des Reichsarmengesetzes wegfallen würden. Dann blieben drei übrig, nämlich das erste Thema: Aufgaben der öffentlichen Armenpflege, zweitens: Organe der öffentlichen Armenpflege, und drittens: Aufsicht über die öffentliche Armenpflege und Rechtsprechung. Diese drei Themata stehen in einem außerordentlich engen Zusammenhange, worauf ich wenigstens mit einigen Worten hinweisen möchte.

Unser Herr Vorsitzender hat in seinen einleitenden Worten von den verschiedenen Systemen der Armenpflege gesprochen, und er hat zweifellos recht, wenn er dabei hervorgehoben hat, daß die früher übliche Trennung der Systeme in Systeme mit obligatorischer Armenpflege und in Systeme mit fakultativer Armenpflege durch die Tatsachen längst überholt worden ist. Was ein Armensystem eigentlich charakterisiert, das ist einmal der Umfang, in dem die öffentliche Armenpflege einzutreten hat, der gesetzliche Aufgabenkreis der öffentlichen Armenpflege, und zweitens: die Art der Sicherstellung für die Erfüllung dieser Aufgaben. Diese Sicherstellung der Erfüllung der Aufgaben der öffentlichen Armenpflege begreift vor allem zwei Momente, nämlich einmal eine geeignete Organisation, durch welche wirklich leistungsfähige lokale Verbände geschaffen werden, und anderseits eine Aufsicht darüber, daß von diesen lokalen Verbänden in geeigneter Weise die Armenpflege auch praktisch gehandhabt wird. Diese Sicherstellung ist nun von ganz besonderer Wichtigkeit dann, wenn man, wie es bei dem ersten Thema: Aufgaben der öffentlichen Armenpflege, vorgeschlagen wird, den Aufgabenkreis der öffentlichen Armenpflege durch Hineinziehung der Erziehung, der Erwerbsbefähigung usw. erweitert. Wenn man das tut, muß man eine Sicherheit schaffen, daß diese neue, wenigstens für die Mehrzahl der deutschen Staaten neue Aufgabe in geeigneter Weise erfüllt wird. Durch Schaffung größerer Verbände ist Vorsorge zu treffen, daß sie erfüllt werden kann, und es wird weiter einer Aufsicht über die lokalen Verbände bedürfen, damit die Aufgabe von ihnen wirklich in geeigneter Weise erfüllt wird.

Ich glaube, wenn unser Ausschuß, der die Sache vorbereitet hat, sich nicht allzu streng an die Reihenfolge gehalten hätte, die den Materien in dem preußischen Ausführungsgesetz zum Reichsunterstützungswohnsitz gegeben ist, so hätte er vielleicht die drei Fragen: Aufgaben der öffentlichen Armenpflege, Organe der öffentlichen Armenpflege und Aufsicht mehr zusammengefaßt, und er hätte bei der Aufsicht vielleicht die Aufsicht über die Verwaltung von der Aufsicht über die Rechtsprechung getrennt. Daß eine Instanz für eine einheitliche Rechtsprechung geschaffen werden muß, darüber kann natürlich kein Zweifel sein; viel zweifelhafter ist es, welche Aufsicht über die praktische Handhabung, über die Verwaltung geschaffen werden soll. In dieser Beziehung weiche ich in sehr wesentlichen Punkten von dem Berichterstatter, Herrn Bürgermeister Thode, ab. Ich werde das natürlich erst in der Spezialdebatte zu erörtern haben.

Was ich aber hier in der Generaldebatte hervorheben mußte, das ist das: Wenn wir den Aufgabenkreis der öffentlichen Armenpflege erweitern, wie es nach dem ersten Referate geschehen soll, so ist für mich, und ich glaube, für eine ganze Anzahl von uns, die Voraussetzung, daß eine geeignete Aufsicht über die öffentliche Armenpflege geschaffen wird. Die beiden Fragen hängen also aufs allerengste zusammen. Wir können unmöglich die Tatsache unbeachtet lassen, daß heutigen Tages in Rechtsgebieten, wie beispielsweise in Preußen, wo ein einheitliches materielles Recht besteht, die allergrößten Verschiedenheiten in der praktischen Verwaltung hervorgetreten sind. Ich darf dabei auf das hinweisen, was Herr Bürgermeister von Hollander im vorigen Jahre in Braunschweig ausgeführt hat, wo er, wenn ich mich im Augenblick recht erinnere, eine moderne Stadtverwaltung wie Charlottenburg einer ostpreußischen ländlichen Verwaltung gegenüberstellte. Sollen die Aufgaben der öffentlichen Armenpflege ausgedehnt werden, so gehört dazu nach meiner Meinung die Schaffung einer geeigneten Aufsicht.

Ich habe mich bis jetzt nur geäußert zu den sechs Spezialthemata, deren Regelung in einem Reichsarmengesetz von den Referenten vorgeschlagen worden ist. Aber nach meiner Meinung ist mit diesen sechs Themata dasjenige noch gar nicht erschöpft, was in einem Reichsarmengesetz zu regeln wäre. Ich will da nur eine einzelne Frage herausgreifen. Ich glaube, wenn ein Reichsarmengesetz geschaffen wird, so werden wir einheitlicher Bestimmungen gar nicht entbehren können über die Behandlung von hilfsbedürftig werdenden Ausländern. Die reichsgesetzliche Regelung der Behandlung hilfsbedürftig werdender Ausländer ergibt sich nach meiner Meinung ohne weiteres aus der Schaffung eines Reichsarmengesetzes.

Und mit der Schaffung eines einheitlichen deutschen Armenrechts hängen noch eine ganze Anzahl anderer Fragen zusammen, deren einheitliche Regelung — wenn auch nicht gerade im Reichsarmengesetz — nach meiner Überzeugung notwendig werden wird. Auch hierfür möchte ich Ihnen einige Beispiele geben.

Wie Sie wissen, ist wohl überall in Deutschland mit dem Bezug öffentlicher Armenunterstützung der Verlust öffentlicher Rechte verbunden. Nun wurden bereits in einer früheren Versammlung vor langen Jahren in Straßburg die Verschiedenheiten, die in dieser Richtung zwischen den einzelnen Staaten bestehen, scharf hervorgehoben, und es wurden damals auch Beschlüsse gefaßt, in welcher Weise dem entgegengetreten werden muß. Inzwischen ist durch das Reichsgesetz von 1909 allerdings der Verlust öffentlicher Rechte, soweit dieser von dem Bezug von Armenunterstützungen in Reichsgesetzen abhängig gemacht ist, einheitlich geregelt worden. Aber die Verschiedenheiten bestehen bezüglich der Landesgesetze, soweit diese einen Verlust öffentlicher Rechte mit Armenunterstützung verknüpfen, fort. Das müßte bei Erlaß eines Reichsarmengesetzes wohl geändert werden.

Ich sehe, daß der Herr Präsident ein Zeichen macht; das zweite Beispiel will ich daher nur kurz erwähnen. Es betrifft die Notwendigkeit einer einheitlichen gesetzlichen Regelung der Fürsorgeerziehung in Deutschland, eine Notwendigkeit, die in dem Augenblick, wo wir den Aufgabenkreis der öffentlichen Armenunterstützung auf die Erziehung ausdehnen, scharf hervortritt. Diesbezüglich kann ich nur auf das verweisen, was in dem gedruckten Bericht des Herrn Beigeordneten Dr. Greven ausgeführt ist, wenn ich auch nicht mit allen seinen Vorschlägen übereinstimme. Die Sache muß einheitlich geregelt werden; ohne eine einheitliche Regelung — ich darf da nur an die verschiedenen Altersgrenzen erinnern, die wir jetzt in Deutschland für die Zulässigkeit der Fürsorgeerziehung haben: hier 16 Jahre, dort 18 Jahre — geht es nicht.

Meine Damen und Herren, Sie sehen also, daß es eine ganze Anzahl von Materien sind, die bei Schaffung eines einheitlichen materiellen deutschen Armenrechtes eine Neuregelung erfordern. Für unseren Verein, der sich durch das jetzt gesteckte Ziel: eine Vereinheitlichung des deutschen Armenrechts herbeizuführen, eine neue Aufgabe gestellt hat, sind dadurch auch für die Zukunft Arbeiten in reichlichem Maße gegeben. Aber wir haben zunächst die wertvolle Arbeit dankbar anzuerkennen, die durch die Referate der sieben Herren für die Grundlegung zu einem deutschen Armenrecht geliefert worden ist. Ich glaube, mich in Übereinstimmung mit Ihnen allen zu befinden, wenn ich dem Ausschuß und vor allem den sieben Herren, die diese schwere mühevolle Arbeit in so liebevoller und vortrefflicher Weise geleistet haben, unseren Dank hiermit ausdrücklich ausspreche.

(Lebhafter Beifall.)

Vorsitzender: Meine Damen und Herren! Ich werde mir von nun an erlauben, die Glocke etwas lebhafter zu handhaben, und ich möchte die nachfolgenden Damen und Herren bitten, mir das nicht übel zu nehmen; nach den Verhandlungen bin ich wieder durchaus höflich!

(Heiterkeit.)

Dr. Levy-Berlin: Verehrte Anwesende! Es mag im Laufe einer generellen Aussprache über unser Thema angezeigt sein, auch einige wenige Worte über die Stellung zu sagen, die die freie Liebestätigkeit dem hier behandelten Problem der Schaffung eines Reichsarmengesetzes gegenüber einnimmt resp. einzunehmen hat. Es kann sich dabei nicht darum handeln, zu den einzelnen Referaten Stellung zu nehmen, sondern nur darum, sich darüber zu verbreiten, wie überhaupt die freie Liebestätigkeit es anzusehen hat, daß jetzt der ernste Versuch gemacht wird, ein Reichsarmengesetz zu schaffen. Ich werde mich also nur auf wenige Worte zu beschränken haben.

Verehrte Anwesende, im Laufe der Vorbereitungszeit zu der diesjährigen Tagung ist mehrfach die Ansicht geäußert worden, daß die diesjährige Tagung nur als ein Internum der Vertreter der öffentlichen Armenpflege zu betrachten sei und daß die Vertreter der freien Liebestätigkeit nur gewissermaßen als Zuhörer dabei anzusehen wären, denen man nicht einmal sicher zusagen könnte, daß sie dabei inbezug auf das Interesse, welches sie etwa an der Sache nähmen, auf die Kosten kommen würden. Diese Auffassung, die mehrfach geäußert worden ist, ist seitens des Vereinsvorstandes bereits in einigen Notizen in der Presse und auch durch den Herrn Vorsitzenden vorgestern abend und gestern früh bekämpft worden.

Es ist in der Tat ein kardinaler Irrtum, wenn geglaubt wird, daß die freie, die private Wohltätigkeit an diesen Dingen ein geringeres Interesse hätte. Dieser Standpunkt mag früheren Verhältnissen angemessen sein, er mag der Zeit entsprechen, da öffentliche Armenpflege und freie Liebestätigkeit noch in einem gewissen Mißtrauensverhältnis zueinander standen, da sie einander mißtrauisch beobachteten, ob sie gelegentlich auch mal zusammengehen könnten, während sie im allgemeinen ohne jegliche Verbindung waren. Dieser Standpunkt ist glücklicherweise bereits seit einer Reihe von Jahren vollständig überwunden. Die öffentliche Armenpflege und die freie Liebestätigkeit betrachten einander an allen Stellen, wo die Dinge nur einigermaßen einsichtig und verständig beurteilt werden, als gleichberechtigte und gleichbedeutsame Kolleginnen und Schwestern, die jegliche Rücksicht aufeinander zu nehmen haben, wenn sie gemeinsam dem großen Ganzen, nämlich einer systematischen, überlegten und wirkungsvollen Fürsorge dienen wollen. Aus diesem Grunde ist erfreulicherweise an allen Stellen, wo die private Wohltätigkeit einigermaßen zu bedeutsameren Organisationen zusammengefaßt ist, auch ein systematisches Zusammengehen mit der öffentlichen Armenpflege eingeleitet worden. Es sind das aber natürlich Dinge, die bis jetzt noch keineswegs zu der Vollendung gediehen sind, wie sie von beiden Seiten aus zu wünschen ist.

Wenn es sich nun aber um gleichwertige oder jedenfalls gleichstrebende Kolleginnen handelt, dann ist es auch selbstverständlich, daß die eine es mit lebhaftestem Interesse begleitet, wenn die andere im Begriffe steht, sich in bedeutsamster Weise weiter zu entwickeln. Die freie Liebestätigkeit hat auch ihrerseits den größten Wert darauf zu legen, daß die öffentliche Armenpflege durch die Schaffung eines Reichsarmengesetzes erstarke, daß ihr ein vollerer, ein bedeutsamerer Inhalt gegeben werde, als sie ihn bisher besitzt, und daß sie dadurch in dem großen Rahmen der gesamten sozialen Fürsorgebestrebungen eine viel größere, eine viel bedeutsamere Stellung einnehmen kann, als sie bisher einnehmen konnte, da sie sich mit dem Unterstützungswohnsitzgesetz als einziger reichsgesetzlicher Grundlage begnügen mußte.

Die private Wohltätigkeit sieht deshalb der Weiterentwicklung unserer Frage mit allergrößtem Interesse entgegen, sie nimmt an allem, was dazu führen kann, die überaus fleißigen und gründlichen Vorarbeiten unserer Referenten zu fördern und sie zu einem großen und die wesentlichsten Ansprüche befriedigenden Gesetze werden zu lassen, mit größter Aufmerksamkeit teil, ohne aber natürlich selbst in der Lage zu sein, sich an diesen speziellen Arbeiten unmittelbar zu beteiligen. Die freie Liebestätigkeit, wo immer sie über den Rahmen der caritativen Eintagsarbeit hinaussieht und sich berufen fühlt, mit der großen, mächtigeren Schwester zusammen zum gemeinsamen Ganzen zu wirken, überall da wird sie auch ihrerseits, soweit sie es vermag, bemüht sein, für diese Fortschritte der öffentlichen Armenpflege Stimmung zu machen, und mit dazu beitragen, daß aus diesen Bestrebungen ein brauchbares, bedeutsames Gesetz herauswachsen kann.

Ich will mich nicht darüber verbreiten, wieweit die freie Liebestätigkeit hierbei vielleicht auch gewisse Nebengedanken hegt, Nebengedanken, die sich damit beschäftigen, ob vielleicht auch für sie einmal die Zeit kommen könnte, wo man an eine gesetzliche Regelung gewisser Dinge, die auch innerhalb der freien Liebestätigkeit nach meiner Überzeugung einer gesetzlichen Regelung bedürfen, denken könne. Es ist das ein Problem, das ich selbstverständlich im Zusammenhang dieser Erörterung nicht eingehend behandeln kann, das ich vielmehr nur erwähne, indem ich gleichzeitig die Hoffnung ausspreche, daß eine spätere Tagung unseres Vereins sich auch mit diesen Fragen einmal gründlich beschäftigen wird. Für heute möchte ich mich darauf beschränken, auszusprechen, daß die freie Liebestätigkeit an allen Orten unseres Vaterlandes, wo sie, wie gesagt, eine irgendwie beachtenswerte Stellung einnimmt oder einzunehmen bestrebt ist, mit lebhaftestem Interesse davon Kenntnis genommen hat, daß endlich die Zeit gekommen zu sein scheint, in der eine reichsgesetzliche Regelung das Werk krönen soll, das vom Deutschen Verein für Armenpflege und Wohltätigkeit seit dem vorigen Jahre begonnen worden ist.

(Lebhafter Beifall.)

Frau Neuhaus-Dortmund: Ich möchte mir erlauben, vom Standpunkt der Jugendfürsorge aus die Notwendigkeit einer einheitlichen Regelung des Armenwesens im Deutschen Reiche zu betonen. Ich brauche in diesem Kreise nicht über den engen Zusammenhang zwischen Armenpflege und Jugendfürsorge zu sprechen. Ich kann nur sagen, wie dankbar wir, die wir in der Jugendfürsorge arbeiten, all den Ausführungen des Herrn Dr. Greven gefolgt sind, wie sich ganz neue Perspektiven der Hilfsmöglichkeit für uns eröffnet haben. Ich brauche ja auch nur darauf hinzuweisen, wie eng schon äußerlich Armenpflege und Jugendfürsorge miteinander verbunden sind, da ja fast überall in der Verwaltung dasselbe Dezernat beide Tätigkeitszweige umfaßt. Ich glaube, über den Zusammenhang ist kein Zweifel, so daß ich wohl berechtigt bin, die Jugendfürsorge mit in unsere heutige Debatte hineinzuziehen.

Nun hat gerade die Jugendfürsorge zwei ganz charakteristische Merkmale oder Bedürfnisse, wie ich sie nennen will. Einmal ist sie in unserer Zeit ihrer ganzen Natur nach interlokaler Art geworden. Ich erinnere an die jugendlichen Rechtsbrecher, für die wir in der Jugendgerichtshilfe sorgen, an die Obdachlosen, an die aufgegriffenen weiblichen Jugendlichen, die auf die schiefe Ebene gekommen sind, von Stadt zu Stadt wandern und selten aus der Stadt selbst sind, in welcher sie aufgegriffen werden. Also die Arbeit an sich ist vollkommen interlokaler Natur und muß durch eine einheitliche Gesetzgebung geregelt werden, wenn wir überhaupt diese Aufgabe, soweit sie mit der öffentlichen Armenpflege zusammenhängt, erfüllen sollen.

Sie hat zweitens das charakteristische Erfordernis, daß oft sehr schnell eingegriffen werden muß und daß es dann unbedingt notwendig ist, sich auf Entfernungen hin sofort verständigen und dann auf derselben gesetzlichen Grundlage zusammenarbeiten zu können. Sie machen sich nun als Juristen gar keinen Begriff davon, wie schwer es uns wird, mit so verschiedenartigen Gesetzen zu arbeiten. Wenn wir die Gesetze anwenden sollen — und wir sind dazu gezwungen, sie anzuwenden, wenn wir Erfolg haben wollen —, dann müssen wir die Gesetze beherrschen.

Ich möchte Ihnen ein Beispiel nennen: Wenn wir mit Vormundschaftsgerichten zu tun haben, sind wir, wenn wir in verschiedenen Bundesstaaten zusammenarbeiten sollen, gleich auf demselben gesetzlichen Boden. Was die in Preußen anfangen, kann in Hessen, Baden und überall an den betreffenden Amtsgerichten erledigt werden; wir haben dieselbe Grundlage im Bürgerlichen Gesetzbuch. In dem Augenblick aber, wo wir in das Nachbargebiet, in die Zwangs- und Fürsorgeerziehungs-Gesetzgebung hineinkommen, versagt derselbe Apparat vollständig; was wir in Preußen anfangen, gerät in Preußen, mißrät aber in Baden, Hessen und in anderen Bundesstaaten, und zwar nur aus dem Grunde, weil wir Laien die verschiedenen Gesetze der einzelnen Bundesstaaten nicht beherrschen, nicht beherrschen können.

Nun werden Sie mir sagen: das sind vormundschaftsgerichtliche Maßnahmen, die mit dem heutigen Thema wenig zu tun haben; und Sie haben recht; ich wollte sie auch nur als Beispiele anführen. Aber an zwei andere Punkte anknüpfend, will ich Ihnen zeigen, von wie direktem Einfluß die Armengesetzgebung auf unsere Jugendfürsorgearbeit ist. Der erste ist der Umstand, daß in unseren vielen Heimen und Zufluchtshäusern die Ortsarmenverwaltungen beständig der großen Gefahr gegenüberstehen, daß eine ganze Reihe von ausgesprochen hilfsbedürftigen Elementen in ihrer Stadt den Unterstützungswohnsitz erwerben. Sie wissen, daß § 11 des Unterstützungswohnsitzgesetzes als Anstalten, in denen der Unterstützungswohnsitz n i c h t erworben wird, nur die Krankenanstalten, Heilanstalten und Bewahranstalten nennt.

Nun werden Sie mir sagen: dann rechnet euch doch zu den Bewahranstalten. Das möchten wir aber deshalb nicht, weil wir unsere Schützlinge viel lieber f r e i w i l l i g haben und weil wir ja gerade E r z i e h u n g s a n s t a l t e n aus unseren Häusern machen wollen; wir wollen doch unsere Mädchen möglichst heben. Aber dann können sie den Unterstützungswohnsitz erwerben und den Ortsarmenverbänden die größten Lasten auferlegen.

Diese Tatsache bringt es dann mit sich, daß die Leiter oder die Dezernenten einer ganzen Reihe von Ortsarmenverbänden sich in einem direkt animosen, gegensätzlichen Verhältnis zu unseren Anstalten befinden. Dabei sind wir doch darauf angewiesen, mit den Ortsarmenverbänden, mit den Behörden Hand in Hand zu arbeiten, uns ihres Wohlwollens zu erfreuen, ihnen Dienste zu leisten und von ihnen zu hoffen, daß sie uns helfen. Durch diese armengesetzliche Bestimmung wird das in einer Weise erschwert, von der Sie sich keinen Begriff machen können. Vor mir liegt der Brief einer unserer Vorsitzenden, in welchem sie mich fragt, ob wir nicht die Insassen unserer beiden Zufluchtshäuser zeitweilig gegeneinander austauschen könnten, damit sie nicht den Unterstützungswohnsitz erwürben; sie leide fortgesetzt unter beständigen Anfragen, Vorwürfen und Drängen auf Entlassung seitens der Armenverwaltung. — Wie würde wohl solch ein Austausch auf die Erziehungsarbeit an diesen Mädchen wirken? Da haben wir einen direkten Zusammenhang zwischen Armengesetzgebung und Jugendfürsorge.

Aber noch auf einen anderen Punkt möchte ich hinweisen, — und da komme ich auf das Thema des Herrn Schatzrats Dr. Drechsler —, daß die kleinen Verbände gar nicht in der Lage sind, die Lasten zu tragen, die ihnen durch unsere Zufluchtshäuser auferlegt werden. Ein frappantes Beispiel dafür haben wir in den beiden großen Zufluchtshäusern zu Melaten und Junkersdorf bei Cöln. Beide beherbergen eine große Anzahl von sittlich gefährdeten und gefallenen Mädchen, bei denen Krankheiten leicht auftreten oder sich von neuem zeigen. Nun gehört Melaten zu Cöln — keine Schwierigkeit! Junkersdorf, in etwa 20 Minuten mit der Straßenbahn — von Melaten aus — zu erreichen, ist ein kleines, *nicht* eingemeindetes Dorf. Dort sind die Schwierigkeiten mit der Ortsbehörde derartig groß, daß sie direkte Arbeitsstockungen hervorbringen, d. h. die Unterbringung unserer Schützlinge in diesem sonst so günstig gelegenen Hause fast unmöglich machen.

Sie sehen, wie eng Armenfürsorge und Jugendpflege zusammengehören, und wie sehr wir die gesetzgeberische Hilfe brauchen. Darum betone ich nochmals, wir dankbar wir es empfinden, daß alle diese Fragen, die uns so nahe berühren, in einem Reichsgesetz geregelt werden sollen. Wir werden dann mit um so größerer Arbeitsfreudigkeit unsere wenn auch schöne, so doch nicht leichte Arbeit ausführen können.

(Lebhafter Beifall.)

Armenhausdirektor *Ödön Pálos*-Budapest: Meine Damen und Herren! Bald sind es 125 Jahre her, daß die gewesene Hansestadt Hamburg das Armenwesen geregelt hat, und es ist interessant, daß diese Regelung in Hamburg nichts anderes war als das heutige Elberfelder System, welches jedoch um 1810, als Hamburg den Franzosen preisgegeben wurde, in Vergessenheit geraten, später in Elberfeld wie ein Phönix aus der Asche wiedererstand und heute als Elberfelder System bekannt ist. Als Hamburg diese Regelung vornahm, hat es sich auf die Mitarbeit der Bürger gestützt. Damals war die freie Liebestätigkeit die eigentliche, die wirkliche Trägerin des Armenwesens. Heute hat sich die Sache geändert; denn Staat und Städte haben die Verpflichtung übernommen, für die Armen zu sorgen. Die freie Liebestätigkeit ist trotzdem auch heute noch im Armenwesen unentbehrlich, denn der Staat wie die Städte haben es unbedingt nötig, daß die Bürger sich mit Fleiß und Hingabe dem Armenwesen widmen. Wenn im Deutschen Reiche das Armenwesen einheitlich durch ein Reichsarmengesetz geregelt wird, so ist auch die freie Arbeit in diesem Gesetz zu berücksichtigen; denn es ist ausgeschlossen, daß eine gesetzliche Regelung des Armenwesens die freie Liebestätigkeit übergehen könnte. Ich glaube, Herr Dr. Levy hat dieselbe Anschauung, wenn auch nicht direkt, ausgesprochen. Es ist nur die Frage, wie diese Regelung der freien Liebestätigkeit in ein Gesetz über das öffentliche Armenwesen hineingebracht werden soll. Selbst die Städte haben ja schon angefangen, die freie Liebestätigkeit einigermaßen mit der öffentlichen Armenpflege in Einklang zu bringen. Ich muß mich hier z. B. auf Dresden berufen, wo die Vereine der freien Liebestätigkeit angewiesen sind, mit der öffentlichen Armenpflege Hand in Hand zu arbeiten. Ich muß auch auf Kiel und Stuttgart hinweisen, wo die freie Liebestätigkeit durch Vorschriften, welche für alle Wohltätigkeitsvereine Geltung haben, geregelt ist. Aber überall, wo eine Verbindung der öffentlichen Armenpflege mit der freien Liebestätigkeit ohne gesetzliche Grundlage angebahnt wurde, hat man einen durchgreifenden Erfolg nicht erzielt. Es hat den Anschein, daß die Vereine der privaten Wohltätigkeit sich fürchten, mit der öffentlichen Armenpflege Hand in Hand zu arbeiten, weil sie meinen, dadurch in ihrer freien Aktionsfähigkeit Einbuße zu erleiden.

Demzufolge bin ich der Meinung, daß man bei einer reichsgesetzlichen Regelung des Armenwesens der freien Liebestätigkeit Rechte gewährleisten und dadurch beweisen soll, daß die Vertreter der öffentlichen Armenpflege nicht im Sinn haben, die freie Liebestätigkeit in der einen oder anderen Hinsicht zu beeinträchtigen und in ihrer Arbeit zu hemmen. Nach meiner Ansicht wäre es nicht unmöglich, den Wohltätigkeitsvereinen die freie Benützung der behördlichen Armenkataster gesetzlich zu bewilligen und die Vereine in ihrer Arbeit dadurch zu unterstützen, daß man ihnen gewisse Vorrechte gibt, daß man ihre Kassenangelegenheiten auf Wunsch durch städtische Organe unentgeltlich besorgen läßt usw. So könnte sich die freie Liebestätigkeit freier bewegen und besser ausbreiten.

Auch wäre es nicht unmöglich, daß man dort, wo zwischen öffentlicher Armenpflege und freier Liebestätigkeit bisher keine Verbindung besteht, die lokale Armenbehörde (Armenrat, Armendirektion, Zentralrat usw.) durch das Reichsgesetz dazu zwingt, eine Anzahl von Vertretern der Wohltätigkeitsvereine in den Armenrat hineinzuwählen.

Allerdings hat die freie Liebestätigkeit auch Verpflichtungen gegenüber der öffentlichen Armenpflege, welche durch die Landesgesetzgebung zu regeln wären, denn es ist unbestreitbar, daß einzelne Privatwohltätigkeitsvereine durch Unterstützung von Personen, die einer Unterstützung nicht würdig sind, eine Wirkung ausüben, welche vom Standpunkt der öffentlichen Armenpflege nicht erwünscht ist.

Ich bitte, diese Anregungen gütigst in Betracht ziehen und mein fehlerhaftes Deutsch entschuldigen zu wollen.

(Beifall.)

Magistratsrat Dr. Lehmann-Berlin: Meine hochverehrten Damen und Herren, gestatten Sie mir, die Diskussion auf das eigentliche Gebiet unserer heutigen Tagung zurückzuführen.

Der Herr Vorsitzende hat bereits im Eingang seiner Rede hervorgehoben, daß wir uns in der Generaldiskussion zunächst mit den Gesichtspunkten befassen müssen, von denen die Schaffung eines etwaigen Reichsarmengesetzes ausgehen müßte, und er hat als erste Frage zutreffend die bezeichnet, ob überhaupt ein Reichsarmengesetz notwendig sei. Ich glaube, daß die vorangegangenen Berichte Ihnen die Notwendigkeit der Schaffung eines einheitlichen Rechtszustandes vor Augen geführt haben. Allerdings glaube ich, daß die Berichte die Notwendigkeit der Schaffung eines Reichsarmengesetzes nur unter einem bestimmten Gesichtspunkte hervorgehoben haben. Schon in dem Berichte des Herrn Bürgermeisters v. Hollander heißt es, daß die Schaffung eines Reichsarmengesetzes im Interesse einer geordneten öffentlichen Armenpflege liege. Das ist unbestreitbar. Ein Teil der Diskussionsredner hat die gleiche Notwendigkeit für eine Reihe anderer Gebiete des Fürsorgewesens überhaupt hervorgehoben, so z. B. für das Gebiet der freien Liebestätigkeit, der Fürsorgeerziehung usw.

Ich glaube jedoch, daß hiermit die Gründe noch nicht völlig erschöpft sind. Ich halte es aber für um so wünschenswerter, diese Gründe nach allen Richtungen hin zu erschöpfen, als auch Herr Bürgermeister v. Hollander schon mit einem gewissen Unterton des Bedauerns (Seite 5 des Berichtes) konstatierte, daß das Bedürfnis eines Reichsarmengesetzes noch nicht in die breite Öffentlichkeit gedrungen sei. Herr Landgerichtsdirektor Aschrott hat z. B. bereits darauf hingewiesen, daß auf dem Gebiete des Wahlrechts infolge der mannigfach verschiedenen Bestimmungen des materiellen Armenrechts in Deutschland noch eine erhebliche Rechtsungleichheit besteht. Auch dies ist nur ein Punkt.

Gestatten Sie mir, darauf hinzuweisen, daß der Begriff der Armenunterstützung über das Gebiet des eigentlichen Armenwesens hinaus für den weiten Kreis des öffentlichen Rechts überhaupt von der allergrößten Bedeutung ist. Es gilt das ja insbesondere für das von Herrn Landgerichtsdirektor Aschrott erwähnte Gebiet des Wahlrechts. Wir haben aber ferner eine Reihe anderer Bestimmungen des öffentlichen Rechts, in denen der Begriff der Armenunterstützung eine erhebliche Rolle spielt, und für die jetzt in Deutschland eine außerordentliche Ungleichheit besteht, weil sich der Begriff der Armenunterstützung, die Frage, was eigentlich eine Leistung der Armenhilfe sei, nach verschiedenem Recht entscheidet. Schon die Frage des Wahlrechts spielt in den verschiedensten Staats-, Gemeinde- und Kirchenverfassungs-Gesetzen eine Rolle. Weiter kommt z. B. das Gebiet der Reichsversicherungsordnung in Betracht. Es wird Ihnen bekannt sein, daß die Armenverbände Ersatzansprüche für Gewährung von Armenunterstützung haben, und was Armenunterstützung sei, beantwortet sich in Deutschland nach Landesrecht. Es wird Ihnen vielleicht auch bekannt sein, daß einzelne landesrechtliche Steuergesetze bestimmte Rechtsfolgen an die Gewährung einer Armenunterstützung knüpfen. Die Gewährung einer Armenunterstützung ist schließlich auch nach den verschiedenen deutschen Gerichtsverfassungsgesetzen zu berücksichtigen, so bei der Wählbarkeit zum Schöffen, zum Beisitzer der Kaufmanns- und Gewerbegerichte. Dieses ganze Gebiet, das außerhalb des eigentlichen Gebietes des Armenwesens liegt, verlangt ebenfalls meines Erachtens gebieterisch die einheitliche Regelung der Frage für Deutschland: was ist als Armenunterstützung anzusehen?

Eine andere Frage, die ebenfalls für Deutschland noch nicht einheitlich beantwortet werden kann, ist — neben der Frage, was Armenunterstützung sei — die Frage: wer ist eigentlich Empfänger einer Armenunterstützung?

(Sehr richtig!)

Es führt das hinüber zu dem Begriff der mittelbaren Armenunterstützung, der auf diesem und noch auf anderen Gebieten eine wesentliche Rolle spielt. Herr Rechtsrat Dr. Sperling hat bereits auf Seite 79 seines gedruckten Berichts zutreffend hervorgehoben, daß der Begriff der armenrechtlichen Familieneinheit, nach der ganz bestimmte Personen als Unterstützungsempfänger anzusehen sind, keine Geltung über den Rahmen des Unterstützungswohnsitzgesetzes hinaus, insbesondere z. B. nicht für das Gebiet des polizeilichen Arbeitszwanges, beanspruchen kann. Er war dabei so liebenswürdig, eine Ausführung von mir in dem preußischen Verwaltungsblatt in einer Anmerkung zu erwähnen. Dieser Begriff der mittelbaren Armenunterstützung spielt aber nicht nur eine Rolle auf dem Gebiet des polizeilichen Arbeitszwanges, sondern auch in all den gesetzlichen Bestimmungen, die ich eben berührt habe. Ich persönlich stehe auf dem Standpunkte, daß die Frage, wer als Empfänger der Unterstützung anzusehen und was Armenunterstützung sei, nach den verschiedenen Gesetzen verschieden zu entscheiden ist. Das ist die Auffassung, die z. B. auch die Wahlprüfungskommission des Reichstags mehrfach ausgesprochen hat; aber jedenfalls glaube ich, daß die grundsätzliche Regelung der Frage in einem Reichsarmengesetz notwendig ist.

Ich möchte mich noch kurz zu einer anderen, von dem Herrn Vorsitzenden aufgeworfenen Frage wenden, wie man nämlich grundsätzlich zu prozedieren habe, wenn man den zuständigen Behörden Wünsche für die Schaffung eines Reichsarmengesetzes unterbreiten wolle. Ich kann mich hierbei nur der Auffassung des Herrn Vorsitzenden anschließen: Eine Beschränkung in den Wünschen wird sicher am ersten zum Ziele führen; und die richtige Grenze der Beschränkung wird darin gefunden werden, daß man sich fragt: was ist erreichbar? Da glaube ich allerdings, daß die Herren Referenten doch vielleicht nicht immer im einzelnen die Grenze gezogen haben, welche man als die Grenze des Erreichbaren wird bezeichnen können.

Ich möchte es mir versagen, in der Generaldiskussion zu einzelnen Punkten zu sprechen; ich möchte nur kurz meine Bedenken äußern, ob es z. B. gelingen wird, den gewiß wünschenswerten Vorschlag des Herrn Dr. Greven zu verwirklichen und eine Brücke zwischen Nord- und Süddeutschland auf dem Gebiet der Armenpflege hinsichtlich der Kindererziehung zu schlagen. Ich fürchte, daß z. B. die Ausführungen des Herrn Dr. Greven bezüglich der Stellung der Vormundschaftsgerichte nicht dazu beitragen werden.

Zu den Ausführungen des Herrn Bürgermeisters Dr. Thode möchte ich bemerken, daß mir sein Vorschlag hinsichtlich der Rechtsprechung vom Standpunkte des Praktikers durchaus empfehlenswert erscheint, daß ich aber bei der Tendenz unserer Reichsgesetzgebung, welche neuerdings die Regelung solcher Streitfragen der Wissenschaft und der Judikatur überläßt, doch stark bezweifele, ob es zu erreichen sein wird, alle diese Zweifelsfragen in einem Reichsarmengesetz beantwortet zu erhalten.

(Bravo!)

Beigeordneter Dr. Bucerius-Essen: Meine Damen und Herren! Die Berichte, die wir gehört haben, haben jedenfalls das eine gezeigt, daß wir eine Versammlung von Praktikern sind und auch heute graue Theorie von niemandem hier betrieben worden ist. Auch ich bin durchaus Praktiker; aber wenn wir die Frage der Nützlichkeit eines allgemeinen Reichsarmengesetzes erörtern, dürfen wir doch eine theoretische Frage nicht ganz außer acht lassen. Das ist die Frage, von welchen rechtspolitischen Grundsätzen der Armenpflege das neue Gesetz beherrscht sein soll. Gerade wir Praktiker arbeiten in der Armenpflege nicht ziellos, sondern bei jeder Maßnahme, die wir treffen, haben wir doch alle ein bestimmtes Ziel im Auge; eine rechtspolitische Überzeugung über das Ziel unserer Armenpflege leitet uns. Aber wenn wir einmal anfangen würden, uns über diese rechtspolitischen Grundlagen unserer Arbeit zu unterhalten, so kann ich mir vorstellen, daß dann sehr verschiedene Ansichten aufeinanderplatzen würden.

Ich will nun einmal annehmen, daß wir uns, wie über andere wichtige Fragen, so auch darüber hier im Verein über kurz oder lang verständigen würden. Dann entsteht eine andere Frage: Werden die gesetzgebenden Faktoren im Reiche die von uns als richtig anerkannte rechtspolitische Tendenz des Reichsarmengesetzes anerkennen? Werden sie — wenn, wie ich einmal annehmen will, der von der Regierung vorgelegte Entwurf diese rechtspolitische Überzeugung in den einzelnen Bestimmungen zum Ausdruck gebracht hat — nicht diese Grundlage verändern oder gar ganz in das Gegenteil verkehren? Ich glaube, daß man da eine gewisse Skepsis haben darf und haben muß, wenn man die Reichsgesetzgebung der letzten Jahre betrachtet. Aber ich folgere aus dieser Skepsis nicht, daß wir uns enthalten sollen, ein Reichsgesetz zu fordern; aber es ist wichtig, daß wir uns über die allgemeine rechtspolitische Grundlage klar werden und da eine gewisse Tendenz aufstellen. Wir dürfen uns nicht darauf beschränken, ein Reichsgesetz im allgemeinen zu fordern, sondern müssen auch den richtigen grundlegenden Gedanken aussprechen und klarlegen. Nach dieser Richtung kann man aus den einzelnen Referaten nur Unbestimmtes herauslesen; ausdrücklich hat sich über diese Frage, soweit ich die Berichte gelesen habe, niemand geäußert. Es kann auch nicht meine Aufgabe sein, hier als Diskussionsredner diese rechtspolitische Grundlage zu entwickeln, ich möchte sie nur andeuten.

Wenn ich dem Gesetzentwurf einen Namen geben sollte, würde ich ihn vielleicht nicht nennen: Reichsarmengesetz, sondern ich würde ihm etwa den Namen geben: Armenpolizeiordnung.

(Lebhafter Widerspruch.)

— Meine Herren, ich sehe gleich aus Ihrem Widerspruch, daß Sie geneigt sind, das als eine gewisse reaktionäre Auffassung zu kritisieren. Ich bitte Sie deshalb, mich noch einen Augenblick anzuhören. Ich möchte Sie darauf hinweisen, daß alle bisherigen Armengesetze polizeilichen Charakter — Polizei im allgemeinsten Sinn gedacht — gehabt haben. Die ersten Gesetze sind Gesetze zur Bestrafung der Armut gewesen und, was charakteristisch ist, zur Bestrafung der freien Liebestätigkeit, der Wohltätigkeit. Auch die späteren Gesetze kann man eigentlich nur als Gesetze zur Unterdrückung der Armut bezeichnen, und erst einzelne neuere Gesetze sind dazu übergegangen, von einem Anspruch der Armen auf Unterstützung zu sprechen. Auch in dem Bericht des Herrn Kollegen Greven ist der Ausdruck „Anspruch" mehrfach gefallen. Ich halte es für gefährlich, von einem Anspruch auf Armenunterstützung zu sprechen; ich leugne diesen Anspruch de lege lata und de lege ferenda. Wenn wir in einem Reichsarmengesetz dazu übergehen, von einem Anspruch auf Armenunterstützung zu sprechen, so würden wir sehr bald dazu kommen, daß man für diesen Anspruch, wie bei der Invalidenversicherung usw., auch ein Verfahren zur Erteilung und Entziehung der Unterstützung schafft. Dann würde aber unsere ganze Armenpflege auf ein anderes Gebiet hinübergespielt werden.

Ich möchte mich auf diese kurzen Andeutungen beschränken, was ich mir als den richtigen rechtspolitischen Gedanken eines Reichsarmengesetzes vorstelle. Ich nehme für mich in Anspruch, daß ich ebensoviel sozialpolitisches Empfinden habe wie irgendeiner der hier Versammelten. Aber ich glaube — und in der Beziehung stimme ich mit Herrn Kollegen Dr. Greven überein —, daß das Gesetz sich eine Beschränkung auferlegen, daß es den streng subsidiären Charakter der Armenpflege unterstreichen muß, und daß in diesem Gesetze nur die polizeiliche Seite der Armenpflege Ausdruck finden darf.

(Widerspruch.)

Ich möchte diesen Gedanken nicht weiter ausspinnen; aber notwendig ist es, daß dieser Gedanke dem Gesetz zugrunde gelegt wird. Ganz ohne eine grundlegende Überzeugung kann man ein Gesetz nicht redigieren und nicht in die Welt setzen.

Vorsitzender: Die Teilnehmerliste ist soeben erschienen; sie ist unvollständig durch ein Versehen mehrerer unserer Mitglieder. Es haben sich nämlich eine Anzahl der Teilnehmer noch nicht in die offizielle Liste eingetragen bzw. Anmeldungskarten unterschrieben. Ich bitte die betreffenden Mitglieder, das jetzt sofort erledigen zu wollen, weil die Liste noch heute berichtigt werden soll, und zweitens bitte ich, die Namen recht deutlich zu schreiben.

Stadtrat Rosenstock-Königsberg i. Pr.: Meine Damen und Herren! Unsere diesmaligen Verhandlungen sollen die Richtlinien für ein Reichsarmengesetz geben, das heißt, gewissermaßen den Grundriß für ein neues Gebäude; Sie haben sich aber noch nicht damit befaßt, wenn ich so sagen darf, den Baugrund zu prüfen. Auf welcher Grundlage ein neues Gesetz erstehen soll — ich meine damit nicht, wie mein Herr Vorredner, die rechtspolitische Grundlage, sondern die praktische —, das ist die Frage, die meines Erachtens unbedingt vorher entschieden werden muß, ehe wir zu dem Aufbau eines Reichsgesetzes schreiten. Auf welchem System soll dieses Reichsgesetz beruhen, auf dem System des Unterstützungswohnsitzgesetzes oder auf einem anderen? Ich will nicht für oder gegen das eine oder das andere System sprechen, aber ich will nur betonen, daß diese Frage meines Erachtens vorher entschieden werden muß.

Wir werden uns zunächst fragen müssen: haben wir überhaupt tatsächlich noch das System des Unterstützungswohnsitzgesetzes? Nach meiner Überzeugung haben wir es kaum noch; wir haben im wesentlichen das System der Unterstützung durch den Aufenthaltsort und den Arbeitsort; und selbst soweit der Unterstützungswohnsitz noch von Bedeutung ist, ist die Frist für seinen Erwerb und Verlust so kurz, daß sie mit dem Grundgedanken des Unterstützungswohnsitzgesetzes nichts mehr zu tun hat. Wenn wir an eine Neuregelung des Armenrechtes für das ganze Reich gehen wollen, müssen wir uns über diese Frage klar werden.

Mit dieser Frage hängt aber eine wichtige andere Frage zusammen, nämlich die Frage der Armenverbände, der Träger der Armenlasten. Es ist klar, daß, wenn man das System des Unterstützungswohnsitzes nicht für richtig hält, man nicht die einzelnen Gemeinden Träger der Armenlasten sein lassen darf, sondern größere Verbände, und daß man dann Kautelen treffen muß, damit nicht diejenigen Gemeinden, die in der Armenpflege voraus sind, zum Lohne dafür den stärksten Zuzug des Proletariats bekommen, wie es jetzt schon der Fall ist. Es sind das alles Fragen, die meines Erachtens von der einschneidendsten Wichtigkeit sind und über die wir uns klar sein müssen.

Die Frage bezüglich des Unterstützungswohnsitzes ist insbesondere in dem Referate des Herrn Bürgermeisters v. Hollander gestreift worden; er meinte, man könne an diese Frage nicht herangehen, nachdem eben erst Bayern dieses System akzeptiert habe, und es ist gestern auch noch mündlich hier ausgeführt worden, die Anregung zu einer etwaigen Neugestaltung müßte von Bayern ausgehen. Der Ansicht bin ich nicht. Wir Norddeutschen, wir Preußen, lieben Bayern ganz außerordentlich,

(Große Heiterkeit.)

ich glaube zwar, es ist eine etwas unglückliche Liebe, indem sie von der anderen Seite nicht ganz so heiß erwidert wird, wie wir z. B. das bayerische Hochgebirge lieben.

(Erneute Heiterkeit und Zurufe.)

Aber selbst auf die Gefahr hin, daß jetzt mein Liebeswerben nicht so stürmisch klingt, muß ich doch sagen: So weit geht meine Liebe nicht, daß ich sage: um Gottes willen, die Frage dürfen wir nicht berühren, da hat Bayern ein Reservatrecht. Ich habe zu unseren bayerischen Freunden das Vertrauen, daß sie nicht aus formalen Gründen sagen werden: Hand weg! — sondern daß sie mit uns die Frage prüfen werden, ob die jetzigen Grundlagen die richtigen sind. Wenn man zu einer Änderung käme, würde es gerade, meine ich, vielleicht für Bayern und Elsaß-Lothringen am leichtesten sein, sich mit dieser Abänderung abzufinden, weil ja das System, nach dem wir in den übrigen Teilen Deutschlands nun schon sehr lange, in Preußen seit mehr als einem halben Jahrhundert, seit 70 Jahren arbeiten, sich dort noch nicht in derselben Weise eingelebt hat. Also sollte man etwa zu dem Resultat kommen, daß das System des Unterstützungswohnsitzes nicht das Richtige ist, so bedarf es dort nur einer ganz kleinen Operation, während es bei uns ein sehr energischer Eingriff werden würde. Aber, wie gesagt, ich will da durchaus nicht das eine oder das andere, die Beibehaltung oder die Umwandlung des Systems des Unterstützungswohnsitzes, empfehlen; ich möchte nur betonen, daß es unbedingt notwendig ist, uns über diese Frage recht eingehend zu unterhalten und klar zu werden.

(Bravo!)

Vorsitzender: Meine Damen und Herren! Die Rednerliste zur Generaldebatte wäre damit erschöpft. Es ist meine Absicht, den Herren Berichterstattern sofort nach Erledigung ihres Themas das Wort zu geben, weil ich mit dem Vorstande der Überzeugung bin, daß das am besten den Erfolg fördern wird. Es wird nunmehr zur Generaldebatte Herr Bürgermeister v. Hollander das Wort ergreifen, und wir werden dann in die Spezialdebatte eintreten. — Ich möchte noch bemerken, daß den Herren Berichterstattern ein etwas weiterer Spielraum gelassen werden muß, da sie ja wohl Veranlassung haben, sich zu den einzelnen Rednern zu äußern. Ich werde es in diesem Sinne also mit der Redezeit für die Berichterstatter nicht so scharf nehmen.

Berichterstatter Bürgermeister v. Hollander-Mannheim (Schlußwort): Sehr geehrte Damen und Herren! Ich glaube, daß es richtig ist, wenn ich als Generalberichterstatter jetzt Gelegenheit nehme, mich über die Anregungen zu äußern, die hier in der Generaldebatte gegeben worden sind.

Wenn ich auf die Arbeit, die von unserer Kommission geleistet worden ist, zurückblicke, so ist es mir nicht nur im Laufe der Arbeit, sondern auch jetzt bei dieser Tagung klar geworden, daß wir doch ein recht kühnes Unternehmen begonnen haben, indem wir uns auf einem Gebiet, das bisher noch gar nicht bearbeitet war, in der Zahl von sieben Personen, welche die einzelnen Spezialthemata bearbeitet haben, zu einem derartigen Bericht zusammentaten. Wenn dennoch eine gewisse Einheitlichkeit in der Berichterstattung erreicht worden ist, so ist das den sechs Spezialberichterstattern zu danken, die sich in den Rahmen des Ganzen in so vortrefflicher Weise einzuordnen verstanden haben. Ich glaube, daß in diesem schriftlichen Bericht, der von verschiedenen Personen abgefaßt ist, doch immerhin etwas Einheitliches, etwas

Ganzes zustande gekommen ist, wenngleich man ja den einzelnen Teilen anmerken wird, daß sie von verschiedenen Verfassern herrühren.

Die Generaldebatte hat im allgemeinen die Zustimmung zu den Grundlagen ergeben, man hat sich insbesondere allseitig mit dem Gedanken eines Reichsarmengesetzes und damit einverstanden erklärt, daß unser Verein in Zukunft bestrebt sein soll, ein solches Reichsarmengesetz ins Leben zu rufen. Ob und wann das geschehen wird, hängt nicht von uns ab, und wir wissen heute nicht, welchen Erfolg unser Streben haben wird. Wir glauben aber auch, daß einzig und allein das Gewicht der Gründe für den Erfolg ausschlaggebend sein wird und daß, wenn die zuständigen Instanzen, wenn die hohen Bundesregierungen und der Reichstag sich davon überzeugen lassen, daß es notwendig ist, in gewissen Beziehungen eine Einheitlichkeit herbeizuführen, dann auch unsere Anregung von Erfolg sein wird.

Ich bin in dieser Beziehung nicht so pessimistisch wie Herr Landgerichtsdirektor Dr. Aschrott, der meinte, daß diejenigen Parteien, die sonst mehr partikularistischen Bestrebungen huldigten und die ein einheitliches Recht weniger zu empfehlen geneigt sind, auf diesem Gebiete sich gegen uns aussprechen werden. Wenn wir das, was ich immer in den Vordergrund gestellt habe, wenn wir den Gedanken stets aufs neue betonen, daß nur dasjenige einheitlich geregelt werden soll, was im Interesse der Sache notwendigerweise einheitlich geregelt werden muß, so glaube ich nicht, daß seitens einzelner Parteien ein besonderer Widerstand zu erwarten ist.

Nun hat aber gerade Herr Landgerichtsdirektor Dr. Aschrott, obgleich er im allgemeinen betont hat, daß solche Gebiete auszuscheiden sein werden, die partikularistische Strömungen gegen uns wachrufen könnten, einen Punkt hervorgehoben, vor dem ich sehr warnen möchte, ihn in die Debatte zu werfen, nämlich das Wahlrecht. Das ist eine Frage, die, soweit das Reichsrecht in Betracht kommt, vorläufig geregelt ist. Ich bin selbst Anhänger dessen, daß alle diese Wahlrechtsbeschränkungen wegen Armenunterstützung aufzuheben sind; ich spreche ihnen keine große Bedeutung zu, und ich sehe sie als Hindernis einer geordneten und gleichmäßigen Armenpflege an. Soweit aber das Reichsgesetz in Frage kommt, sind jetzt eigentlich die wesentlichsten Bedenken durch das neue Reichsgesetz von 1909 beseitigt. Damit kann man auskommen. Es ist — die Praxis zeigt es immer mehr — nicht allzu viel, was nachgeblieben ist. Denn auf diejenigen Männer, die in der offenen Armenpflege regelmäßig Armenunterstützung beziehen, kommt es nicht so sehr an, und deren Interessen waren eigentlich auch von keiner politischen Partei besonders vertreten worden. Ich bin aber der Überzeugung, daß, wenn auch diese Bestimmung aufgehoben werden sollte, das irgendeiner einzelnen politischen Partei gar nicht in besonderem Maße zugute kommen würde. Zahlreiche Bundesregierungen, z. B. Baden, sind auch in bezug auf die Landesgesetzgebung ganz der Reichsgesetzgebung gefolgt, haben sich diesem Muster angeschlossen. Andere Regierungen, namentlich Preußen, haben das nicht getan. Wir haben da aber nicht einzugreifen. Es ist eine rein einzelstaatliche Frage, soweit das Wahlrecht für die einzelnen Landtage und die Gemeinden in Frage kommt; es ist außerdem eine staatsrechtliche Frage, die ein Armengesetz nicht berührt.

Herr Landgerichtsdirektor Dr. Aschrott hat dann eine weitere Beschränkung der hier in Frage kommenden Gebiete empfohlen; er hat insbesondere die Gebiete der Wandererfürsorge, des Arbeitszwanges und der Tarife von der Regelung ausnehmen und nur die drei Gebiete — es sind allerdings die größten —: Aufgaben, Organe, Aufsicht und Rechtsprechung im Reichsgesetz behandelt haben wollen. Ich lege auch auf diese drei Fragen das größte Gewicht und halte es nur für eine mehr praktische Frage, ob die anderen Fragen ausgeschieden und der Regelung durch besondere Gesetze überlassen werden sollen oder nicht. Die Wandererfürsorge wird ja schon durch besonderes Gesetz geregelt werden. Es kommt nur die Abänderung des Unterstützungswohnsitzgesetzes, und zwar der §§ 28 und 30, in Betracht; diese Frage berührt also deswegen das Reichsarmengesetz, denn ich habe als Reichsarmengesetz in weiterem Sinne immer Unterstützungswohnsitzgesetz und künftiges Reichsarmengesetz angesehen und war der Meinung, daß alle diejenigen Fragen hineinzuziehen sind, die das künftige Reichsarmengesetz oder das Unterstützungswohnsitzgesetz berühren. Ich bin also mit Herrn Dr. Aschrott der Meinung, daß, wenn das Unterstützungswohnsitzgesetz beibehalten und entsprechend abgeändert wird, in dem künftigen Reichsarmengesetz über Wandererfürsorge gar nichts zu sagen sein wird.

Der polizeiliche Arbeitszwang ist meines Erachtens allerdings eine Frage, die mit der Armenpflege und dem Armenrecht in allerengstem Zusammenhange steht; sie kann nicht vollständig ausgeschieden werden. Man kann sie natürlich durch Sondergesetz regeln, wie jede Frage des Armenrechts, wie auch der Unterstützungswohnsitz durch Sondergesetz geregelt worden ist. Aber Preußen hat es z. B. nicht getan, meines Erachtens in richtiger Erkenntnis des innigen Zusammenhangs zwischen diesen Gebieten, und hat den Arbeitszwang durch eine Novelle zum Ausführungsgesetz zum Unterstützungswohnsitzgesetz eingeführt. Ich will mich aber in dieser Frage gar nicht besonders ins Zeug legen. Man kann es so machen oder auch anders; wenn es überhaupt gemacht wird, ist damit unseren Wünschen Rechnung getragen.

Die Tariffrage berührt — darin gebe ich Herrn Landgerichtsdirektor Dr. Aschrott vollkommen recht — zunächst das Unterstützungswohnsitzgesetz; das muß abgeändert werden. Es ist die notwendige Grundlage für diejenigen Forderungen, die wir in bezug auf die Tariffrage aufgestellt haben, und man kann im künftigen Reichsarmengesetz die Tariffrage auch wohl ausscheiden, wenn das Unterstützungswohnsitzgesetz in dieser Beziehung geändert wird. Reichsarmengesetz und Unterstützungswohnsitzgesetz zusammengefaßt werden von dieser Frage berührt.

Über die Reihenfolge brauche ich wohl nichts zu sagen. Das preußische Ausführungsgesetz hat eine bestimmte Reihenfolge eingehalten, die ich im ganzen für richtig halte. Man kann es natürlich auch anders machen, soweit die Wandererfürsorge, der Arbeitszwang und der Tarif in Frage kommen. Nur meine ich, es müssen die Aufgaben und die Organe der Armenpflege an den Anfang und die Aufsicht und die Rechtsprechung an den Schluß kommen; was dazwischen liegt, darüber kann man verschiedener Meinung sein.

Herr Landgerichtsdirektor Dr. Aschrott hat aber auch ausgeführt, diese Themata erschöpften das Reichsarmengesetz noch nicht, sondern es seien noch andere Fragen vorhanden, die auch noch geregelt werden sollten. Diese Meinung habe ich ursprünglich vollständig geteilt, und ich war überrascht davon, daß so wenig anderes in Vorschlag gebracht wurde, daß mit diesen sechs Gebieten, die von Anfang an in der Kommission behandelt wurden, die Sache doch insoweit erschöpft erschien, als von keiner Seite weitere Anträge gestellt waren. Ich hatte allerdings damals nach der ersten Verhandlung in der Kommission die Absicht, einzelne Fragen, die mir noch von Wichtigkeit zu sein schienen, noch in meinen Schlußbericht hineinzunehmen. Ich wurde dieser Aufgabe dadurch enthoben, daß Kollege Dr. Thode diese Fragen unter dem Titel Rechtsprechung bereits behandelt hat, obgleich sie eigentlich nicht die formelle Seite der Rechtsprechung, sondern mehr den materiellen Inhalt betreffen. Ich bin ihm herzlich dankbar dafür und meine, daß nach dieser Richtung hin die Lücke in ausgezeichneter Weise ausgefüllt worden ist.

Herr Dr. Aschrott hat endlich noch zwei Fragen angeregt, die behandelt werden müssen: erstens die Ausländerfrage. Die Frage der Behandlung der Ausländer ist meines Erachtens durch das Unterstützungswohnsitzgesetz so geregelt, daß darüber kaum noch etwas zu sagen ist. Es heißt: Ausländer müssen vorläufig von demjenigen Ortsarmenverband unterstützt werden, in dessen Bezirk sie sich befinden. Ausländer *müssen* unterstützt werden und werden wohl auch in derselben Weise unterstützt werden müssen wie Inländer. Es darf auch ihnen nur der Notbedarf gegeben werden, aber der muß ihnen gegeben werden. Ich glaube, die Ausländerfrage scheidet eigentlich damit aus.

Zweitens will Herr Dr. Aschrott die Frage der Fürsorgeerziehung im Reichsarmengesetz behandelt wissen. Damit kann ich mich nun nicht einverstanden erklären. Die Fürsorgeerziehung ist überhaupt gar keine Frage des Verwaltungsrechts, sondern eine Frage des bürgerlichen Rechts, ebenso wie die Berufsvormundschaft, und meines Erachtens kann eigentlich in dem Reichsarmengesetz über Fürsorgeerziehung nichts bestimmt werden.

(Landgerichtsdirektor Dr. Aschrott: Das will ich auch nicht!)

— Ich habe Herrn Dr. Aschrott so verstanden, als wenn die Fürsorgeerziehung auch behandelt werden soll. Wenn es nicht der Fall ist, sind wir vollständig einig.

Für die Anregungen, die hier von Herrn Dr. Levy, Frau Amtsgerichtsrat Neuhaus und Herrn Direktor Pálos gegeben worden sind, kann ich nur herzlich dankbar sein. Herr Dr. Levy hat mit Recht hingewiesen, daß an dem Armengesetz auch die freie Liebestätigkeit in hervorragender Weise beteiligt ist; wir wollen und müssen mit der freien Liebestätigkeit, ob wir nun nach einem Reichsarmengesetz oder auf Grund der landesgesetzlichen Regelung des Armenrechts arbeiten, selbstverständlich in größtem Einvernehmen zusammenwirken. Wissen wir doch, daß die freie Liebestätigkeit eine notwendige Ergänzung der öffentlichen Armenpflege ist und immer bleiben wird.

Auf die Ausführungen der Frau Amtsgerichtsrat Neuhaus habe ich nur insoweit einzugehen, als sie es beklagt hat, daß bei den Bewahranstalten bezüglich des Unterstützungswohnsitzes Mißstände bestehen. Diese Frage ist durch das Unterstützungswohnsitzgesetz § 11 geregelt, und meines Erachtens in einer Weise, wie sie nicht anders geregelt werden kann. Durch den Eintritt in eine Kranken-, Bewahr- und Heilanstalt wird der Aufenthalt nicht begonnen; es kommt nur darauf an, was Bewahranstalt ist. Wenn eine Anstalt den Charakter einer Bewahranstalt trägt, so wird durch den Eintritt die Frist für den Erwerb des Unterstützungswohnsitzes nicht begonnen, und ich glaube, anders kann die Frage eigentlich nicht geregelt werden. Abgesehen von der Aufnahme in die Bewahranstalt wird ja die Frist auch dann nicht begonnen, wenn die freie Selbstbestimmung bei der Wahl des Aufenthaltsortes ausgeschlossen ist. Also Zwangszöglinge erwerben den Unterstützungswohnsitz am Ort ihres Zwangsaufenthalts auch nicht, und damit sind die Gemeinden vor derartigen Belastungen vollständig geschützt.

Herr Magistratsrat Dr. Lehmann-Berlin hat sich etwas pessimistisch nach der Richtung hin ausgesprochen, daß er meinte, es sei ein nicht erreichbares Ziel, auf dem Gebiete der Erziehung die von uns gewünschte Vereinheitlichung herbeizuführen. Das wäre allerdings schlimm, wenn es richtig wäre; denn das ist ja ein sehr wesentlicher Punkt, die notwendige Grundlage dessen, was wir überhaupt erreichen wollen, wenn wir ein Reichsarmengesetz bekommen. Ich glaube aber doch, daß man von preußischer Seite nicht so große Schwierigkeiten machen wird und daß man auch kaum eine Veranlassung dazu hat. Tatsächlich wird heute doch auch in Preußen die Armenpflege meist so gehandhabt, daß auch die Erziehung in die Aufgaben der Armenpflege mit hineingezogen wird. Es gibt immer nur einzelne Fälle, diese unseligen Streitfälle, die so großes Aufsehen in der Öffentlichkeit erregen, wo ein Verband die Fürsorgeerziehung auf den anderen abwälzen will, und da haben die einander widersprechenden Entscheidungen des Kammergerichts und des preußischen Oberverwaltungsgerichts das Unheil angerichtet. Ich glaube, daß auch finanziell die Frage durchaus keine so große Bedeutung hat. Da die Armenpflege ja immer nur subsidiär einzutreten hat, wird die Zahl der Fälle, in denen die Armenpflege die Erziehung allein ohne die Verpflegung zu übernehmen hat, gar nicht so außerordentlich groß sein. Aber dieser Stein des Anstoßes, der immer wieder dadurch entsteht, daß in der Öffentlichkeit Fälle bekannt werden, in welchen für die sittliche Erziehung eines unglücklichen Kindes niemand eintritt, wird beseitigt werden, er muß beseitigt werden, und wir dürfen wohl die Zuversicht hegen, daß auch Preußen sich dem nicht entziehen wird, eine Regelung zu treffen, die es ausschließt, daß für unsere armen Kinder in einzelnen Fällen, soweit ihre sittliche Erziehung in Frage kommt, in keiner Weise gesorgt wird.

Die Frage, wer Empfänger der Armenunterstützung ist, die Frage der mittelbaren Armenunterstützung also, ist in sehr dankenswerter Weise von Herrn Magistratsrat Dr. Lehmann angeregt worden, und ich glaube, daß das eine Frage ist, die im Ausschuß noch weiter zu behandeln sein wird und die auch durch ein Reichsarmengesetz in irgendeiner Weise wird geregelt werden müssen. Denn es ist allerdings notwendig, daß auf diesem Gebiete eine Einheitlichkeit herrscht; das wäre für alle Armenverwaltungen sehr wesentlich. Es wird aber, glaube ich, keine Schwierigkeiten machen, diese Frage einheitlich zu regeln und eine bezügliche Bestimmung in das Reichsarmengesetz aufzunehmen. Da diese Frage aber neu und bisher noch nicht besprochen ist, möchte ich mich darüber nicht bestimmt äußern.

Über die Ausführungen des Herrn Beigeordneten Dr. Bucerius-Essen muß ich mich ganz kurz äußern. Der Name „Armenpolizeiordnung" ist uns nicht unbekannt. Armenpolizeiordnungen haben wir in früheren Jahrhunderten viele gehabt, wir haben sie heute nicht mehr und meines Erachtens aus guten Gründen. Wir betrachten die Armenpflege heute nicht vom Standpunkt der Polizei aus.

(Sehr richtig!)

Und selbst wenn wir es täten, so würde ich doch dringend davor warnen, in den Namen des Gesetzes schon das Wort Polizei aufzunehmen.

(Lebhafte Zustimmung.)

Wir haben in der Armenpflege wahrlich genug mit Vorurteilen zu kämpfen, und wir sollten doch nicht schon durch den Namen neue Vorurteile erregen.

Über die rechtspolitischen Grundlagen eines Reichsarmengesetzes, glaube ich, haben wir keine Veranlassung, uns den Kopf zu zerbrechen. Wir wollen praktische Arbeit leisten; wir stehen in der Praxis, und wir wollen allein aus praktischen Bedürfnissen heraus das formulieren, was wir für notwendig halten. Wenn es nachher Staatsrechtslehrer und Verwaltungsrechtslehrer geben sollte, die aus den Forderungen, die wir aufstellen, rechtspolitische Grundsätze entwickeln, in der Weise, wie Laband sie aus der Reichsverfassung entwickelt hat, so bin ich damit sehr einverstanden. Aber man hat sich bei Schaffung der Reichsverfassung doch auch nicht zuerst die rechtspolitischen Grundsätze klar gemacht, sondern auch die praktischen Forderungen aufgestellt. Man hat gesagt, was man verlangt, und der Theorie überlassen, dann aus der praktischen Forderung die Theorie abzuleiten und Grundsätze zu entwickeln. Ich glaube, daß das eigentlich der richtige Weg ist.

Nun muß ich zum Schluß noch auf das eingehen, was Herr Stadtrat Rosenstock gesagt hat und was schon von Herrn Schatzrat Dr. Drechsler angeregt worden ist, und zwar nicht nur jetzt, sondern, wenn ich mich recht erinnere — ich habe den Verhandlungen damals nicht beigewohnt und kenne sie nur durch den Druckbericht —, schon in seinem Referat, das er in München im Jahre 1909 gehalten hat. Es handelt sich dabei um nichts weniger als um die gänzliche Beseitigung des Unterstützungswohnsitzes und die Übertragung der Unterstützungspflicht an die Aufenthaltsgemeinde.

Herr Schatzrat Dr. Drechsler hat in seinem gestrigen Referat seine Forderung schon insofern wesentlich eingeschränkt — und das ist ja eine Grundlage, über die man vielleicht verhandeln kann —, als die gesamte geschlossene Armenpflege ausgeschlossen werden soll. Ich bin aber der Überzeugung, daß wir für absehbare Zeit doch an dem Unterstützungswohnsitz werden festhalten müssen, und zwar nicht ausschließlich oder in erster Linie Bayerns wegen, sondern deswegen, weil er für uns alle notwendig ist.

Hochgeehrte Damen und Herren! Viele von Ihnen werden die Verhandlungen mitgemacht haben, die im Jahre 1906 in Berlin über die damalige Novelle zum Unterstützungswohnsitzgesetz stattfanden. Damals haben wir uns in sehr energischer Weise gegen die Herabsetzung der Frist von 2 auf 1 Jahr und gegen den beabsichtigten und nachher in Kraft getretenen § 29 des Unterstützungswohnsitzgesetzes ausgesprochen. Wir haben jetzt 7 Jahre der Praxis hinter uns, und ich muß heute gestehen, daß nach meinen Erfahrungen die Befürchtungen, die wir damals gehegt haben, nicht eingetreten sind, daß die einjährige Unterstützungspflicht im wesentlichen genügt und daß die Gemeinden auch durch den § 29 des Unterstützungswohnsitzgesetzes nicht in der Weise belastet worden sind, wie wir damals fürchteten.

Ganz etwas anderes aber ist es, ob der Unterstützungswohnsitz gänzlich aufgehoben und die Aufenthaltsgemeinde endgültig verpflichtet werden soll, die Armenpflege für jeden in die Gemeinde Zuziehenden definitiv zu übernehmen. Noch eine dreimonatige Frist ist grundsätzlich durchaus verschieden von gar keiner Frist, und daß wir zu gar keiner Frist kommen werden, glaube ich nicht; ich würde es für ein großes Unglück für unsere Armenpflege halten. Es gibt tatsächlich Gemeinden, die eine gute und ausreichende Armenpflege haben, und tatsächlich Gemeinden, die auch wegen ihrer beschränkten Mittel dazu nicht in der Lage sind und jede Ausgabe für die Armenpflege scheuen. Es ist so gewesen und wird leider wohl immer so sein; denn ganz wird sich diese Ungleichheit nie beseitigen lassen. Wenn wir den Unterstützungswohnsitz gänzlich aufheben, dann bewirken wir aber erstens, daß diejenigen Gemeinden, die eine gute Armenpflege haben, dadurch bestraft werden, daß sie die Bedürftigen anziehen,

(Sehr richtig!)

und wir bewirken ferner, daß diese Gemeinden gar kein Gewicht mehr darauf legen werden, eine gute und ausreichende Armenpflege zu haben, sondern sich im Gegenteil davor hüten werden.

Meine Damen und Herren, ich möchte Ihnen ein praktisches Beispiel anführen. Es lebt in irgendeiner kleinen Gemeinde ein Mann, der krank ist, vielleicht eine kleine Invalidenrente bezieht. Seine Frau ist kränklich, magenleidend, sie hat kein Gebiß. In solchen Familien häuft sich ja das Unglück oft. Die Tochter ist lungenkrank, andere Kinder sind rhachitisch, brauchen Stützapparate, Finsen- und Röntgenbehandlung usw. In der kleinen Gemeinde konnten sie das Erforderliche nicht erlangen. Sie werden darauf hingewiesen, daß sich in einer nicht zu weiten Entfernung eine Stadt befindet, in der sie das alles haben können. Sie sollen ihr Hab und Gut verkaufen, die Gemeinde muß ihnen das alles wieder schaffen. Sie brauchen nur hinzugehen. Gesagt, getan. Sie verkaufen alles, kommen in die große Stadt ohne Mobiliar; sie führen nichts weiter mit sich, als was sie an Kleidungsstücken anhaben. Sie bitten nun, für sie zu sorgen; Wohnung haben sie nicht, Kleidungsstücke auch nicht. Die Frau muß ein Gebiß und ärztliche Behandlung haben, die Tochter muß in eine Lungenheilstätte, die anderen Kinder brauchen Stützapparate, die auch teuer sind. Ja, das soll die Gemeinde alles geben! Es ist die Aufenthaltsgemeinde, und eine andere gibt es nicht. Das ist meines Erachtens doch undenkbar, und eine Frist zur Erwerbung des Unterstützungswohnsitzes wird immer beibehalten werden müssen.

Man darf sich nicht darauf berufen, daß in anderen Ländern eine Unterstützungswohnsitzfrist nicht existiert. Da handelt es sich um ganz anders geartete Verhältnisse. England hat eigentlich nur eine geschlossene Armenpflege und bringt alles in Anstalten unter, und Frankreich hat eine obligatorische Unterstützungspflicht überhaupt nicht. Mit solchen Beispielen und Beziehungen auf andere Länder kann man daher nicht kommen.

Ich bin gern bereit, diese Frage auch in Behandlung zu nehmen, sie ist sicher einer Erörterung wert, und ich glaube, es wird geeignet sein, diese Frage, über die verschiedene Meinungen bestehen, vielleicht auf einem unserer nächsten Kongresse ausgiebig zu erörtern.

(Sehr richtig!)

Es müßte aber dann, meine Damen und Herren, auch ein sehr umfassendes Material über die tatsächlichen Verhältnisse gesammelt werden. Es müßten namentlich von allen einzelnen Armenverbänden Nachweise darüber erhoben werden, wieviel Ersatzleistungen sie eigentlich von anderen Armenverbänden bekommen und welche Kosten sie auf diese Ersatzleistungen aufzuwenden haben.

Es wird immer soviel davon gesprochen, daß der große bureaukratische Apparat dadurch wegfallen könnte. In gewissem Maße wohl; aber diesen großen bureaukratischen Apparat haben wir in erster Linie nicht wegen des Unterstützungswohnsitzes nötig; die vielen Beamten, die wir haben — Mannheim hat z. B. in der Armenpflege 67 Berufsbeamte —, haben wir nicht wegen der Ermittlung des Unterstützungswohnsitzes oder doch nur zum kleinsten Teil, sondern wir haben ihn nötig, weil wir Personen haben müssen, die unsere Säuglinge, die Ziehkinder beaufsichtigen und die notwendigen Erhebungen machen müssen, die die Kontrolle über die Bezirke und ähnliche Dinge zu übernehmen haben. Wir würden von diesen 67 Beamten bei Aufhebung des Unterstützungswohnsitzes meines Erachtens 3 oder 4 Bureaubeamte entbehren können; die anderen würden doch bleiben. Also auch damit kann man nicht kommen; die Kosten für diesen Bureauapparat stehen in keinem Verhältnis zu den großen Summen, die uns andere Armenverbände zu ersetzen haben.

Ich lege aber auf diesen finanziellen Punkt viel weniger Gewicht als darauf, daß unsere Armenpflege in den großen Städten wesentlich verschlechtert werden würde, wenn der Unterstützungswohnsitz aufgehoben würde. Denn wenn jeder Unterstützungsbedürftige von jedem Armenverband, in dessen Bezirk er sich aufhält, definitiv unterstützt werden muß, dann können wir allein im weiten Umkreis nicht etwas tun, was alle anderen nicht tun. Wir müßten auch die Aufwendungen für die Armenpflege rückwärts revidieren, wir müßten uns möglichste Beschränkung auferlegen, wir dürften uns nicht durch bessere Leistungen hervortun, sondern wir würden nur das tun, was andere auch tun. Gerade aber diese Konkurrenz, die bis jetzt bestanden hat, hat bewirkt, daß die Armenpflege sich doch in den letzten 20 Jahren wesentlich verbessert hat. Wer hätte früher daran gedacht, daß die Unterbringung Lungenkranker in so wesentlichem Maße durch die öffentliche Armenpflege unternommen würde wie heute! Dazu hat nicht allein die Entscheidung des Bundesamts für das Heimatwesen beigetragen; denn diese Entscheidung ist doch zum Teil auf dem Papier geblieben. In den kleinen Gemeinden denkt niemand daran, auf Kosten des Armenverbandes Kranke in Lungenheilstätten unterzubringen. Das können die kleinen Gemeinden nicht, das tun nur die großen; aber sie tun es nicht wegen der Entscheidung des Bundesamts, sondern weil sie es für notwendig halten.

Ich kann zum Schluß kommen, meine Damen und Herren! Das, was ich Ihnen gesagt habe, entspringt nur aus dem Wunsche, unserer Armenpflege zu dienen, möglichst bald unsere Armenpflege auf einen Boden zu stellen, auf dem unseren Armen wirklich geholfen werden kann, und nur aus diesem Grunde wende ich mich auch gegen die angeregte Abschaffung des Unterstützungswohnsitzes. Ich glaube, die Diskussion, die wir geführt haben, wird doch dazu dienen, den neuen Gedanken des Reichsarmengesetzes in der Öffentlichkeit zu fördern, und ich hoffe, daß, wenn die Verhandlungen unseres heutigen Kongresses in die Öffentlichkeit hinausgehen, diesem Gedanken noch immer mehr Anhänger gewonnen werden. An dem guten Willen der Bundesregierungen, des Reichsamts des Innern und des Reichstags, uns auf diesem Gebiete zu helfen, die Mängel, die bestehen, zu beseitigen, zweifele ich nicht.

(Andauernder lebhafter Beifall.)

Vorsitzender: Ich erkläre nunmehr die allgemeine Erörterung für geschlossen.

Ehe wir in die Sonderberatung eintreten, gebe ich das Wort dem Herrn Vertreter des Ortsausschusses zu einer geschäftlichen Mitteilung.

Gemeinderat Dr. Dollinger-Stuttgart bittet, daß diejenigen Damen und Herren, die sich für das gemeinschaftliche Essen und den gemeinschaftlichen Ausflug noch nicht angemeldet haben, das vor 12 Uhr noch besorgen möchten. Ferner möchten sich diejenigen Damen und Herren, die der Frühstücksabgabe an die Kinder in der Schule beiwohnen möchten, sich um 7 Uhr morgens in der Jakobschule, Katharinenstraße 14, einfinden. Desgleichen seien für diejenigen Damen und Herren, die noch andere soziale Einrichtungen Stuttgarts, wie die Wanderarbeitsstätte, das Asyl für Obdachlose, das Kinderasyl, das Bürgerspital, das Lehrlings- und Ledigenheim, das Mädchenheim besichtigen wollen, Listen zum Einzeichnen im Bureau hier ausgelegt.

Stadtrat v. Frankenberg-Braunschweig: Herr Stadtrat Samter-Charlottenburg, der zu unserer aller Bedauern am Erscheinen auf dem diesjährigen Kongreß verhindert ist, sendet allen Teilnehmern des Kongresses, insbesondere den Mitgliedern des Zentralausschusses, freundliche Grüße mit den besten Wünschen für einen glücklichen Verlauf unserer Tagung.

Vorsitzender: Meine Damen und Herren! Ich darf mich wohl für ermächtigt halten, unserem erkrankten verehrten Kollegen Samter, der, soweit unser Gedächtnis reicht, zum ersten Male unseren Verhandlungen nicht beiwohnen kann, die besten Wünsche des Kongresses zu seiner Genesung auszusprechen.

(Lebhafte Zustimmung.)

Wir treten in die Sonderberatung ein. Es haben sich 26 Redner zum Wort gemeldet, außerdem sind noch die sechs Berichterstatter zu sprechen berechtigt. Ich glaube, Sie werden mit mir einverstanden sein, wenn nunmehr das Wort der „Beschränkung" in dem von mir angegebenen Sinn aufgefaßt wird und wir uns möglichster Kürze befleißigen.

Der Vorstand ist ferner der Meinung, daß die Rednerliste nunmehr für geschlossen anzusehen ist und nur noch neue Wortmeldungen angenommen werden, wenn der Kongreß das ausdrücklich beschließt.

Es hat zunächst das Wort zu Punkt II:

Die Aufgaben der öffentlichen Armenpflege

Herr Oberlandesgerichtsrat Diefenbach.

Oberlandesgerichtsrat Diefenbach-Colmar: Meine Damen und Herren! Ich möchte mich nur zu der einen, aber sehr wichtigen Frage dieses Punktes der Tagesordnung äußern, ob auch die Erziehung bedürftiger Kinder in die Aufgaben der Armenpflege aufzunehmen sein wird, sowie ob und in welchem Umfang das schon der Fall ist, und ob zu erwarten ist, daß die Widerstände, die sich dagegen geltend machen werden, beseitigt werden können. Ich betone von vornherein, daß ich durchaus auf dem Standpunkt des Herrn Berichterstatters Dr. Greven stehe, daß auch die Erziehung der Kinder eine Aufgabe der Armenpflege ist, und daß deswegen von uns erstrebt werden muß, etwaige Widerstände, die hauptsächlich von Preußen aus zu erwarten sind, zu beseitigen und zu überwinden.

Wenn ich mich nun mit der Frage befasse, inwieweit denn jetzt schon in den einzelnen Staaten die Erziehung zum Gegenstand der Armenpflege gemacht wird, so möchte ich zunächst den schriftlichen Bericht, den Herr Dr. Greven erstattet hat, in einem einzelnen Punkte in etwa berichtigen, und zwar nach der Richtung hin, daß ein deutscher Bundesstaat, der unter denjenigen aufgezählt ist, die das preußische System haben, also die Erziehung nicht zu den Aufgaben der Armenpflege zählen, tatsächlich zu der anderen Gruppe zu rechnen ist, also zu der Gruppe der süddeutschen Staaten, von Sachsen usw., die die Erziehung in die Aufgaben der Armenpflege einbeziehen. Dieser Staat ist Elsaß-Lothringen, derjenige Staat, der als jüngster das Unterstützungswohnsitzgesetz angenommen hat.

Der Herr Berichterstatter hat insofern recht, als der § 1 des elsaß-lothringischen Ausführungsgesetzes zum Unterstützungswohnsitzgesetz wörtlich übereinstimmt mit dem § 1 des preußischen Ausführungsgesetzes, wonach die Armenpflege nur zu gewähren hat Obdach, den unentbehrlichen Lebensunterhalt, die erforderliche Pflege in Krankheitsfällen und ein angemessenes Begräbnis, von Erziehungskosten also nicht spricht. Allein in diesem Gesetz steht auch noch der § 26, der besagt, daß die Kosten der Waisenpflege nach den bestehenden Vorschriften aufgebracht werden. Nach diesen aber hat der Landarmenverband in weitestem Umfange für die Erziehung der Waisenkinder und ihre Ausbildung zu einem Berufe bis zu ihrer Volljährigkeit zu sorgen. Nun wird man mir allerdings einwenden, der § 26 beziehe sich nur auf Waisenkinder, also auf Vollwaisen und nicht auf Kinder, deren Eltern noch leben. Indessen hat ganz neuerdings das Bundesamt für das Heimatwesen am 21. Mai 1913 in Übereinstimmung mit den Entscheidungen der elsaß-lothringischen Armenschiedsämter dahin entschieden, daß dieser § 26 ausdehnend zu interpretieren ist, und daß der Landarmenverband für alle hilfsbedürftigen Kinder, insbesondere für solche, die nach § 1666 und 1838 BGB. durch das Vormundschaftsgericht von ihren Eltern getrennt werden, ebenso aufzukommen hat wie für arme Waisen. Elsaß-Lothringen zählt hiernach zu denjenigen Staaten, welche die Kosten der Erziehung im weitesten Umfange den Armenverbänden auferlegen.

Nun noch ein Wort zu der Frage, ob in Preußen der Rechtszustand so ist, daß dort unter allen Umständen die Kosten der Erziehung von der Armenpflege ausgeschlossen sind. Ich habe schon, was die grundsätzliche Frage angeht — das möchte ich noch vorher erwähnen —, an anderer Stelle [1]) darauf hingewiesen, daß, wenn man die Kosten der Erziehung den Armenverbänden nicht auferlegt, auch diejenigen Pflegeeltern, welche Armenzöglinge bei

[1]) In Gruchots Beiträgen zur Erläuterung des deutschen Rechts, Bd. 55.

sich aufnehmen, kein Erziehungs- und Züchtigungsrecht haben, und wenn sie einem solchen Armenzögling, wenn er unartig ist, einmal eine Ohrfeige geben, sich der Gefahr aussetzen, wegen Körperverletzung bestraft zu werden, wie das in der Tat schon vorgekommen ist. Es ist also auch nach dieser Richtung von großer Wichtigkeit, daß die Armenbehörden, wenn sie Kinder unterbringen, in der Lage sind, den betreffenden Leuten das Erziehungsrecht abtreten zu können. Nun zu der Frage, ob in Preußen der Zustand so ist, daß jetzt schon die Kosten der Erziehung von der Armenpflege zu bezahlen sind. Da möchte ich der Ansicht, die Herr Professor Klumker schon früher vertreten hat, auch meinerseits beitreten, daß die Auslegung, die das Oberverwaltungsgericht den diesbezüglichen Bestimmungen des preußischen Ausführungsgesetzes gibt, zu eng ist, und daß bereits jetzt auch in Preußen die Kosten der Erziehung in gewissem Umfange zu den Kosten der Armenpflege gehören. Außer der Entscheidung, die in dem Vorbericht von Herrn Dr. Greven angeführt ist, berufe ich mich hierfür auch auf eine Entscheidung des zweiten Senats des Oberverwaltungsgerichts vom 20. Juni 1906, wo das ausdrücklich gesagt ist, und wo es unter Berufung auf § 1 des preußischen Ministerialerlasses vom 10. April 1871 heißt:

> „Wie der Armenverband eine von ihm zu unterhaltende Waise nichts aufsichtslos verwildern lassen darf, so hat er auch bei einem anderen hilfsbedürftigen Kind für seine notdürftige und unerläßliche Erziehung zu sorgen, ohne daß hierin eine Erweiterung seiner Unterhaltspflicht über das in § 1 des Ges. vom 8. März 1871 vorgeschriebene Maß zu finden ist. Die Einbeziehung der unentbehrlichen Erziehungshandlungen in die armenrechtliche Unterstützungspflicht ist ein natürliches Gebot der öffentlichen Ordnung und Sicherheit."

Auch das Kammergericht, das im übrigen auf dem Boden des Oberverwaltungsgerichts steht, hat sich in einer Entscheidung vom 1. Oktober 1908 [1]) auf denselben Standpunkt gestellt. Endlich möchte ich noch erwähnen — und darauf ist bisher nirgends hingewiesen worden, obwohl es mir von großer Bedeutung zu sein scheint —, daß auch die Motive zu unserem Bürgerlichen Gesetzbuch vollständig auf dem gleichen Standpunkt stehen. Dort heißt es im Band IV der Motive Seite 953, 954:

> „Bei hilflosen Kindern haben die Ortsarmenverbände für Unterkommen, Pflege und Erziehung Sorge zu tragen, und sie können dies durch Verträge tun,

[1]) Abgedruckt im Jahrbuch der Entscheidungen des Kammergerichts, Bd. 36 A. 22.

durch welche die Verpflegung und die Ausübung der Erziehung anderen Personen widerruflich übertragen wird."

Also auch die Motive des Bürgerlichen Gesetzbuches stehen auf dem Standpunkt, daß jetzt schon die Erziehung zu den Aufgaben der Armenpflege gehört. Daher haben wir nicht zu befürchten, daß, wenn der Kongreß sich auf den gleichen Standpunkt stellt, das sich nicht in der Praxis verwirklichen lassen wird, zumal diejenigen Staaten, welche die Erziehung jetzt schon in die Aufgaben der Armenpflege einbeziehen, im Bundesrat über die Mehrzahl der Stimmen verfügen.

(Bravo!)

Fräulein Lina Koepp, Deutsche Zentrale für Jugendfürsorge: Ich möchte als Vertreterin der freiwilligen Liebestätigkeit in der Jugendfürsorge aussprechen, daß auch wir große Hoffnungen auf die Verwirklichung des erörterten großzügigen Planes einer einheitlichen Gestaltung unseres Armenrechts setzen. Für uns bildet einen Hauptpunkt das Einbegreifen der Erziehung in die Aufgaben der öffentlichen Armenpflege. Als ich den Vorbericht des Herrn Dr. Greven las, glaubte ich in allen Punkten mit ihm übereinzustimmen, aber seine mündlichen Erörterungen riefen gewisse Bedenken durch die besondere Betonung des streng subsidiären Eintretens der Armenpflege auch im Punkte der Erziehung hervor. Diese Bedenken beziehen sich hauptsächlich auf die Kinder, die aus Gründen des § 1666 BGB. der öffentlichen Armenpflege anheimfallen können.

Ich glaube, daß alle, die mit mir in der praktischen Jugendfürsorgearbeit stehen, auch meiner Meinung sind, daß, wenn das schreckliche Wort „subsidiär", das uns in betreff des Eintretens der Fürsorgeerziehung schon so viele Schmerzen gemacht hat, nun auch bei der öffentlichen Armenpflege noch besonders betont werden würde, trotz der neuerdings etwas weitherzigeren Auffassung des Kammergerichts wieder neue Meinungsverschiedenheiten zwischen dieser obersten Spruchbehörde und dem Oberverwaltungsgericht entstehen würden, in Erörterung der Frage, auf welcher Seite das Recht größerer Subsidarität liege. Ich möchte deswegen in Übereinstimmung mit Herrn Landgerichtsdirektor Aschrott betonen, wie notwendig eine vorherige eingehende Verständigung mit den Organen der Fürsorgeerziehung in diesem Punkte ist, damit wir nicht von einem Übel der Subsidarität in das andere geraten.

Andererseits möchte ich als Vertreterin der freiwilligen Liebestätigkeit darauf hinweisen, daß gerade durch die in Aussicht genommene Änderung unserer armenrechtlichen Bestimmungen für uns ganz besonders die Verpflichtung eintreten wird, durch einheitliche und systematische Zusammenfassung aller Organe der freiwilligen Liebestätigkeit und durch enge Zusammenarbeit im gegebenen Falle rasch, überzeugend und einwandfrei nachweisen zu können, daß das Eintreten subsidiärer Maßnahmen unbedingt notwendig ist. Wir müssen uns bewußt sein, daß es unsere vornehmste Pflicht ist, vorbeugend gleich auf dem Platze zu sein und alles zu versuchen, um schärfere Maßnahmen, die an enger abgegrenzte Voraussetzungen gebunden sind, noch unnötig zu machen.

(Bravo!)

Senator Dr. Mertens-Hannover: Meine hochverehrten Damen und Herren! Dem festgefügten Bau der uns bescherten acht Vorträge kann man in dem engen Rahmen der Debatte selbstverständlich nur eine kurze Anregung hinzufügen, die aber vielleicht bei späterer weiterer Behandlung noch in Erwägung gezogen werden könnte.

Das Armengesetz selbst, und so auch ein künftiges Reichsarmengesetz, macht gewisse Leistungen zu Leistungen der öffentlichen Armenpflege und schließt andere von derselben aus — ich glaube, nicht, weil diese Leistungen in sich verschiedener Natur sind, sondern weil nach dem heutigen Stande unserer Anschauungen der Staat die einen Leistungen, aus humanitären Gründen und aus Gründen der Staatsräson, als unumgänglich notwendig hinstellt und die Gemeinde, selbst auch die bloße Aufenthaltsgemeinde, zur Bewirkung dieser Leistungen beruft, und zwar in der Form des Armengesetzes mit Wiedereinforderungsrecht gegen den Unterhaltspflichtigen.

Aller Notbedarf, welcher diese strenge Form des armengesetzlichen Zwanges erfordert oder verträgt, gehört zur öffentlichen Armenpflege und alles andere nicht. Es ist Wohltätigkeit, Fürsorge, aber nicht öffentliche Armenpflege. Die Gemeinden können und dürfen natürlich in der Pflege der Hilfsbedürftigen frei über das Gesetz hinausgehen, aber sie können hierzu nicht angehalten werden und können die Mehrleistungen nicht wieder einziehen.

Was die Einfügung der Erziehung in die Aufgaben der öffentlichen Armenpflege angeht, so glaube ich auch, daß in dieser Frage sachliche Meinungseinhelligkeit besteht, wenn man die Sache nur nicht mißverständlich ausdrückt. Die süddeutschen Gesetze, der Herr Referent und auch wir werden wohl auf dasselbe hinauskommen mit dem, was Notbedarf an Erziehung genannt wird — an Erziehung als Teil des unentbehrlichen Unterhalts wie in Baden, oder als Teil des zur Erhaltung des Lebens oder der Gesundheit Unentbehrlichen, wie in Bayern. Ich stoße mich aber an dem Wort „Erziehung“. Meines Erachtens ist der Notbedarf an Erziehung gleich Null. Die wahre Erziehung, welche sich auf die Bildung von Gemüt, Herz und Willen richtet, die Formung des Charakters zum Ziele hat und ganz auf sittlichem Gebiet liegt, steht doch auf einem ganz anderen Blatt als das, was wir sonst zum Notbedarf der Hilfsbedürftigen rechnen. Vor allen Dingen empfindet ja der Mensch, so sehr er dessen bedarf im Zusammenleben mit anderen, kein Bedürfnis danach, sich erziehen zu lassen. Die Erziehung muß ihm aufgezwungen werden; denn sein natürliches Freiheitsbedürfnis sträubt sich gegen ihre Anforderungen.

Was wir meinen, ist, glaube ich, die Auferziehung, ist das, was der hilfsbedürftige Mensch, namentlich das kleine Kind und der Krüppelige und der nicht Vollsinnige, bedarf außer Nahrung, Kleidung und Obdach, ist seine Auferziehung und Bewahrung in hilflosen Zuständen: er muß essen, sich kleiden lernen, gehen, sprechen, seine Glieder gebrauchen lernen; er muß vor lästigem, widerlichem Schmutz, vor Ungeziefer bewahrt werden; er muß bewahrt werden vor den Gefahren seiner Umgebung.

Dieses Auferziehungsbedürfnis, welches die Bewahrung, den Gegensatz der Verwahrlosung, und die sogenannte Erwerbsbefähigung umfaßt, ist ein wirkliches natürliches Bedürfnis des Hilfsbedürftigen. Die intellektuelle und moralische Erziehung ist ein Anspruch der menschlichen Gesellschaft, des Staates, welcher von Eltern und Vormündern verlangt, daß sie erziehen, und von dem einzelnen, daß er sich erziehen läßt.

So sehr die öffentliche Armenpflege für die Auferziehung des jungen Kindes im Rahmen des Notbedarfs mit zu sorgen hat: die eigentliche Erziehung ist nicht ihre Sache. Die Gemeinde darf meines Erachtens in unseren heutigen gesellschaftlichen und gesetzlichen Zuständen diese Verantwortung gar nicht übernehmen. Die Erziehung berührt in weitem Kreise die Gebiete der Schule und der Kirche, und sie würde als Aufgabe der öffentlichen Armenpflege, auch gerade bei Schaffung eines Reichsarmengesetzes, zu unabsehbaren Konflikten führen. Die Erziehung in jedem Maße geht über den Notbedarf hinaus. Alle Erziehung ist — man verzeihe mir den Ausdruck — eigentlich Luxus.

(Widerspruch.)

Sie erfüllt nicht ein natürliches Bedürfnis, sondern ein Kulturbedürfnis.

(Sehr richtig!)

Ich würde deshalb sehr viel mehr wünschen, daß erwogen würde, ob nicht das Wort „Erziehung" aus diesem Zusammenhang ausgeschaltet und an dessen Stelle „Auferziehung und Bewahrung im hilflosen Alter und Zustande" oder kurz mit einem Worte „Auferziehung" gesetzt würde.

Wesentlich mehr werden auch die süddeutschen Gesetze unter

„Erziehung" nicht verstehen, und ebensoviel legen wir in den Begriff des notwendigen Lebensunterhalts auch schon mit hinein.

(Bravo!)

Oberbürgermeister Dr. Hartenstein-Ludwigsburg: Meine Damen und Herren! Gestatten Sie mir ein paar Worte zu einem anderen Teil der Aufgaben der öffentlichen Armenpflege, nämlich zu der Frage des angemessenen Begräbnisses. Der Herr Berichterstatter ist verhältnismäßig kurz in seinem Vorbericht darüber hinweggegangen; er hat darauf hingewiesen, daß alle Staaten nach dem Vorbild Preußens den Armen schon jetzt ein angemessenes Begräbnis gesetzlich zusichern, aber er hat nicht davon geredet, daß nach der Praxis in Preußen, bei uns in Württemberg und wohl auch in anderen Bundesstaaten dieses Begräbnis nicht gewährt wird, daß vielmehr die Armenleichen an die Anatomie abzuliefern sind. (Sachsen hat vor kurzem im Wege der ordentlichen Gesetzgebung diese Ablieferung vorgeschrieben.) Bei uns in Württemberg ist erst vor kurzem eine Entscheidung des höchsten Verwaltungsgerichtes ergangen, das die Vorschrift der Ablieferung der Armenleichen an die Anatomie als rechtsgültig erklärt, weil die Armenpflege nur subsidiär einzutreten habe, wenn eine andere Fürsorge nicht besteht, was bei den Armenleichen nicht zutreffe. Es ist hier nicht der Ort, dieses Urteil zu kritisieren; es wird auch nicht möglich sein, heute angesichts dessen, was der Herr Vorsitzende über die notwendige Beschränkung gesagt hat, auszuführen, ob die Ablieferung der Armenleichen an die Anatomie als zulässig erscheint oder nicht. Was ich wünsche, ist nur, daß in dem künftigen Reichsarmengesetz klar ausgesprochen wird, was man will. Entweder steht man auf dem Standpunkt, auf dem unsere württembergische Regierung bei Einbringung des Ausführungsgesetzes zum Unterstützungswohnsitzgesetz ursprünglich gestanden hat, daß „die Ablieferung der Armenleichen an die Anatomie den Anforderungen der Menschlichkeit widerspricht"; dann genügt es offenbar nicht, die gesetzliche Bestimmung so zu fassen, wie der Herr Referent vorgesehen hat, sondern dann muß man Fürsorge dafür treffen, daß nicht durch ein Hintertürchen der Verwaltungsvorschriften das ganze Gesetz illusorisch gemacht wird.

(Bravo!)

Oder man ist der Meinung, daß die Ablieferung der Armenleichen an die Anatomie absolut unentbehrlich ist; dann muß man auch den Mut haben, das in dem Gesetz zum Ausdruck zu bringen. Dann soll man nicht ein Gesetz machen, das human und fortschrittlich aussieht, das aber in neunundneunzig von hundert Fällen keine Anwendung findet.

(Bravo!)

Stadtrat Kalisch-Berlin (zur Geschäftsordnung): Meine Herren, da wir jetzt zur Beerdigung gekommen sind, glaube ich, daß wir mit Fug und Recht die Debatte schließen können. Wir haben genug darüber gehört, und ich beantrage Schluß der Debatte.

Vorsitzender: Es ist Schluß der Debatte beantragt. Zum Wort gemeldet sind noch die Herren Lic. Rolffs-Osnabrück, Dr. Polligkeit-Frankfurt a. M. und Stadtverordneter Lange-Leipzig.

Berichterstatter Beigeordneter Dr. Greven-Cöln (zur Geschäftsordnung): Als Berichterstatter möchte ich bitten, den Herrn aus Sachsen in jedem Falle zum Wort kommen zu lassen. In meinem mündlichen Referat bin ich auf die sächsische Gesetzgebung sehr stark eingegangen und habe mich dagegen gewandt. Ich muß es daher als einen Akt der Courtoisie, ja der Loyalität bezeichnen, daß dem Herrn aus Sachsen Gelegenheit gegeben wird, seine Ausführungen zu machen.

Vorsitzender: Diese Ausnahme kann ich leider nicht machen; wir müssen über den Schluß der Debatte abstimmen.

Diejenigen, die dafür sind, die Debatte zu schließen, bitte ich, die rechte Hand zu erheben.

(Geschieht.)

Ich bitte um die Gegenprobe.

(Diese erfolgt.)

Das ist die Majorität; die Debatte geht also weiter.

Pastor Lic. Rolffs-Osnabrück: Herr Beigeordneter Dr. Greven hat in seinen vorzüglichen Ausführungen über die Aufgaben der Armenpflege eine ethische Begründung der rechtlichen Verpflichtung der Kommunen zur Unterstützung Hilfsbedürftiger versucht und hat gesagt, diese Verpflichtung entspreche einem sozialen Gefühl; er hat dann allerdings erklärt, daß mit dieser Definition nicht allzuviel anzufangen wäre und ist nicht weiter darauf eingegangen. Ich habe das bedauert; denn nach meiner Ansicht bedarf, wenn irgendeine Rechtspflicht einer ethischen Begründung bedarf, deren die Armenpflege. Wir müssen uns gerade bei der Armenpflege immer im Einklang auch mit dem Volksempfinden halten, und da läßt es sich nicht leugnen, daß manchmal die Grundsätze unserer Armenpflege gar nicht so sehr im Einklang mit dem Volksempfinden stehen, daß gerade in den Kreisen, deren Angehörige am meisten oder am ersten für die Armenpflege in Betracht kommen, unsere Grundsätze als viel zu human empfunden werden.

Wenn ich nun eine ethische Begründung dieser rechtlichen Verpflichtung versuchen dürfte, so würde ich im Anschluß an das, was Herr Professor Klumker — allerdings etwas einseitig — für die Wanderarmen ausgeführt hat, sagen: Durch die rechtliche Verpflichtung der öffentlichen Armenpflege erkennt die bürgerliche Gesellschaft an, daß sie einen Teil der Verantwortung für die Verarmung ihrer Mitglieder zu übernehmen hat.

Ich betone: wohl einen Teil der Verantwortung, nicht die ganze Verantwortung, als ob die Verarmung in den bürgerlichen und sozialen Verhältnissen notwendig begründet wäre. Der größere Teil der Verantwortung lastet immer noch auf den Schultern dessen, der die Unterstützung in Anspruch nimmt, und derer, die in erster Linie zu seinem Unterhalt verpflichtet sind bzw. durch irgendwelche Handlungen oder Unterlassungen ihre Unterstützungsbedürftigkeit mit herbeigeführt haben.

Es kommt nun darauf an, alle diejenigen heranzuziehen, die für die Verarmung derer, die der kommunalen Armenpflege zur Last fallen, mit verantwortlich sind. Und da, glaube ich, ist es doch wohl am Platze, darauf hinzuweisen, daß eine sehr große Anzahl von Verarmungsfällen dem Alkoholismus entspringen.

(Sehr richtig!)

Ich glaube, wir dürfen doch nicht geschlossenen Auges an der Tatsache vorübergehen, daß diejenigen, die unterstützungsbedürftig werden, ihre Unterstützungsbedürftigkeit zu einem großen Teil direkt oder indirekt der Trunksucht verdanken. An dieser Tatsache geht aber unsere bisherige Armengesetzgebung vorüber; ich glaube deshalb, weil uns genaue statistische Grundlagen fehlen. Wir schütteln alle lächelnd den Kopf, wenn es in der Reichsstatistik — von 1881 — heißt, daß 2 % auf Trunksucht zurückzuführen seien. Es sind nicht 2 %, sondern 20 % und noch mehr.

(Sehr richtig!)

Bei einer sehr gründlichen Untersuchung, die ich 1906 für die Städte Osnabrück und Stade angestellt habe, hat sich mir für beide Orte eine Belastung der kommunalen Armenpflege durch den Alkoholismus von 40 % der Gesamtkosten ergeben. Diese Berechnung ist mir durch die Schätzungen zahlreicher praktischer Armenpfleger bestätigt. Die Alkoholisten aber sind Leute, die einen großen Teil des Einkommens, das sie zur Unterhaltung ihrer Familien verwenden sollten, zur Unterhaltung einer gewissen Klasse von Schenkwirten verwenden.

Anschaulich können Sie sich das am Abend eines Zahltags machen, wenn die Frauen vor der Kneipe stehen, in der der Mann seinen Wochenlohn vertrinkt. Der Wirt streicht ein, was die Frau eigentlich haben sollte.

(Vorsitzender: Ich muß Sie leider zum Schluß rufen, da die Zeit vorüber ist!)

Ich möchte dann also unserem Vorstand empfehlen, die Frage zu erwägen, ob man nicht einen Teil der Armenlasten denen aufbürden könnte, die aus der Verarmung Gewinn ziehen, ob man nicht eine gewisse Klasse von Alkoholverkäufern mit heranziehen

(große Heiterkeit)

und für die Armen haftpflichtig machen könnte.

(Lebhafter Beifall.)

Dr. Polligkeit-Frankfurt a. M.: Meine Damen und Herren! Herr Magistratsrat Dr. Lehmann sprach das Wort: man solle sich mit dem Erreichbaren begnügen. Wenn dieses Wort fällt, dann weiß man, daß man einen Gegner vor sich hat,

(Magistratsrat Dr. Lehmann: Nein!)

und Herr Magistratsrat Dr. Lehmann hat sich auch gerade in dem Punkt der Einbeziehung der Erziehung in den Kreis der gesetzlichen Aufgaben der Armenpflege zum mindesten als Skeptiker gezeigt.

(Magistratsrat Dr. Lehmann: Hinsichtlich des Erreichbaren!)

Gewiß; aber wenn ich weiter reden darf: das Erreichbare hängt zum großen Teil von dem ab, was wir erreichen wollen. Ich selbst, der ich als Referent auf dem Allgemeinen Fürsorgeerziehungstage in Straßburg 1908 in dieser Richtung die gleichen Forderungen erhob, wie heute Herr Dr. Greven, und seitdem die Frage weiter verfolgt habe, habe die Bedenken, die dagegen erhoben worden sind, genau geprüft und kann sie wohl in einem Hauptpunkte zusammenfassen.

Man ist von der Notwendigkeit dieser Ausgestaltung des Aufgabenkreises der Armenpflege nicht überzeugt und beruft sich darauf, daß gerade in den Großstädten diese Frage nicht so brennend sei. Sie erscheint aber in den Großstädten nur deshalb nicht so brennend, weil — worauf der verstorbene Bürgermeister Schmidt-Mainz in Straßburg hinwies — die weitsichtigen großstädtischen Armenverwaltungen schon freiwillig diese Leistung übernommen haben, und — das scheint mir auch nicht unwichtig — weil die Privatwohltätigkeit gerade in diesem Punkte eine gesetzliche Lücke in weitestem Maße ausfüllt. Wir dürfen aber nicht übersehen, daß, wenn wir uns nur eine kleine Spanne von der Großstadt entfernen und in eine Mittelstadt, in eine Kleinstadt oder auf das Land kommen, wir ganz andere Verhältnisse vorfinden, die unerträglich sind, und daß vor allem in diesen Verhältnissen eine Privatwohltätigkeit fehlt, welche die Mängel irgendwie mildern könnte.

Ich kann auch nicht zugeben, was, wenn ich nicht irre, hier in der heutigen Debatte schon erwähnt wurde, was aber auch sonst wiederholt betont worden ist, daß wir mit der Übernahme der Sorge für Erziehung zu einer uferlosen Erweiterung der öffentlichen Armenpflege kämen. Man brauchte ja nur auf das Beispiel der Städte hinzuweisen, die diese Erweiterung der gesetzlichen Armenpflege bereits freiwillig vollzogen haben. Aber ich bewundere gerade an dem Referat des Herrn Dr. Greven die präzise Formulierung des Begriffs des unentbehrlichen Notbedarfs bei der Erziehung armer Kinder, für die die Armenpflege einzutreten hat.

Ich kann als ein Vertreter der Privatwohltätigkeit nur sagen, daß wir die Mängel der geltenden Gesetzgebung sehr stark spüren. Die Fälle ereignen sich fast tagtäglich, in denen eine Mutter ihr Kind verwahrlosen lassen muß, weil sie auf Arbeit geht, und die öffentliche Armenpflege trotzdem ihren vollen Lohn in Anrechnung bringt, wenn sie das Maß der öffentlichen Unterstützung bemißt. Wir erleben ferner die Fälle, in denen bildungsfähige, nicht vollsinnige Kinder den Eltern überlassen bleiben und teils in ihrer Existenz verkümmern, teils eine ganze Familie zugrunde richten, weil die öffentliche Armenpflege sagt, sie sei lediglich dazu berufen, für die Kur, Bewahrung und Pflege, nicht aber für Erziehung und Berufsbildung zu sorgen. Wenn wir schließlich daran denken, was die Armenpflege bisher für die Erziehung der von ihr voll versorgten Kinder leistet, so wissen wir, daß großstädtische Armenverwaltungen, aber auch nur sie, über das vierzehnte Lebensjahr hinaus für die Erwerbsbefähigung besorgt sind, daß aber in allen kleineren Armenverbänden die Meinung vorherrscht, daß man einen Jugendlichen nach der Schulentlassung als erwerbsfähig betrachten dürfe. Man überläßt die Jugendlichen dem Schicksal der ungelernten Arbeiter und fördert damit den Pauperismus.

Zum Schluß darf ich das eine noch aussprechen. Ich persönlich bin überzeugt, daß wir diesen Schritt gehen müssen und auch dürfen. Sollte sich aber die Versammlung oder die breite Öffentlichkeit nicht davon überzeugt halten, dann müssen wir unsere Taktik ändern; dann müssen wir nicht auf ein Reichsarmengesetz losgehen, sondern vor allen Dingen Preußen erobern, um die deutsche Rechtseinheit in der Armenpflege zu erreichen.

(Bravo!)

Stadtverordneter Lange-Leipzig: Ich möchte zunächst den geehrten Damen und Herren meinen Dank dafür aussprechen, daß Sie mich als Sachsen noch haben zum Wort kommen lassen. Ich werde mich dementsprechend auch sehr kurz fassen.

Herr Beigeordneter Dr. Greven will die Leistung auf den

Notbedarf beschränken. Er stellt sich auf den Standpunkt, daß auch in Sachsen und Bayern eigentlich diese vorbeugende Armenpflege nur auf dem Papier stände. Das trifft aber doch nicht zu. Das schönste Wort, das in den Referaten gesprochen worden ist, hat meines Erachtens Herr Bürgermeister v. Hollander geprägt, wenn er gesagt hat: die vornehmste Aufgabe der Armenpflege sei, sich selber überflüssig zu machen. Wenn es die vornehmste Aufgabe der Armenpflege ist, sich selber überflüssig zu machen, dann, meine ich, kann man die Leistungen nicht in allen Fällen auf die Gewährung des Notbedarfs beschränken. Wenn man immer nur den Notbedarf von heute auf morgen geben will, kann sich die Armenpflege niemals überflüssig machen. Die beste Hilfe ist meines Erachtens die Beseitigung der Ursachen der Verarmung.

Nun kann natürlich die organisierte Armenpflege nicht die wirtschaftlichen Verhältnisse ändern; sie kann auch nicht ohne weiteres aus dem Trunkenbold einen soliden Menschen machen; das kann sie gewiß nicht. Aber soweit es ihr möglich ist, soll sie doch vorbeugend wirken, und ich meine, unsere alte sächsische Armenordnung von 1840, der ich als Sozialdemokrat eigentlich keine Veranlassung habe, Loblieder zu singen, hat sich, wie ich offen aussprechen will, in diesem Punkte bewährt. Wenn wir in Sachsen seit dem Jahre 1841 nicht nur das Recht, sondern nach §§ 2, 25 und 28 die Pflicht haben, vorbeugende Armenpflege zu üben, dann, glaube ich, ist es ein Rückschritt, wenn man verlangt, daß im künftigen Reichsgesetz die Gewährung der Hilfe auf den Notbedarf zu beschränken ist. Es ist ein Rückschritt auch gegen die Leitsätze der Versammlung von 1905, wo in Satz 1 „der Verarmung vorbeugende“ Anforderungen gestellt werden.

Meine Damen und Herren, wie geht es zu, daß gerade Sachsen, Bayern usw. die vorbeugende Armenpflege haben? Weil dort die Armengesetze auf dem alten Heimatsrecht aufgebaut sind, und eine Heimatsgemeinde, die dauernd jemanden zu unterhalten hat, weiß ganz genau, daß es billiger ist, ihm rechtzeitig und ordentlich zu helfen, daß es billiger ist, vorbeugende Armenpflege zu treiben, als dauernd den Notbedarf zu gewähren. Die kurze Frist von einem Jahre, nach der der Unterstützungswohnsitz verloren gehen kann, führt lediglich dazu, um zu sparen, zu sagen: wir kommen dieses Jahr schon aus, geben wir nicht so viel; wer weiß, wo im nächsten Jahre der Empfänger ist. Und daher kommt es, daß eine Heimatgemeinde, die dauernd jemanden zu versorgen hat, ohne weiteres vorbeugende Armenpflege treiben wird.

Und, werte Damen und Herren, ist es denn nicht auch wirklich billiger, ist es nicht besser, jemanden ein Vierteljahr Miete unter Umständen im voraus zu geben, wenn man weiß, daß der Betreffende sonst herausgesetzt wird, daß der Hausbesitzer sonst die

Möbel einbehält, die sich vielleicht die Frau als Dienstmädchen erspart hat? Ist es nicht besser, vorbeugend zu wirken, als ihn erst ganz sinken und dann nicht höher kommen zu lassen, als daß er nur eben mit dem Kopf aus dem Wasser sieht und sich resigniert seiner Lage ergibt in der Auffassung: er kann doch nicht hoch kommen? Ich meine, das ist nicht sparsam, nicht rationell. Ist es bei der Kinderfürsorge, bei der Krüppelfürsorge nicht rationeller, von Jugend auf einzugreifen? Ich meine, Erziehung ist kein Luxus, wie hier gesagt wurde.

(Sehr richtig!)

Seit 1841 haben wir das gesetzliche Recht und die Pflicht, für Erziehung und Erwerbsbefähigung armer Kinder zu sorgen, und das ist gut. Worauf beruht denn die Stellung der deutschen Industrie auf dem Weltmarkt? Auf unseren Schulen und qualifizierten Arbeitern. Man darf doch nicht sagen: weil du das Kind armer, in Not geratener Eltern bist, brauchen deine Fähigkeiten nicht ausgebildet zu werden; im Gegenteil, man sollte auf dem Standpunkte stehen, daß auf Erziehung und Ausbildung ein jedes Kind Anspruch hat.

Nun soll natürlich nicht davon die Rede sein, daß überflüssig gegeben werden muß. Das muß von Fall zu Fall entschieden werden. Da, wo ein dauernd unabänderlicher Zustand vorhanden ist, ist nicht mehr als der Notbedarf zu geben; wo aber durch rechtzeitige Hilfe mehr geleistet werden kann, Notlagen vorgebeugt werden können, sollte man dazu übergehen, das zu tun. Armenlasten ist überhaupt ein böses Wort in Deutschland. Armenpflege sollte nicht als Last empfunden werden, sondern geübt werden aus dem sozialen Empfinden heraus, daß es Pflicht der Gesamtheit ist, kein einzelnes Mitglied der Volksgemeinschaft sinken zu lassen! Ich glaube, das ist wirkliche Armenpflege!

(Lebhafter Beifall.)

Berichterstatter Beigeordneter Dr. Greven-Cöln (Schlußwort): Meine sehr geehrten Damen und Herren! Zu Beginn meiner Ausführungen darf ich die für mich erfreuliche Feststellung treffen, daß im allgemeinen den von mir aufgestellten Richtlinien von den Diskussionsrednern zugestimmt worden ist. Jedenfalls bin ich sehr erfreut, daß sich hier keine lebhafteren Widersprüche geltend gemacht haben. Ich glaube, daß auch die Widersprüche, die geäußert worden sind, zum Teil von falschen Voraussetzungen ausgehen oder auf Mißverständnissen beruhen, wie sie ja bei dieser Materie außerordentlich leicht unterlaufen können.

Im einzelnen muß ich zunächst zu einigen Ausführungen der Redner zur Generaldebatte Stellung nehmen. Da hat sich Herr Landgerichtsdirektor Dr. Aschrott dahin ausgesprochen, daß die Einbeziehung der Erziehung in die Aufgaben der Armenpflege auch eine reichsgesetzliche Regelung der Fürsorgeerziehung voraussetze. Herr Landgerichtsdirektor Dr. Aschrott hat allerdings nicht etwa daran gedacht, diese reichsgesetzliche Regelung im Reichsarmengesetz vorzunehmen, wie Herr v. Hollander annimmt, sondern Herr Dr. Aschrott hat lediglich gesagt, wenn die Erziehung in einem Reichsarmengesetz zur Aufgabe der Armenpflege gemacht wird, dann ist es auch nötig, die Fürsorgeerziehung reichsgesetzlich zu regeln.

Meine Damen und Herren, ich stimme mit Herrn Landgerichtsdirektor Dr. Aschrott darin vollständig überein, daß ich eine reichsgesetzliche Regelung der Fürsorgeerziehung für außerordentlich wünschenswert halte, und ich glaube, daß gerade in dieser Beziehung die Ausführungen, die Frau Amtsgerichtsrat Neuhaus hier gemacht hat, sehr überzeugend waren. Frau Neuhaus hat Ihnen vor Augen geführt, wie schwer es ist, Jugendfürsorge zu treiben, wenn die Voraussetzungen für die einzelnen Maßnahmen der Jugendfürsorge in den verschiedenen Bundesstaaten verschieden sind. Bei der heute so sehr fluktuierenden Bevölkerung werden immer wieder Fürsorgevereine oder andere Organe der Jugendfürsorge in die Lage kommen, von ihnen bearbeitete Fürsorgefälle in anderen Bundesstaaten weiter verfolgen zu müssen. Es ist nun aber für diese Organisationen ganz unmöglich oder doch sehr schwierig, die Kenntnis der verschiedenen Gesetze zu besitzen. So stehe also auch ich auf dem Standpunkt, daß eine reichsgesetzliche Regelung der Fürsorgeerziehung — allerdings nicht etwa der Durchführung der Fürsorgeerziehung, sondern lediglich der Voraussetzungen für die Einleitung der Fürsorgeerziehung — sehr wünschenswert ist.

Eine andere Frage ist nun aber, ob diese reichsgesetzliche Regelung der Fürsorgeerziehung notwendig gleichzeitig mit dem Erlaß eines Reichsarmengesetzes erfolgen muß, und da möchte ich anderer Ansicht sein wie Herr Landgerichtsdirektor Dr. Aschrott. Die gleichzeitige reichsgesetzliche Regelung der Fürsorgeerziehung ist meines Erachtens nicht notwendig. Die Regelung kann vielmehr auch später kommen. Es ist doch jedenfalls schon einmal ein Fortschritt, auch vom Standpunkt der Jugendfürsorge, wenn wenigstens die Sorge für die Erziehung, soweit sie der Armenpflege anheimfallen soll, reichsgesetzlich geregelt ist.

Meine sehr verehrten Damen und Herren, Frau Amtsgerichtsrat Neuhaus möchte ich noch besonders dafür danken, daß sie hier als Vertreterin der freien Liebestätigkeit hervorgehoben hat, daß ihrer Ansicht nach Armenpflege und Jugendfürsorge nicht vollständig voneinander getrennt werden können. Auch ich habe diesen Standpunkt in meinem Referat vertreten, und ich möchte

Ihnen hier die Ausführungen in die Erinnerung rufen, die sich mit der Statistik des preußischen Ministeriums des Innern über die Fürsorgeerziehung befassen. Aus dieser Statistik habe ich Ihnen vorgeführt, daß über 75 % aller Kinder, die in Fürsorgeerziehung kommen, aus solchen Familien stammen, die entweder schon unterstützt sind oder die wegen ihres geringen Einkommens für eine Versorgung durch die öffentliche Armenpflege in Betracht kommen. Ich meine, wenn der Prozentsatz der Kinder aus diesen Verhältnissen so groß ist, dann kann und muß man wohl sagen, daß die Verwahrlosung in den weitaus meisten Fällen eine Folge der Armut ist, und es ergibt sich dann als eine zwingende Notwendigkeit, daß die armenrechtlichen Bestimmungen so eingerichtet werden, daß der Verwahrlosung von Grund aus vorgebeugt wird. Wenn man auch in weitgehendstem Maße anderweitige Maßnahmen auf dem Gebiete der Jugendfürsorge träfe, so wird uns das niemals von der Notwendigkeit und von der Verpflichtung befreien, auf die Erfordernisse der Jugendfürsorge auch in der Armenpflege Rücksicht zu nehmen. Nur auf diese Weise werden wir von Grund aus die Verwahrlosung bekämpfen können, nur auf diese Weise wird es vor allem möglich sein, dem Erziehungsnotstand in der offenen Armenpflege abzuhelfen. Herr Dr. Polligkeit hat ja heute wiederum eindringlich darauf hingewiesen, in wievielen Fällen gerade eine falsch ausgeübte Armenpflege, die auf die Erziehung nicht die nötige Rücksicht nimmt, der Grund der Verwahrlosung ist. Ich kann nur wiederholen, daß es heute in sehr vielen Ortsarmenverbänden vorkommt — und nicht etwa nur in kleinen Städten oder auf dem Lande, sondern auch in den Großstädten —, daß eine Mutter gezwungen wird, ihre Erziehungspflichten zu vernachlässigen, um dem Erwerb nachzugehen. Nur durch Einbeziehung der Erziehung unter die Aufgaben der Armenpflege wird es möglich sein, hier wirksame Abhilfe zu schaffen.

Herrn Oberlandesgerichtsrat Diefenbach kann ich für seine Ausführungen auch nur meinen lebhaftesten Dank aussprechen; denn seine Feststellung, daß meine Angabe über die Lage der heutigen Gesetzgebung in Elsaß-Lothringen auf einem Irrtum beruht, ist für unsere Sache außerordentlich wertvoll. Es ist nicht ohne Bedeutung, daß heute schon in Elsaß-Lothringen die Erziehung in die Aufgaben der Armenpflege einbegriffen ist und daß daher bei einer reichsgesetzlichen Regelung wohl auch die elsaß-lothringischen Stimmen im Bundesrat für die Einbeziehung der Erziehung in die Aufgaben der Armenpflege zu haben wären.

Im Gegensatz zu Herrn Senator Mertens stehe allerdings auch ich auf den Standpunkt, daß Erziehung durchaus kein Luxus ist. Meine sehr verehrten Damen und Herren, ich halte zwar ebenso wie Herr Senator Mertens die Erziehung für ein Kulturbedürfnis; aber ein Kulturbedürfnis ist doch noch lange nicht immer ein Luxus.

(Sehr richtig!)

Gerade aus dem Grunde, weil ich die Erziehung für ein absolut notwendiges Kulturbedürfnis halte, will ich sie in den Notbedarf einbeziehen. Ich erkläre, daß jeder Mensch die Erziehung notwendig hat, und daß sie daher zum Notbedarf gehören soll. Ich fasse daher auch nicht wie Herr Senator Mertens die Aufgaben der Armenpflege auf diesem Gebiete gar so eng auf, und ich denke nicht nur an eine Auferziehung noch nicht schulpflichtiger Kinder, sondern ich stehe prinzipiell auf dem Standpunkt, daß die Armenpflege die volle und ganze Erziehung, die wir als Minimum von jedem Menschen verlangen, leisten muß, wenn keine anderen verpflichteten Stellen da sind.

(Sehr richtig!)

Wenn wir also keine besonderen Schulorganisationen hätten, dann müßte nach meiner Auffassung die Armenpflege auch diese Seite der Erziehung übernehmen. Wir sind ja nun aber in der glücklichen Lage, daß wir überall in Deutschland diese besonderen Schulorganisationen haben, und daß auch die Kirche sich der Erziehung annimmt, und so wird allerdings im allgemeinen für die Armenpflege wegen ihrer Subsidiarität, die ja der Armenpflege unbedingt anhaften muß, auf dem Gebiete der Erziehung wenig zu tun übrig bleiben.

Die Frage der Ablieferung der Leichen an die Anatomie, die von Herrn Oberbürgermeister Dr. Hartenstein berührt worden ist, hängt meines Erachtens doch nicht mit dem Aufgabenkreis der Armenpflege zusammen, wenn es auch sein mag, daß eine reichsgesetzliche Regelung wünschenswert ist. Ich stehe für meine Person allerdings mehr auf dem Standpunkt, daß die Regelung dieser Angelegenheit Sache der einzelnen Bundesstaaten ist.

Zu den Ausführungen des Herrn Stadtverordneten Lange (Leipzig) möchte ich bemerken, daß gerade bei ihm zweifellos Mißverständnisse obwalten. Es ist ja von mir das, was man im allgemeinen unter dem Namen der vorbeugenden Armenpflege versteht, zu einem sehr großen Teil unter den Begriff der durchgreifenden Hilfe subsummiert worden. Die durchgreifende Hilfe, die eine bestehende oder unmittelbar drohende Hilfsbedürftigkeit beseitigt, bleibt im Rahmen des Notbedarfs und ist daher Sache der Armenpflege. Auch ich stehe also auf dem Standpunkt, wie ich das in meinem Druckbericht ausgeführt habe, daß eine unmittelbar drohende Hilfsbedürftigkeit das Eingreifen der Armenpflege rechtfertigt. So ist es z. B. in dem von Herrn Stadtverordneten Lange angeführten Fall, daß einer Familie die Aussetzung droht, etwas ganz Selbstverständliches, daß die

Armenpflege hier die Miete für die nächste Zeit gewährt und es nicht etwa erst zur Aussetzung kommen läßt. Das ist sogar schon durch bundesamtliche Entscheidung festgelegt. Also da liegt wohl lediglich ein Mißverständnis vor.

Im übrigen stehe ich ja auch durchaus auf dem Standpunkt, daß auch die rein vorbeugende Fürsorge, die noch gar nicht fragt, ob der Notbedarf überhaupt in Gefahr gebracht ist, immer weiter in unserem deutschen Vaterlande ausgebildet werden möchte, und daß das der beste Weg der Armutsverhütung ist. Aber, meine Damen und Herren, eine andere Frage ist es, ob man diese Fürsorge im rein vorbeugenden Sinne der öffentlichen Armenpflege auferlegen muß und auferlegen kann, und diese Frage glaube ich mit Recht verneint zu haben.

Zum Schluß möchte ich nochmals im Interesse der Jugendfürsorge für eine baldige reichsgesetzliche Regelung der Aufgaben der Armenpflege im Sinne meiner Richtlinien eintreten. Meines Erachtens ist es doch wohl die größte und schönste Aufgabe, die wir in Deutschland zu lösen haben, der Verwahrlosung der Jugend entgegenzuarbeiten und dafür zu sorgen, daß das kommende Geschlecht besser erzogen wird, als es heute teilweise geschieht. Wenn wir für die Jugend sorgen, dann sorgen wir für die Zukunft unseres deutschen Vaterlandes. Ich bin aber der Überzeugung, daß die Einbeziehung der Erziehung unter die Aufgaben der Armenpflege eine große Bedeutung für die Jugendfürsorge haben wird. Wir würden dann auf jeden Fall im ganzen Deutschen Reiche eine Instanz haben, die für die Kinder und ihre Erziehung und Erwerbsbefähigung einzutreten hat, wenn auch alle anderen Instanzen versagen, und wir dürften dann die sichere Gewißheit haben, daß nicht mehr so viele Kinder der Verwahrlosung anheimfallen, wie das heute der Fall ist.

(Lebhafter Beifall.)

Vorsitzender: Meine Damen und Herren! Der Vorstand beabsichtigt, die Pause nach dem Abschluß des nächsten Punktes eintreten zu lassen.

Wir gehen über zum III. Punkt:

Die Organe der öffentlichen Armenpflege.

Gemeldet sind sechs Redner, und der Herr Berichterstatter wird mit dem Schlußworte folgen, so daß also im ganzen sieben Redner sprechen werden.

Ich erteile Herrn Stadtrat Kappelmann-Erfurt das Wort. — Der Herr scheint nicht anwesend zu sein. Als nächster Redner ist dann Herr Geheimrat Müller-Karlsruhe gemeldet. Ich erteile ihm das Wort.

Geheimer Rat M ü l l e r - Karlsruhe: Hochgeehrte Versammlung! Bei der „Organisation der Armenpflege" möchte ich mir erlauben, als Vertreter eines der größten Landesfrauenvereine vom Roten Kreuz, der in ausgedehntem Maße die Armenpflege freiwillig ausübt und mit der öffentlichen Armenpflege in steten Beziehungen ist, eine Frage zu erörtern oder wenigstens anzudeuten, die in dem Bericht des Herrn Berichterstatters nicht berührt ist, mir aber von solcher Wichtigkeit zu sein scheint, daß sie in unserer heutigen Versammlung nicht unerwähnt bleiben darf. Ich bin natürlich weit entfernt, dem Herrn Berichterstatter einen Vorwurf aus der Unterlassung zu machen, um so weniger, als ich selbst der Überzeugung bin, daß eine vollständige und definitive Regelung der Sache in einem Reichsarmengesetz nicht wird zur Ausführung gelangen können, sondern daß hier die Landesgesetzgebung, eventuell sogar ein Ortsstatut einzugreifen hat. Ich meine nämlich die Heranziehung der Frauen zu den öffentlichen Organen der Armenpflege.

Diese Frage ist für unseren Verein hier keine neue, sie ist früher wiederholt berührt worden, wenn ich mich recht entsinne, insbesondere in Straßburg und in Hannover. Schon damals konnten die Herren Berichterstatter feststellen, daß tatsächlich in einer Reihe von großen Städten Deutschlands die Frauen bereits als Mitglieder der örtlichen Armenpflege herangezogen sind, und es wird das wohl inzwischen noch in weit größerem Maße geschehen sein. Es fehlt aber in vielen Bundesstaaten an einer gesetzlichen Grundlage hierzu, und um so mehr, meine ich, sollte man die Frage da, wo es sich um eine einheitliche Gestaltung der Armenpflege in einem Reichsarmengesetz handelt, nicht vollständig aus dem Auge lassen. Ich freue mich, Ihnen mitteilen zu können, daß in Baden, wo diese gesetzliche Grundlage vorhanden ist, jetzt schon etwa 45 Städte und Städtchen von diesem Rechte des Beizugs von Frauen Gebrauch gemacht haben.

Über die Zweckmäßigkeit, ja die Notwendigkeit, dies zu tun, glaube ich, in d i e s e r Versammlung mich nicht näher aussprechen zu sollen, denn Sie wissen alle, daß die Erfahrungen, die man mit dieser Einrichtung gemacht hat, überall als gute bezeichnet werden, und daß die etwaigen Bedenken vollständig da beseitigt sind, wo man auf die Zuziehung solcher Frauen Bedacht nimmt, die in der freiwilligen Armenpflege bereits eine entsprechende Schulung gewonnen haben. Ich möchte nur noch darauf hinweisen, daß, wenn ich diese Forderung aufstelle, es nicht etwa aus politischen Rücksichten, um den Frauen weitere Rechte zu verschaffen, geschieht, sondern aus rein sachlichen Gründen, in der Überzeugung, daß unsere Armenpflege dadurch wirklich eine bessere werden wird.

Ich will es dem Ermessen des Herrn Berichterstatters, eventuell dem Ausschuß anheimgeben, ob ein ausdrücklicher Wunsch in dieser Beziehung in die Richtlinien aufgenommen werden soll. Eventuell, glaube ich, wird es nicht vergeblich gewesen sein, daß diese Frage hier überhaupt erörtert worden ist. Ich bin der Überzeugung, daß, wenn die Versammlung meine Auffassung billigt, dann auch die Landesgesetzgebungen nicht unterlassen werden, entsprechende Rücksicht hierauf zu nehmen.

(Bravo!)

Senator Dr. Mertens-Hannover: Ich möchte mir zu diesem Punkte nur eine unmaßgebliche Anregung ganz äußerlicher Art gestatten. Ich würde das, worüber uns Herr Schatzrat Drechsler referiert hat, nicht die Organe der Armenpflege nennen. Ich weiß ja sehr wohl, daß der Ausdruck aus dem preußischen Gesetz stammt. Aber warum soll man nicht, wie es die Reichsversicherungsordnung rücksichtlich der Berufsgenossenschaften und Landesversicherungsanstalten tut, von den Trägern der öffentlichen Armenpflege sprechen? Die Gemeinden und Landarmenverbände sind vollständig selbständig in Lösung ihrer Aufgaben. Sie können getrost als die Träger der öffentlichen Armenpflege bezeichnet werden.

Wenn man einmal ein neues Gesetz schaffen will, möchte ich das nur zur Erwägung gestellt haben.

(Bravo!)

Bürgermeister Weißenborn-Halberstadt: Meine Damen und Herren! Zur Begründung eines kleinen Abänderungsantrages, den ich stellen will, glaube ich mich deshalb kurz fassen zu können, weil sowohl der Herr Referent wie auch Herr Professor Klumker sich mit diesem Abänderungsantrag einverstanden erklärt haben. Dieser Antrag betrifft die Fürsorge für die Arbeitsscheuen und die ganz oder halb arbeitsunfähigen Wanderarmen. Herr Schatzrat Drechsler hat in einer seiner Richtlinien gesagt, daß künftig die Landarmenverbände verpflichtet sein sollen, für die Wanderarmen einzutreten. Das kann meines Erachtens nur dahin verstanden werden, daß künftig nicht mehr der Ortsarmenverband des Unterstützungswohnsitzes, sondern immer und unter allen Umständen der Landarmenverband eintreten soll. Herr Schatzrat Drechsler begründet dies damit, daß infolge des jetzigen § 28 des Unterstützungswohnsitzgesetzes der Ortsarmenverband möglichst bald die Wanderarmen abschiebt oder aber so knapp und unzureichend unterstützt, wie es überhaupt nur denkbar ist. Er erwartet also von der anderweitigen Regelung, von dem Eintritt des Landarmenverbandes, eine humanere und reichlichere Unterstützung, und das mit vollem Recht. Denn wenn die Ortsarmenverbände sicher sein können, daß sie immer und unter allen Umständen das, was sie für die Wanderarmen tun, von den Landarmenverbänden wieder bekommen, werden sie reichlicher unterstützen; wie im allgemeinen derjenige reichlich unterstützt, der nicht aus eigener Tasche unterstützt, sondern der weiß, daß er es wiederbekommt.

Herr Schatzrat Drechsler hat gestern seinen Antrag, wonach im Gegensatz zu diesen Unterstützungen durch den Landarmenverband künftig immer die Ortsarmenverbände die endgültig Verpflichteten sein sollen — ein Antrag, gegen den ich erhebliche Bedenken habe —, auch damit begründet, daß er uns aus seiner Erfahrung Beispiele dafür genannt hat, daß wesentliche Ersparnisse durch die Kontrolle der Ortsarmenverbände hinsichtlich der Unterstützung von Landarmen eingetreten sind. Ich erinnere an die 100 000 Mk., die er hierfür erwähnte. Es ist selbstverständlich, daß immer dann, wenn der vorläufig und der endgültig zur Unterstützung Verpflichtete verschiedene Personen sind, das zu einer Verteuerung der Armenpflege führt, ohne daß sie besser wird.

Wie aber würde eine solche, in der Form der offenen Armenpflege gewährte, aber künftig reichlichere Fürsorge für die Wanderarmen wirken? Sie würde die Wanderarmen auf der Landstraße geradezu festhalten. Ich möchte auch hier an das von Herrn Dr. Greven zitierte Buch des Ehepaares Webb erinnern. Dieses Buch ist vielleicht Zukunftsmusik, obgleich auch ich auf dem Standpunkte des Herrn Bürgermeisters v. Hollander stehe, wonach es das Ziel der Armenverwaltung sein muß, sich allmählich überflüssig zu machen. Dieses ausgezeichnete Buch handelt in seinem letzten Kapitel von dem Moralfaktor in der Armenpflege, und es wird dort schließlich nachgewiesen — was uns ja aber auch bekannt ist —, wie entsittlichend und die Arbeitslust und die Arbeitsenergie schädigend die gewöhnliche Art des Almosengebens wirkt. Insbesondere kann es keinem Zweifel unterliegen, daß der arbeitsscheue und arbeitsunfähige Wanderer, der auf seiner Pilgerreise von Ort zu Ort sicher sein kann, reichlich und gut unterstützt zu werden, darin keinen Anreiz finden kann, die Landstraße zu verlassen und seßhaft zu werden. Wir aber — und wie ich persönlich von den Herren Schatzrat Drechsler und Professor Klumker weiß, auch sie — wollen die Wanderarmen von der Landstraße herunterbringen. Darauf muß dann aber die Art der künftigen Unterstützung der Wanderarmen besonders zugeschnitten sein.

In dieser Beziehung begrüße ich die von Herrn Professor Klumker gemachten Vorschläge mit lebhafter Befriedigung. Wenn die von ihm geforderte „Entmündigung wegen Unfähigkeit zu einem geordneten Leben" in irgendeiner Form durchgeführt wird — ich denke dabei an ein Mittelding zwischen Arbeitszwang und Bevormundung —, so werden dazu Anstalten erforderlich sein, in denen diese armen Leute ihren Unterhalt und nach ihren Kräften Arbeit finden. Diese Anstalten aber kann nicht der Ortsarmenverband einrichten, sondern das müssen die Landarmenverbände tun.

Aus diesem Grunde habe ich mir gestattet, den Antrag zu stellen, in dem Leitsatz des Herrn Schatzrats Drechsler in dem ersten Absatz zu streichen „und für Wanderarme" und dafür zu setzen:

„Die Landarmenverbände haben diejenigen Anstalten zu errichten und zu unterhalten, die zur Aufnahme solcher Wanderarmen erforderlich sind, für die wegen Arbeitsscheu oder wegen teilweiser oder völliger Arbeitsunfähigkeit Zwangsfürsorge beschlossen worden ist."

Hinter „Zwangsfürsorge" würde eine Klammer zu setzen sein: (vergleiche Richtlinien Professor Klumker Nr. 1 und 2).

Wenn Sie diesem Antrage zustimmen, handeln Sie auch im Sinne des Pastors v. Bodelschwingh, auf den Herr Schatzrat Drechsler und Herr Professor Klumker mit Recht hingewiesen haben.

(Lebhafter Beifall.)

Oberbürgermeister Dr. Hartenstein-Ludwigsburg: Meine Damen und Herren! Ich habe mich zum Wort gemeldet, um im Widerspruch gegen das, was Herr Bürgermeister v. Hollander sowohl in seinem Vorbericht als in seinem Schlußwort zur allgemeinen Erörterung ausgeführt hat, Herrn Schatzrat Drechsler meine volle Zustimmung zu dem Gedanken über die Beseitigung des ganzen Unterstützungswohnsitzsystems auszusprechen. Ich hätte gern meine Meinung näher begründet, die dahin geht, daß es erstens im Interesse der Armen und zweitens der Armenverbände ist, den Unterschied zwischen Ortsarmen- und Landarmenverbänden zu beseitigen und den notwendigen Ausgleich, den Schutz gegen die damit verbundenen Gefahren zu suchen in einer zweckmäßigen Verteilung der Kosten zwischen dem Aufenthaltsort und einem größeren Verbande.

Hat mich nun Herr v. Hollander in seinem Schlußwort nicht davon überzeugt, daß diese Ansicht falsch ist, so hat er mich doch mit dem überzeugt, was er über die geschäftliche Behandlung dieser Angelegenheit gesagt hat, nämlich, daß die Frage zu groß sei, um im Rahmen der heutigen Erörterung besprochen zu werden, und ich möchte mich deshalb dem Vorschlag anschließen, daß der Verein die Sache weiter behandelt. Zeit wird dafür ja vorhanden sein; das Reichsarmengesetz wird nicht so schnell kommen. Die von Herrn v. Hollander mit Recht geforderte gründliche Vorbereitung ist deshalb möglich. Ich begnüge mich also, meinen

Widerspruch gegen Herrn v. Hollander und meine Zustimmung zu Herrn Schatzrat Drechsler hiermit ausgesprochen zu haben. Gleichzeitig möchte ich den Vorstand bitten, diese hochwichtige Frage bald in Behandlung zu nehmen.

(Bravo!)

Vorsitzender: Ich möchte dem Herrn Vorredner nur erwidern, daß wir im Schoße des Vorstandes schon gestern den Entschluß gefaßt haben, an den Zentralausschuß mit dem Vorschlage heranzutreten, den der Herr Vorredner erwähnt hat. Es wird sich nur fragen, ob es möglich sein wird, für den nächsten Kongreß die Frage verhandlungsfähig bereitzustellen.

Redakteur Dr. Scheven-Dresden: Meine Damen und Herren! Es war uns allen aus der Seele gesprochen, daß der Herr Berichterstatter nicht nur das preußische Gesetz von 1891, das die Aufgaben der Landarmenverbände behandelt, als in unseren Richtlinien liegend anerkannte, sondern daß er sogar in dem zu erstrebenden Reichsarmengesetz diese Aufgaben auch durch Reichsgesetz unseren Landarmenverbänden auferlegen möchte, die hauptsächlich darin bestehen, daß die Nichtvollsinnigen, also die Taubstummen, die Epileptiker, die Blinden, die Idioten, die Geisteskranken und vielleicht auch die Nervenkranken Anstalten überwiesen werden, die die Landarmenverbände zu gründen und zu unterhalten haben. Das Gesetz ist im Jahre 1891, also vor 23 Jahren, erlassen worden.

Geht man die einzelnen Gruppen von Hilfsbedürftigen durch, so wird man unwillkürlich noch große Gruppen entdecken, deren darin nicht gedacht wird. Es sind dies insbesondere die Kranken und Arbeitsscheuen, für welche nicht grundsätzlich, aber aus Zweckmäßigkeitsgründen die Ortsarmenverbände zu sorgen haben. Es gibt noch eine weitere große Gruppe von Hilfsbedürftigen, die ganz besonders die Armenpflege schwer belasten, über welche hier kein Wort in dem Gesetze gesagt worden ist. In Elsaß-Lothringen hat man allerdings die Aufgabe der Landarmenverbände dahin erweitert, daß sie sich auch der Siechen anzunehmen haben, aber um Trinker, d. h. um deren Heilung und Erziehung, hat sich bisher pflichtmäßig noch nicht die Anstaltspflege der öffentlichen Armenpflege zu kümmern gehabt. Die Trinker sind gerade, wie wir schon von einem Herrn hörten, diejenigen, die ganz besonders unserer Armenpflege Sorgen und Kosten machen, die unserer ganzen Nation zur Unehre und zum Schaden gereichen, und denen das Wohl und Wehe ihrer Nachkommenschaft am wenigsten am Herzen liegt. Da 1891 die wissenschaftliche Erforschung des Alkoholismus noch wenig entwickelt war, dachte die Gesetzgebung damals natürlich noch nicht daran, diese Klasse besonders ins Auge zu fassen. Heute ist die Sachlage eine andere. Nicht das Übel ist schlimmer geworden, wohl aber Verhütung und Rettung leichter.

Wir nennen heute mit etwas weitgehender Rücksicht auf Zartgefühl Trinker „Alkoholkranke"; das ist auch insofern richtig, als dadurch ausgedrückt wird, daß wir es zum großen Teil mit Erkrankten zu tun haben, mit Kranken an Körper und Geist und vor allen Dingen mit Kranken am Willen. Die meisten dieser Erkrankungen sind aber weder unheilbar, noch heilen sie von selbst aus; sie müssen sachgemäß behandelt werden. Wer hat sich bis heute dieser Gruppe angenommen? Es ist gar nicht in Abrede zu stellen, daß die Ortsarmenverbände hier und da Trinker auf eigene Kosten in Anstalten schicken. In Dresden hatten wir allerdings eine kleine städtische Trinkerheilanstalt; aber im großen und ganzen war es die Liebestätigkeit der Vereine, der Privaten und hervorragender Leute, wie Bodelschwingh, die sich der Trinker angenommen haben.

Nun wäre es aber zu wünschen, daß diese Aufgabe nicht lediglich der Privatwohltätigkeit überlassen, sondern auch der öffentlichen Armenpflege überwiesen würde, so daß es eine Organisation gäbe, die pflichtmäßig mit der Behandlung und der Heilung von Trinkern sich befassen müßte! Das würde in unserem Falle wohl der Landarmenverband sein. Ich möchte bitten, daß auch der Gedanke vielleicht einmal eine Erörterung finde, ob man nicht den Landarmenverbänden pflichtmäßig die Errichtung von Trinkerheilanstalten, deren wir in Deutschland bedürfen, aufbürdet.

(Bravo!)

Denn wie man es heute macht, daß man Trinker hin und wieder in Krankenhäuser steckt oder zur Besserung in Arbeitshäuser, das hat keinen Zweck. Die Krankenhäuser können sich nicht so eingehend mit den Methoden der Trinkerheilung wie die Trinkerheilanstalten befassen, und die Arbeitshäuser, in denen die Trinker einer Zwangsenthaltsamkeit unterworfen werden, können die Trinker nicht bessern, sondern müssen bei ihnen die Sehnsucht nach neuem Alkoholgenuß nur verstärken, die dann befriedigt wird, sobald ihnen die Freiheit wieder gewährt wird. Die öffentliche Armenpflege muß also im allereigensten Interesse sich pflichtmäßig mit der Trinkerbehandlung befassen, und die Landarmenverbände sind die geeignetsten Träger derselben!

(Bravo!)

Vorsitzender: Bevor ich dem Herrn Berichterstatter, Schatzrat Dr. Drechsler, das Schlußwort erteile, habe ich noch eine kurze Mitteilung zu machen.

Der Vorstand hat beschlossen, nach Erörterung dieses Punktes, also nach dem Schlußwort des Herrn Dr. Drechsler, eine Pause von drei Viertelstunden eintreten zu lassen. Wir haben aber eine dringende Bitte. Wir wissen aus der Erfahrung, daß meistens nach der Pause eine etwas freiere Auffassung der Gegenwartspflicht eintritt, um mich milde auszudrücken. Wir haben das Gefühl, daß wir heute auf dem Wege eines großen Erfolges sind, und wir bitten dringend, daß Sie alle nach der Frühstückspause sich wieder hier versammeln. Es wird ganz gewiß dafür gesorgt werden, daß so rasch als möglich der Schluß eintritt. Zu diesem Zwecke habe ich noch eine Bitte an die eingeschriebenen Herren Redner. Wir besitzen eine Zeitschrift, die weit verbreitet ist. Wenn Sie unsere Resolution dahin annehmen sollten, daß der Vorstand beauftragt wird, die heutigen Verhandlungen zur Kenntnis der zuständigen Stellen zu bringen, so gebe ich das Versprechen ab, daß diejenigen Zuschriften und Aufsätze an unsere Zeitschrift, die von Ihrer Seite zu dem heutigen Thema noch nachträglich erscheinen, von mir persönlich an derselben Stelle mit abgegeben werden. Es würde den Rednern, die sich lieber schriftlich äußern wollen, sehr leicht sein, mit größerem Erfolge auf schriftlichem Wege vorzugehen, wenn sie heute nicht das Wort ergreifen, sondern sich von der Rednerliste streichen lassen.

(Heiterkeit.)

Ein kurzer knapper Aufsatz für die Zeitschrift wird voraussichtlich mehr Beachtung finden, als die heutige stenographische Aufnahme!

Berichterstatter Schatzrat Dr. Drechsler-Hannover (Schlußwort): Herr Geheimer Rat Müller hat vermißt, daß ich die Frage der Beteiligung der Frauen an der Arbeit nicht erwähnt habe. Ich betrachtete es als meine Aufgabe, die Organe der Armenpflege soweit zu besprechen, als sie, wie Herr Senator Mertens richtig bemerkt hat, Träger der Armenlasten sind. Ich bin für diesen Ausdruck dem Herrn Senator Mertens dankbar; er ist eine Verbesserung. Im übrigen aber kann man den sympathischen Ausführungen des Herrn Geheimen Rats Müller nur zustimmen und der Hoffnung Ausdruck geben, daß in einzelnen Bundesstaaten die Teilnahme der Frauen an der Armenpflege gesetzlich geregelt werde.

Herr Bürgermeister Weißenborn hat den Begriff der Wanderarmenfürsorge, für die die Landarmenverbände eintreten sollen, noch etwas näher festgestellt, und er hat das klar ausgedrückt, was ich nur mit einem kurzen Wort angedeutet hatte. Ich kann daher seinen Ausführungen nur zustimmen.

Herr Dr. Scheven hat vermißt, daß ich die Trinkerfürsorge nicht erwähnt habe, auch das sei eine Aufgabe der Landarmenverbände. In der Tat, die Trinkerfürsorge ist eine ungeheuer wichtige Aufgabe, und auch zahlreiche Landarmenverbände haben sich dieser Aufgabe angenommen, indem sie in ihren Landarmenanstalten besondere Abteilungen für entmündigte Trinker eingerichtet haben; aber hier werden nur solche Trinker aufgenommen, die zwangsweise in geschlossenen Anstalten sein müssen. Diejenigen dagegen, die freiwillig in eine Anstalt eintreten, kommen in diejenigen Anstalten, welche von der freien Liebestätigkeit oder der inneren Mission errichtet sind. Die Frage, ob die Landarmenverbände auch auf dieses Gebiet übergreifen sollen, ist noch nicht ganz geklärt; ich glaube, das ist eine Zukunftsentwicklung. Ich möchte deshalb heute davon absehen, die Landarmenverbände in erster Linie für die Trinkerfürsorge gesetzlich festzulegen.

Dann hat Herr Bürgermeister v. Hollander in seinen Ausführungen zu der Frage, wann Armenverbände zwangsweise zusammengelegt werden sollen, die Bemerkung gemacht, leistungsschwache Armenverbände müßten unter allen Umständen zwangsweise zusammengelegt werden und nicht erst dann, wenn sie überbürdet seien. Das ist zweifellos ein richtiger Gedanke, dem ich nachgehen möchte. Der Gedanke läuft im Grunde genommen darauf hinaus: man soll den Brunnen nicht erst zudecken, wenn das Kind hineingefallen ist. Aber andererseits muß man davon Abstand nehmen, schablonenweise alle Armenverbände, die man vielleicht für leistungsschwach hält, zu Gesamtleistungsverbänden zusammenzuschweißen. Es würde deshalb genügen, wenn man in meinem Leitsatz statt „überbürdete Armenverbände" sagte „leistungsschwache Armenverbände", im übrigen aber die Zusammenlegung dem jeweiligen Bedürfnisse überließe, d. h. dem Antrag eines Landarmenverbandes, der schon zur rechten Zeit den Antrag stellen wird, ehe eine Überbürdung eintritt.

Endlich hat Herr Stadtrat Rosenstock auf einen Punkt hingewiesen, von dem er sagte, er sei nur nebenbei behandelt worden, und das sei doch der Kernpunkt, nämlich: soll das Unterstützungswohnsitzprinzip beibehalten werden oder nicht? Herr Stadtrat Rosenstock hat recht: es ist der Kernpunkt der Sache. Ich habe ihn deswegen nicht näher behandelt, sondern nur angedeutet, weil mir mehr die Aufgabe gestellt war, die Organe der Armenpflege zu behandeln. Ich bin aber, wie erwähnt, für die Beseitigung des genannten Prinzips und möchte den entgegengesetzten Ausführungen des Herrn Bürgermeisters v. Hollander noch eine Bemerkung entgegenstellen. Herr v. Hollander hat uns hier eine ganz schreckliche Geschichte von einer Familie erzählt, deren Mitglieder alle an den verschiedenartigsten Gebrechen litten und dem armen Ortsarmenverbande unendliche Kosten machten. Aber ich meine, wir sollen uns dadurch doch nicht gruselig machen lassen, sondern uns fragen: Können wir durch eine zweckmäßige anderweite Verteilung der Armenlasten auf die Ortsarmen- und die Landarmenverbände die Zustände bessern? Und da bin ich dem Herrn Vertreter von Ludwigsburg dankbar, daß er als Vertreter eines großen Ortsarmenverbandes meinen Ausführungen zugestimmt hat. Wenn nun heute ein solcher Antrag noch nicht gestellt wird, so müssen wir, die wir Freunde der Sache sind, uns damit bescheiden, daß wir sagen: kein Baum fällt auf den ersten Hieb. Aber wie ich höre, wird sich der Vorstand der Sache annehmen, und so kann ich der Hoffnung Ausdruck geben, daß in einigen Jahren der Baum gefällt wird.

(Lebhafter Beifall.)

Vorsitzender: Meine Damen und Herren, nur zwei Worte. Es lag zu diesem Punkte ein schriftlicher Antrag des Herrn Stadtrat Kappelmann (Erfurt) vor, der dahin lautet, daß für Trunksüchtige dieselbe Zusatzbemerkung zu den „Richtlinien" gemacht wird, die von Herrn Bürgermeister Weißenborn erwähnt wurde. Herr Kappelmann war leider nicht in der Lage, das Wort zu nehmen, da er durch einen Zufall versäumt hatte, zur richtigen Zeit hier an Ort und Stelle zu sein. Ich möchte nur die Hoffnung ausdrücken, daß Herr Kappelmann mir den Antrag mit der schriftlichen Begründung übergibt [1]).

Ich vertage nunmehr die Verhandlungen auf drei Viertelstunden; um 1 Uhr 15 Minuten wird das Glockenzeichen gegeben werden, und um 1 Uhr 20 Minuten findet die Fortsetzung der Verhandlungen statt.

(Pause.)

Vorsitzender: Meine Damen und Herren! Wir setzen nunmehr unsere Beratungen fort. Zunächst hat Herr Stadtrat v. Frankenberg zu einer geschäftlichen Mitteilung das Wort.

Schriftführer Stadtrat v. Frankenberg-Braunschweig: Meine verehrten Damen und Herren! Gestatten Sie mir, Sie nochmals darauf aufmerksam zu machen, daß, altem Brauche folgend, wieder ein Preßbericht über die gestrigen Verhandlungen erschienen ist, der sowohl draußen zur Verteilung gelangt als auch hier, soweit der Vorrat reicht, demnächst verteilt werden wird. Vor dem Verlassen des Saales wollen die geehrten Herrschaften jedenfalls, soweit das noch nicht geschehen sein sollte, sich diesen Bericht geben lassen. Ebenso wird voraussichtlich heute abend um 8 Uhr während der Festtafel der zweite Teil des Preßberichts in Empfang genommen werden können. Die Druckerei hat in Aussicht gestellt, ihn heute abend zu liefern.

[1]) Der Antrag nebst Begründung ist am Schlusse der Verhandlungen (S. 161) abgedruckt.

Vorsitzender: Wir gehen über zum IV. Punkt unserer heutigen Beratungen:

Der polizeiliche Arbeitszwang.

Das Wort hat Herr Direktor Dr. Lohse-Hamburg.

Direktor Dr. Lohse-Hamburg: Meine Damen und Herren! Dem vortrefflichen Bericht des Herrn Stadtrechtsrats Dr. Sperling über den armenpolizeilichen Arbeitszwang und den damit übereinstimmenden Richtlinien stimme ich in allen Punkten bis auf zwei zu, die mir wichtig genug erscheinen, um sie hier anzuführen.

Erstens halte ich es für bedenklich, die Anwendung des Arbeitszwanges auch gegen volljährige Kinder, deren Eltern aus öffentlichen Armenmitteln unterstützt werden, für zulässig zu erklären. Die Vorschrift wird für wichtig und erforderlich gehalten, weil die Kinder ihre sozialen Pflichten gegen die Eltern heutzutage vielfach gröblich vernachlässigen. Es liege kein Grund vor, die pflichtvergessenen Kinder anders zu behandeln wie die pflichtvergessenen Eltern. In beiden Fällen liege eine Verletzung der gesetzlichen Unterhaltspflicht vor, in beiden Fällen werde in gleicher Weise verwerflich gehandelt.

Für eine so weitgehende Ausdehnung des Arbeitszwanges würde ich wohl in München bei meinem Referat keine Mehrheit gefunden haben. Wenn ich einen derartigen Antrag gestellt hätte, so wäre er, glaube ich, fast einstimmig abgelehnt worden, und zwar aus guten Gründen. Gewiß ist es höchst pflichtwidrig, wenn in guten Verhältnissen lebende Kinder für ihre hilfsbedürftigen Eltern nicht sorgen; aber an sich ist die Sachlage in beiden Fällen doch recht verschieden. Einmal ist die Öffentlichkeit ganz anders daran interessiert, daß das Familienhaupt für Frau und Kinder sorgt. Sodann ist die Verpflichtung der Kinder zur Unterstützung der Eltern an die Voraussetzung geknüpft, daß die Kinder hierzu ohne Gefährdung ihres standesgemäßen Unterhaltes imstande sind. Die Verpflichtung der Kinder hat also einen weit beschränkteren Umfang als die Unterhaltspflicht der Eltern, die alle verfügbaren Mittel in gleichmäßiger Weise für ihren und ihrer Familie Unterhalt verwenden müssen. Bei der Unterlassung der Erhaltung der Eltern durch die Kinder ist also der Tatbestand ein weit komplizierterer und das Verschulden und die Unterhaltspflicht viel schwieriger festzustellen. Auch sind die Folgen des Arbeitszwanges für das Kind, das schon eine eigene Familie gegründet hat, und für die Familie dieses Kindes weit bedenklicher. Gewiß sollen die Zwangsmaßregeln gegen solche säumigen Kinder verschärft werden. Aber die Einweisung in ein Arbeitshaus ohne Richterspruch, lediglich im Verwaltungswege, und namentlich ohne vorherige Feststellung der Unterhaltspflicht des Kindes durch ein vollstreckbares gerichtliches Urteil halte ich für bedenklich.

Hiergegen könnte nun eingewendet werden, daß nach den Richtlinien das Reichsarmengesetz ja gar nicht den Arbeitszwang gegen solche Kinder einführen, sondern nur die Einführung durch Landesgesetz für zulässig erklären soll. Das ist der zweite Punkt, in dem ich nicht zustimmen kann. Es ist sehr wünschenswert, daß für ganz Deutschland mit Rücksicht auf die weitgehenden Folgen einer Maßnahme, wie es der polizeiliche Arbeitszwang ist, über den Arbeitszwang, das gleiche materielle Recht besteht. Und zwar einmal, damit nicht der Familienvater, der pflichtvergessen ist, seinen Wohnsitz in einen ihm günstigen Bundesstaat verlegen kann, dort den Unterstützungswohnsitz erwirbt und dann ungestraft die Familie der Armenpflege anheimfallen lassen kann. Vor allem aber aus den Empfindungen der allgemeinen Gerechtigkeit. Der armenpolizeiliche Arbeitszwang ist eine so schwere Beschränkung der persönlichen Freiheit, daß es mir durchaus angemessen erscheint, wenn alle Deutschen, ganz gleichgültig, in welchem Bundesstaate sie wohnen, gleich behandelt werden, handelt es sich doch um eine Freiheitsentziehung für viele Monate.

Ich glaube daher, daß man, wenn überhaupt einmal ein Reichsarmengesetz zustande kommt, hier gleiches materielles Recht bezüglich des polizeilichen Arbeitszwanges für alle Deutschen fordern sollte, so daß also das Armengesetz selbst bestimmen müßte, in welchem Umfange der armenpolizeiliche Arbeitszwang zur Anwendung zu bringen ist. Den einzelnen Bundesstaaten würde dann nur das Recht verliehen werden müssen, durch Ausführungsbestimmungen das Verfahren zu bestimmen, das in diesen Fällen angewendet werden soll, während das Reich selbst wieder die Rechtsgarantien für dieses Verfahren sicherstellen muß.

(Lebhafter Beifall.)

Berichterstatter Stadtrechtsrat Dr. Sperling-Mannheim (Schlußwort): Eine merkliche Wandlung der Ansichten hat sich zwischen der Münchener Tagung und der heutigen vollzogen! Damals war, „von der Parteien Gunst und Haß verwirrt", der polizeiliche Arbeitszwang noch sehr problematisch, und heute ist eine beinahe einmütige Zustimmung vorhanden, wenn ich Herrn Landgerichtsdirektor Dr. Aschrott, der sich womöglich auch noch bekehren wird, ausnehme; im übrigen ist es ein beinahe tragisches Geschick, daß ich mich im Schlußwort nicht gegen einen Gegner, sondern gegen einen der ersten Verfechter des polizeilichen Arbeitszwanges wenden muß.

(Heiterkeit.)

Herr Dr. Lohse möchte auf der einen Seite eine Beschränkung einführen und auf der anderen Seite über meine Vorschläge hinausgehen. Ich habe vorgeschlagen, daß auch Kinder, die ihre Unterhaltspflicht gegenüber ihren Eltern verletzen, dann, wenn sie über 16 Jahre alt sind, in das Arbeitshaus gebracht werden können. Ich gebe zu, daß dies eine sehr einschneidende Maßregel ist, und daß man von ihr in der Praxis wohl wenig Gebrauch machen würde. Ich habe auch in meinem schriftlichen Bericht ausgeführt, daß gerade hier wohl der vorbeugende Gedanke des Arbeitszwangsgesetzes zum Ausdruck kommen würde und Gutes wirken könnte. Wir haben damals in der Reichsarmengesetzkommission geglaubt, deshalb diese Vorschrift aufstellen zu sollen, weil es ganz zweifellos ist, daß in den letzten Jahren in den großen Städten die Unterhaltspflichtverletzungen von Kindern gegenüber ihren Eltern in ganz erschreckender Weise zunehmen. Ich kann nicht annehmen, daß wir in Mannheim besondere Verhältnisse haben; in anderen großen Städten wird es ähnlich sein. Bis jetzt haben die Strafbestimmungen, die wir gegenüber diesen pflichtvergessenen Kindern hatten, versagt. Ob das neue Strafgesetzbuch bessere Bestimmungen bringen wird, steht noch dahin. Ich glaube, es ist ein ganz guter Gedanke, daß in einem Reichsarmengesetz, das den äußersten Rahmen festlegen soll, auch diese Personenkategorie genannt wird, die von dem Arbeitszwang erfaßt werden kann. Im einzelnen Falle mag es ja Schwierigkeiten haben, die Alimentationspflicht des Kindes festzustellen; aber im allgemeinen wird doch wohl der betreffende Verwaltungsbeamte, der die Entscheidung fällt, die Möglichkeit haben, zu entscheiden, ob eine Nährpflichtverletzung vorliegt odernicht. Es wird gut sein, es so zu lassen, wie es vorgeschlagen ist, und den Rahmen so weit zu ziehen, wie wir ihn gezogen haben. Die Landesgesetze sollen ja die Möglichkeit haben, innerhalb des Rahmens zu bleiben und die Kinder, die ihre Unterhaltspflicht gegenüber den Eltern verletzen, nicht in den polizeilichen Arbeitszwang einzubeziehen.

Herr Direktor Lohse möchte auf der anderen Seite die Erweiterung haben, daß reichsgesetzlich ohne weiteres der polizeiliche Arbeitszwang überall eingeführt werden sollte. Zweifellos hat der Gedanke etwas für sich, und wir haben damals die Frage auch sehr erwogen, ob es möglich wäre, so weit zu gehen. Wir haben aber geglaubt, hier eine weise Selbstbeschränkung üben zu müssen, weil nicht überall das gleiche Bedürfnis nach dem Arbeitszwang vorhanden ist. Weshalb sollen wir kleinen Staaten, die keine großen Fabrikorte haben, wo bis jetzt gar kein Bedürfnis hervorgetreten ist, den polizeilichen Arbeitszwang einzuführen, zwangsweise denselben aufoktroyieren! Wir würden das Gesetz mit unnötigen Schwierigkeiten bepacken und es sicherlich nicht so leicht durchbekommen, wenn einzelne Staaten gezwungen werden sollten, ohne Rücksicht auf ein bestehendes Bedürfnis, den Arbeitszwang einzuführen.

Nun hat Herr Direktor Lohse gemeint, es wäre nicht erwünscht, wenn sich der betreffende Nährpflichtverletzer aus dem einen Bundesstaat in den anderen begeben könnte, in dem der Arbeitszwang nicht besteht, und von dem er nicht ausgeliefert werden würde. Eine Rechtshilfepflicht ließe sich aber im Reichsarmengesetz zwischen allen Bundesstaaten einführen, gleichgültig, ob sie den Arbeitszwang einführen oder nicht. Also wenn eine Person, gegen die in Preußen das Zwangsverfahren eingeleitet ist, nach einem thüringischen Staat, der den Arbeitszwang nicht eingeführt hat, auswandert, dann könnte zweifellos durch eine entsprechende Vorschrift des Reichsgesetzes festgesetzt werden, daß der thüringische Staat den Betreffenden nach Preußen ausliefern muß. Ich glaube nicht, daß da praktische Schwierigkeiten entstehen würden.

Im übrigen hat sich gegen die Vorschläge in meinem Druckbericht keine Opposition erhoben, und es ist sehr erfreulich, daß nun voraussichtlich die Materie, wie es in den Leitsätzen angeregt wurde, ihre Erledigung finden wird. Es ist nur zu hoffen, daß das Reichsgesetz recht bald kommt und diese zweifellos für die einzelnen Armenverbände sehr wichtige Frage regelt. Was den Vorschlag des Herrn Dr. Aschrott anlangt, diese Materie außerhalb des Reichsarmengesetzes zu regeln, so kann es ja an sich ganz gleichgültig sein, ob durch ein Reichsarmengesetz oder durch ein Sondergesetz, das das Reich erläßt, diese Normierung stattfindet. Ich bin aber der Ansicht, daß es praktischer ist, diese armenrechtliche Materie im Rahmen dieses Gesetzes zu regeln, und zwar deshalb, weil dann der Weg nicht zweimal gemacht werden muß. Wenn ein Reichsarmengesetz erlassen wird, dann müssen sich die gesetzgebenden Faktoren mit allen Fragen des materiellen Armenrechts befassen, und es ist besser, wenn bei dieser Gelegenheit gleichzeitig auch der polizeiliche Arbeitszwang geregelt wird, als daß nachher die Gesetzgebungsmaschine, die in der Regel so langsam und umständlich arbeitet, nochmals in Bewegung gesetzt werden muß.

(Beifall!)

Vorsitzender: Wir kommen zu Punkt V:

Wandererfürsorge.

Gemeldet sind sechs Redner, darunter ein Herr, den Berufsgeschäfte verhindern, hier länger zu bleiben. Im Einverständnis mit dem Vorstand bitte ich, diesem Herrn zunächst das Wort zu gestatten. — Das Wort hat Herr Rabbiner Dr. Tänzer-Göppingen.

Rabbiner Dr. Tänzer-Göppingen: Meine geehrten Damen und Herren! Ich danke zunächst dem verehrten Vorstand für die freundliche Rücksichtnahme auf meine Amtspflichten, die mich leider verhindern, den Verhandlungen des Kongresses weiter beizuwohnen.

In Ergänzung des ja sehr anregungsreichen Berichts des Herrn Professor Dr. Klumker über die Wandererfürsorge möchte ich mir erlauben, Ihre Aufmerksamkeit auf einen besonderen Zweig der organisierten Wanderarmenfürsorge im Reiche zu lenken, der zwar in seinen Prinzipien durchaus mit den von Herrn Professor Klumker dargelegten Grundsätzen übereinstimmt, dessen Besonderheit aber darin besteht, daß er konfessionellen Charakter trägt. Ich meine die organisierte jüdische Wanderarmenfürsorge im Deutschen Reiche.

Ich weiß, daß das Thema neu ist, es ist noch auf keinem Kongresse behandelt worden; ich halte es aber selbst für wichtig genug, und es ist andererseits auch an der Zeit, daß es endlich einmal zur Sprache gebracht wird. Freilich, Not und Armut sind interkonfessionell, und ihre Bekämpfung ist selbstverständlich allgemeine Menschenpflicht ohne irgendeinen Unterschied der Konfession. Das ist ja auch jüdischerseits von jeher anerkannt und betätigt worden. Dennoch aber hat sich die deutsche Judenschaft veranlaßt gesehen, im Anschluß an die bereits bestehenden allgemeinen Fürsorgeeinrichtungen für Wanderarme auch ihrerseits eine besondere Organisation für jüdische Wanderarme zu schaffen, und zwar einmal mit Rücksicht auf bestehende religiöse Vorschriften, z. B. das Sabbatruhegesetz, die rituelle Verpflegung und dergleichen, die die Unterbringung von jüdischen Wanderarmen in allgemeinen Fürsorgeheimen und Arbeiterkolonien ungemein erschweren. Dann aber vor allem deshalb — und das ist das wichtige Moment, das den Kongreß in seiner Arbeit auch interessieren möchte —, weil es sich hier um etwa nur 30 % Deutsche, dagegen um nahezu 70 % Ausländer handelt, die bei einer Unterbringung zu dauernder Beschäftigung ganz besonders schwierigen Bestimmungen und oft Willkürlichkeiten unterworfen sind.

Ich komme damit auf einen Punkt, der hier bereits wiederholt zur Sprache gebracht worden ist, daß nämlich in dem vorgesehenen oder bereits ausgearbeiteten Entwurf zu einem künftigen Reichswanderer-Fürsorgegesetz auch die Ausländerfrage eine besondere Berücksichtigung finden möge, und ich stimme hier dem ersten Herrn Redner in der Generaldebatte durchaus bei: es ist ein tiefernstes Problem. Wenn der verewigte edle Pastor von Bodelschwingh von den Wanderarbeitern als von seinen lieben Brüdern auf der Landstraße gesprochen hat, dann trifft das mit um so größerem Rechte für die deutsche Judenschaft, wenigstens bei all den Hunderttausenden von schuldlosen Glaubensbrüdern zu, die eine fanatische Verfolgungswut in Rußland und Rumänien leider Jahr für Jahr in die übrigen Kulturländer wirft. Herr Professor

Klumker hat in seinem Bericht davon gesprochen, daß die Wanderarmen ein Symptom gesellschaftlicher Krankheit seien. Ich glaube, bei diesen Hunderttausenden von bemitleidenswerten schuldlosen Menschen, die eine barbarische Handhabung der Gesetzgebung auf die Landstraße wirft, trifft es um so mehr zu; es ist tatsächlich ein Symptom, das unsere Kultur schändet. Wie das Beispiel der großen Judenviertel von London und Newyork zeigt, handelt es sich nicht um arbeitsscheue und arbeitsunfähige Menschen, sondern im Gegenteil zumeist um durchaus fähige und arbeitswillige Menschen, die mit Freuden jede sich ihnen darbietende Gelegenheit zu einer wenn auch noch so kümmerlichen Existenz ergreifen.

Erlauben Sie mir noch eine kurze Bemerkung! Es wäre das ein Thema, das verdiente, als Notschrei des verletzten Menschenrechtes auf einem Kongreß der deutschen Menschenliebe, wie er heute stattfindet, eingehend behandelt zu werden. Ich muß natürlich als Diskussionsredner darauf verzichten und möchte mich nur darauf beschränken, die wichtigsten Momente der Organisation darzulegen, die ich eingangs gekennzeichnet habe.

Diese Organisation führt den Namen: Deutsche Zentralstelle für jüdische Wanderarmenfürsorge. Sie wurde im Jahre 1909 gegründet, und am 1. Oktober trat sie ins Leben. Sie hat ihren Sitz in Berlin und war das Werk von vier großen jüdischen Reichsorganisationen, die der Wohltätigkeit dienen: des Deutsch-Israelitischen Gemeindebundes, des Hilfsvereins der deutschen Juden, der Alliance Israélite Universelle und der Großloge für Deutschland U. O. B. B. Das Prinzip der Zentralstelle ist der altbekannte Grundsatz: nicht durch Almosen, sondern durch Schaffung von Arbeitsgelegenheit muß und kann die Armut erfolgreich bekämpft werden.

Die Aufgabe der Zentralstelle ist eine zweifache, sowohl eine solche der Abwehr gegenüber dem arbeitsscheuen Bettlertum, wie eine solche der Fürsorge für die weitaus überwiegende Zahl der Arbeitswilligen. Aus der ja ziemlich komplizierten Organisation möchte ich Ihnen nur einige wichtige Momente vorführen. Zunächst ging man an die Schaffung von Grenzbureaus an allen größeren Eingangsstationen des Deutschen Reiches. Diese hatten vor allem die Aufgabe, eine sorgfältige Sichtung aller die Grenze überschreitenden Armen vorzunehmen, die Unfähigen oder Unwürdigen zurückzuweisen und nur faktisch brauchbares Material ins Land hineinzulassen. Dann wurden Provinzialkassen in allen größeren Städten des Reiches geschaffen. Sowohl die Grenzbureaus wie die Provinzialkassen stehen mit Arbeitsnachweisen in Verbindung, die von den jüdischen Logen im Reich gegründet sind. Diese arbeiten ungemein eifrig und fleißig und streben in den meisten Fällen danach, für die Wanderarmen Arbeitsgelegen-

9*

heit zu schaffen. In den Grenzbureaus wie von den Provinzialkassen werden die Armen mit direkten Ausweiskarten versehen, die sie bis zur nächsten Provinzialkasse befördern. Dort bemüht man sich, ihnen Arbeit zu verschaffen. Ist das möglich, so wird die Ausweiskarte eingezogen. Andererseits werden sie — bei Reichsdeutschen in ihre Heimatsgemeinde, bei Ausländern in ihr Heimatsland — abgeschoben. Das Umherliegen in Herbergen und auf der Landstraße wird mit allen erdenklichen Mitteln und aller Schärfe rücksichtslos bekämpft. Ein ausgezeichnet funktionierender täglicher Meldedienst zwischen den einzelnen Provinzialkassen und der Zentralstelle verhindert ein Überschreiten der Marschroute.

Herr Professor Klumker hat den Wunsch nach einer möglichst eingehenden Statistik ausgesprochen. Soweit die jüdischen Wanderer in Frage kommen — und ihre Zahl geht nach Hunderttausenden —, liegt eine ganz genaue Statistik der einzelnen Kassen vor, die ihm zur Verfügung steht. Im Jahre 1912 hat es im Deutschen Reiche bereits 47 solcher Provinzialkassen gegeben, von denen 28 zugleich Grenzbureaus waren. Der Erziehung zur Arbeit dient die vorläufig einzige jüdische Arbeiterkolonie im Deutschen Reiche, nämlich die in Weißensee, die in den wenigen Jahren ihres Bestehens bereits mehr als 5000 ledige Wanderarme in der Tischlerei, Bürstenbinderei usw. beschäftigt und sie in den Stand gesetzt hat, sich später ehrlich ernähren zu können. An verschiedenen Plätzen, z. B. in Hannover, wurde mit den städtischen Arbeiterkolonien ein Abkommen getroffen, das es ermöglicht, unter Berücksichtigung der besonderen jüdischen Vorschriften auch jüdische Wanderarme gegen mäßige Entschädigung unterzubringen. Auch Einrichtungen wie Brockensammlungen wurden von einer großen Anzahl jüdischer Gemeinden mit Erfolg geschaffen. Im Kattowitzer Bergrevier hat man gute Versuche gemacht, die Juden im Bergbau unterzubringen, so auch in Ostpreußen, sie bei Erntearbeiten zu beschäftigen.

Ich führe Ihnen das alles nur vor, um Ihnen zu zeigen, wie man jüdischerseits bestrebt ist, die Wanderarmut zu bekämpfen, und zwar mit einem ganz enormen Kostenaufwande. Man hat erreicht, daß jährlich 2 Mill. Mark einzig und allein von der privaten Liebestätigkeit jüdischerseits für diese und ähnliche Zwecke der Armenpflege aufgebracht werden. Dabei ist immer wieder zu bedenken, daß das Gesetz über den Unterstützungswohnsitz — ich glaube, es ist § 36 — die Fürsorge für diese Wanderarmen, wenn es auch Ausländer sind, den Gemeinden, wo gerade Wanderarme eintreffen, aufhalsen würde. Sie wollen daraus ersehen, in welcher Weise hier durch private Liebestätigkeit die große Öffentlichkeit von der ihr gesetzlich obliegenden Armenpflege entlastet wird.

Es wäre nun aber dringend geboten, daß in Zukunft vielleicht doch seitens des deutschen Vereins für Armenpflege in irgendeiner Weise mit der deutschen Zentralstelle für die jüdische Wanderarmenfürsorge Fühlung genommen wird. Man ist heute schon bestrebt, dort alle möglichen Erfahrungen, die gesammelt werden, weiter zu verwerten. Aber zweifellos würde für beide Teile im Interesse der Sache Nutzen geschaffen, wenn irgendeine Fühlungnahme möglich wäre. Ich will Sie aber mit diesen etwas außerhalb des Rahmens der Kongreßarbeiten liegenden Ausführungen nicht weiter belästigen; es würde jedoch meinem Wunsche entsprechen, wenn der Vorstand sich bereit finden würde, auch dieser Frage in Zukunft einige Aufmerksamkeit zu widmen.

(Lebhafter Beifall.)

Vorsitzender: Meine Damen und Herren! Der Herr Vorredner hat uns gedankt, daß wir ihn im Interesse seiner dringenden Amtspflichten zunächst haben zum Worte kommen lassen. Ich möchte den Spieß umdrehen und ihm für die interessanten Ausführungen danken, die er uns hier hat zuteil werden lassen!

(Bravo!)

Magistratssyndikus Langer-Frankfurt a. M.: Meine Damen und Herren! Das Thema der Wandererfürsorge ist schon nach der Anlage des Referats des Herrn Berichterstatters sehr eng bemessen, und wenn man die weiteren Ausführungen und Wünsche vernommen hat, die heute von einer Reihe von Diskussionsrednern geäußert wurden, so ist das Thema eigentlich noch mehr zusammengeschmolzen, so daß für die heutige Tagung nicht viel über die ganze Angelegenheit zu reden übrig bleibt.

Der Herr Referent hat drei große Gruppen unterschieden. Erstens hat er von den arbeitswilligen Wanderern gesprochen, die er aus dem Bereich seiner Darlegungen vollkommen ausgeschlossen hat. Er hat dann zweitens von den arbeitsscheuen Wanderern gesprochen, und als dritte Gruppe hat er die Kranken hinzugefügt, die sich auf der Wanderschaft befinden: arbeitsunfähige oder teilweise arbeitsunfähige Leute, die nach mehr oder weniger langer Anwesenheit in einem Heim oder Asyl sich wieder auf die Wanderschaft begeben haben. Ich möchte mich zunächst nur mit den beiden Gruppen befassen, die auch der Herr Referent in den Bereich seiner Ausführungen gezogen hat.

Was nun die arbeitsscheuen Wanderer anlangt, so meine ich, daß wir uns eigentlich im Rahmen des Abschnittes, zu dem ich das Wort ergriffen habe, kaum mit der ganzen Angelegenheit zu befassen haben; denn gegen die Arbeitsscheuen, mögen es Wanderer oder ortsansässige Leute sein, wendet sich heute bereits in einer großen Reihe von Bundesstaaten das in einem anderen Referat bereits behandelte Arbeitsscheuengesetz. Soweit es Bundesstaaten gibt, in denen das Arbeitsscheuengesetz noch nicht eingeführt ist, wird für diese Bundesstaaten das zu gelten haben, was Herr Stadtrechtsrat Sperling in seinem Referat gesagt hat, d. h. man wird gegen die Arbeitsscheuen, mögen sie Wanderer oder Nichtwanderer sein, mit dem Arbeitsscheuengesetz vorzugehen haben, und man wird in den Bundesstaaten, wo das Gesetz noch nicht besteht, es zur Einführung bringen müssen, sei es im Wege der Reichs- oder der Landesgesetzgebung.

Was nun die kranken Wanderer anlangt, so stimme ich in dieser Beziehung mit dem Herrn Referenten nicht überein. Der Herr Referent hat die Absicht, gegen die kranken Wanderer, soweit es irgendwie angängig ist, ein Entmündigungsverfahren einzuleiten und alle diese Leute im Wege der Entmündigung von der Landstraße verschwinden zu lassen, indem er sie zwangsweise in gewisse Anstalten einweist. Ich erblicke darin eine große Härte, die dadurch nicht gemildert wird, daß der Herr Referent insbesondere in seinen Leitsätzen die Entmündigung als einen Akt der Fürsorge bezeichnet, auf die, wie er sagt, die davon Betroffenen einen Anspruch hätten. Nun bin ich allerdings davon überzeugt, daß, wenn wir einen einer solchen Fürsorge bedürftigen Mann fragen: was ziehst du vor, diese Art der Fürsorge oder den Verzicht auf jede Fürsorge? — die Antwort darauf lauten wird: Ich bitte euch, von jeder Fürsorge für mich Abstand zu nehmen. Und ich glaube, daß diese Leute auch recht hätten; denn es heißt nichts mehr und nichts weniger, als diese armseligen Existenzen dauernd der Freiheit zu berauben, und darüber, was das bedeutet, brauche ich mich nicht näher auszulassen, zumal ein anderer Referent sich über diesen Punkt eingehend verbreitet hat. Vergessen Sie das eine nicht, daß wir Verbrechern, wenn sie ihre Strafe verbüßt haben, ihre Freiheit wieder zurückgeben, und daß wir Schädlinge in anderer Beziehung, Tuberkulöse und mit ansteckenden Krankheiten behaftete Leute, Irre immer wieder auf die Menschheit loslassen. Weswegen wir nun die armseligen Leute, die vom Freiheitsdrang überwältigt werden und sich gelegentlich wieder auf die Landstraße begeben, dauernd festlegen sollen, vermag ich nicht einzusehen. Nach meiner persönlichen Kenntnis ist die Zahl dieser Leute übrigens nicht gar so groß, und sie sind zumeist vergnügt, wenn sich die Pforten eines Heims für ihren freiwilligen Eintritt bald wieder öffnen.

Nun ist von einer anderen Seite — ich komme da zur dritten Gruppe, zur Gruppe der arbeitswilligen Wanderer, die der Herr Referent nicht in den Kreis seiner Ausführungen einbezogen hat — ausgeführt worden, daß eigentlich schon die Gefahr besteht, daß die Ausstattung unserer Wanderarbeitsstätten einen Anreiz für diese Personen bilden könnte, sich auf die Wanderschaft zu begeben. Ich kenne eine ganze Anzahl von Wanderarbeitsstätten und eine sehr große Anzahl von Wanderern, und ich glaube, auf Grund meiner Erfahrungen Ihnen sagen zu können: Sie können die Wanderarbeitsstätten noch komfortabler ausstatten, als es heute schon ist, und es wird sich dessenungeachtet kaum ein Mensch finden, der auf die Frage: was willst du werden? — sagt: ich will ein Wanderer werden, weil es in den Wanderarbeitsstätten so schön ist. Das brauchen Sie nicht zu befürchten! Vergessen Sie auch nicht, daß in den Wanderarbeitsstätten das Prinzip der Arbeit aufgestellt ist, und solange dieses Prinzip besteht, liegt die Gefahr, daß sich arbeitsscheue Ausbeuter sozialer Einrichtungen in die Arbeitsstätten begeben werden, absolut nicht vor. Wir müssen aber mit der Tatsache rechnen, daß es Wanderer gibt und geben muß; denn das Wandern ist eine Erscheinung, die seit Jahrhunderten besteht und deren Notwendigkeit durch tausend wirtschaftliche und berechtigte andere Verhältnisse gegeben ist. Wenn wir diesen Leuten ihr Leben auf der Landstraße erträglich gestalten und sie in die Lage versetzen, ihre Kraft wirtschaftlich zu verwerten, tun wir nichts Gefährliches.

Ich hätte es gern gesehen, wenn die Thesen dahin gegangen wären, daß auch die Regelung des Wandererwesens bezüglich der arbeitswilligen Wanderer in den Rahmen eines Reichsarmengesetzes einbezogen werden soll. Mir schwebt vor, daß wir mit der Erfüllung der großen Aufgabe, der sich der Vorstand in dankenswerter Weise unterzogen hat und der die Herren Referenten durch ihre vortrefflichen Referate entgegengekommen sind, nur den Grundstein zu einer umfassenderen späteren Gesetzgebung legen würden, und daß das Reichsarmengesetz nur das dritte Buch einer großen sozialen Reichsgesetzgebung sein wird, deren erstes Buch das Arbeitsrecht und deren zweites Buch das Gesetz über die Arbeitsvermittelung sein wird. Man kann eben nicht deshalb, weil bei den Wanderern auch andere Momente in Frage kommen, sagen, sie gehörten nicht in das Reichsarmengesetz hinein; im Gegenteil, weil der Wanderer, wenn er arbeitslos ist, hilfsbedürftig ist, müssen wir uns hier mit ihm beschäftigen und versuchen, in den Entwurf eines Reichsarmengesetzes die Regelung des gesamten Wanderarmenwesens in einer unseren Intentionen entsprechenden Weise hineinzubringen.

(Bravo!)

Kirchenrat D. Schlosser-Gießen: Meine Damen und Herren! Der Herr Referent Professor Klumker hat in seiner mündlichen Ausführung auf den starken Wandel der Anschauungen hingewiesen, der auf diesem Gebiete stattgefunden hat. Das hat mich lebhaft erinnert an unsere Verhandlungen vor 20 Jahren, im Jahre 1893 in Görlitz, wo wir über die Fürsorge für entlassene Strafgefangene verhandelt haben. Ich als Mitberichterstatter hatte mich damals ganz besonders mit der Frage der Rückfälligen beschäftigt, und unter diesen Rückfälligen bilden einen großen Prozentsatz diese Wanderarmen, die sich in einem beständigen Kreislauf befinden: Landstraße, Gefängnis, Arbeitshaus, Krankenhaus, Landstraße, — und aus diesem Kreislaufe niemals herauskommen. Wer einen tieferen Einblick in diese Dinge bekommen hat, kann nicht anders sagen, als daß er diesen Menschen nur mit dem allertiefsten Erbarmen gegenüberstehen kann. Ich bin damals schon zu der Überzeugung gekommen, daß wir mit dem System, das wir bisher hatten, dem System der Bestrafung und der korrektionellen Nachhaft im Arbeitshause, nicht auskommen können, weil die Leute, sobald sie wieder in die Freiheit kommen, wieder auf die Landstraße geraten und nicht imstande sind, sich selber hochzuhalten. Ich habe damals schon ausgeführt, daß die Freizügigkeit ein Grundrecht ist, aber ein Recht, das die Fähigkeit voraussetzt, es zu gebrauchen, und daß diesem Recht eine bestimmte Pflicht gegenübersteht. Wenn es bei einer Art von Menschen durch langjährige Erfahrungen feststeht, daß sie die Fähigkeit, dieses Recht zu gebrauchen, nicht besitzen, daß sie die Pflicht, die damit verbunden ist, nicht zu erfüllen gewillt sind, ist es nur konsequent, daß man in ihrem eigenen Interesse und zum Schutz der Gesellschaft ihnen das Recht der Freizügigkeit aberkennt und sie in dauernde Verwahrung nimmt. Damals stand ich mit meinen Anschauungen allein.

Es hat mich daher mit großer Freude erfüllt, wenn ein so berufener Kenner wie Professor Klumker aus seinen wissenschaftlichen und praktischen Erfahrungen heraus zu dem Schluß kommt, daß es bei diesen Leuten nicht mit der Bestrafung getan ist, daß es sich überhaupt nicht um Bestrafung handeln kann, sondern um eine Fürsorge und Sicherung und, ich füge hinzu, um einen Schutz der Gesellschaft gegen diese unsozialen Elemente.

Daß diese Wandlung der Anschauungen noch nicht so völlig durchgedrungen ist, hat der Herr Vorredner bewiesen, der, soweit ich ihn verstanden habe, diesen Standpunkt noch nicht einnimmt und meint, wir könnten im wesentlichen mit den bisherigen Bestimmungen auskommen. Ich glaube nicht, daß er diese Elemente, um die es sich handelt — ich habe das wenigstens aus seiner Darstellung herausgefühlt — selbst so ganz genau kennt. Es sind deren sehr viel mehr, als er sich denkt, und dann handelt es sich nicht um kranke Leute, die aus den Krankenhäusern entlassen werden und nicht imstande sind, in einen Erwerb hineinzukommen, sondern um minderwertige Leute, um unsoziale Leute, die vielleicht ganz intelligent, aber dabei willenskrank sind. Jeder, der die Sache kennt, weiß, daß diese Leute, wenn sie sich unter genügender Aufsicht befinden, in Schranken und Ordnung sind, sich arbeitswillig und arbeitsfähig bis zu einem gewissen Grade zeigen und eine ganz gute Arbeit liefern können; aber sie können sich in der Freiheit schlechterdings nicht halten.

Nun weiß ich ja, daß die Hauptsache der gesetzlichen Regelung sich nicht in einem Reichsarmengesetz vollziehen wird, sondern in einem Gesetz, das über die Wanderarbeitsstätten in Vorbereitung begriffen ist. Aber da der Herr Referent ausführlich darauf eingegangen ist, so durfte ich auch darauf zurückkommen, zumal wir die Freude haben, einen Vertreter des Reichsamts des Innern unter uns zu sehen. Gerade im Hinblick auf jenes Gesetz möchte ich kräftig unterstreichen: Alles, was an besserer Ausgestaltung unserer Wandererordnung erstrebt wird, wird erst dann überhaupt einen festen Boden gewinnen, wenn wir zu einer Ausscheidung der Arbeitsfähigen und der Arbeitswilligen von den anderen Elementen kommen. Das übrige wird die Umgestaltung des § 28 sein. In bezug darauf erinnere ich nur an die Worte des seligen Pastors v. Bodelschwingh bei unserer Versammlung in Berlin. Ich hoffe, daß der Wandel der Anschauungen, von dem Herr Professor Klumker gesprochen hat, bis in unsere Parlamente und Behörden hineingehen wird, daß endlich einmal für diese Ärmsten der Armen gesorgt wird, die nicht imstande sind, ihr Leben aus eigener Kraft hochzuhalten.

(Lebhafter Beifall.)

Landesrat Dr. Horion-Düsseldorf: Meine hochverehrten Damen und Herren! Es ist schon verschiedentlich darauf hingewiesen worden, daß derjenige Punkt, den wir jetzt behandeln, für die Gesetzgebung zurzeit die akuteste Bedeutung hat; denn ein diesbezüglicher Gesetzentwurf steht bekanntlich in Aussicht. Es haben nun in letzter Zeit mit Rücksicht auf diese akute Bedeutung zahlreiche Besprechungen der Beteiligten auf diesem Gebiete stattgefunden, und mündlich oder schriftlich ist die Sache sehr eingehend behandelt worden. Ich selbst habe an manchen dieser Beratungen teilnehmen können und bin häufig als Vertreter meiner Behörde, der rheinischen Provinzialverwaltung, in der Lage gewesen, eine von der großen Mehrheit der Anwesenden abweichende Stellungnahme zu der Frage der Wandererfürsorge einzunehmen. Um so mehr freut es mich, heute erklären zu können, daß ich mit den Leitsätzen, die der Herr Referent vorgeschlagen, und die indirekt der Vorstand auch schon im wesentlichen sich zu eigen gemacht hat, durchaus einverstanden bin. Ich kann diese Erklärung mit um so größerem Vergnügen abgeben, als ich zur Abgabe dieser Erklärung es nicht nötig gehabt habe, meine eigene Meinung auf diesem Gebiete irgendwie zu ändern. Der Herr Referent geht davon aus, daß es zunächst notwendig ist, für diejenigen zu sorgen, die arbeitsscheu und ganz oder teilweise arbeitsunfähig sind, und zwar sowohl im Interesse ihrer eigenen Person als auch im Interesse der Gesamtheit. Wenn für diese aber gesorgt werden soll, dann kommen wir an einem Eingriff in die persönliche Freiheit nicht vorbei.

In bezug auf die Qualität der Leute unterschreibe ich nach meinen Erfahrungen ganz das, was der Herr Vorredner gesagt hat. Das richtige Mitleid, das man mit den Leuten haben kann, besteht eben darin, daß man für ihre dauernde Festhaltung und Unterhaltung sorgt, so lange sich eben ihr Zustand nicht so weit ändert, daß sie voraussichtlich draußen existieren können.

(Sehr richtig!)

In welcher Weise dieser Eingriff in die persönliche Freiheit gemacht werden muß, steht noch dahin, und da möchte ich vielleicht dem Vorstand anheimgeben, ob er nicht in der Form, in der die Leitsätze den Behörden übergeben werden, die Einleitung etwas allgemeiner faßt, so daß wir uns nicht auf die Form der Entmündigung festlegen, sondern nur allgemein den Grundsatz aufstellen, daß eine zwangsweise Festhaltung stattfinden muß. Bisher haben wir ja diesen Eingriff in die persönliche Freiheit des Arbeitsscheuen insofern schon, als wir die Überweisung an das Arbeitshaus haben. Über die Wirkung dieser Überweisung hat der Herr Referent ja sehr scharf abgeurteilt, und zwar deshalb, weil der Aufenthalt im Arbeitshaus eine Besserung der Leute bekanntlich in keiner Weise herbeiführt. Ich unterschreibe das voll und ganz, möchte aber betonen, daß das durchaus nicht die Schuld des Arbeitshauses ist, sondern eben an der Qualität der Leute liegt, die überwiesen werden, von denen 95 % überhaupt nicht zu bessern sind. Die Schuld liegt höchstens an unserer Gesetzgebung, die uns zwingt, diese unverbesserlichen Elemente nach 2 Jahren wieder auf die Landstraße loszulassen, trotzdem der Direktor des Arbeitshauses, der die Leute kennt, sich sagt: Nach 2 oder 3 Monaten habe ich den Mann wieder hier, nur ist er in jeder Weise etwas tiefer gesunken, und das Spiel fängt wieder von vorn an. Wenn diese Leute nach dem Vorschlage des Herrn Professors Klumker entmündigt werden sollen, dann wird man auch für sie Anstalten einrichten müssen, die sich nicht wesentlich von unseren heutigen Arbeitshäusern unterscheiden, und diese Anstalten werden mit der Besserung der Leute ebensowenig Erfolg haben wie unsere heutigen Arbeitshäuser.

Herr Professor Klumker hat sich dann weiter in seinem mündlichen Referat in bezug auf die ihm gestellte Aufgabe viel enger gefaßt als in seinem schriftlichen Bericht. Er hat nämlich gesagt, daß er sich mit den Arbeitswilligen und Arbeitsfähigen, mit der dritten Klasse der Wanderer, überhaupt nicht befassen wolle; denn diese Klasse sei nicht Gegenstand der Armenpflege. Tatsächlich hat er sich aber in seinem schriftlichen Referat und in den Leitsätzen eingehend mit ihnen befaßt; denn die Punkte 3 und 4 der Leitsätze beziehen sich ja lediglich auf die Fürsorge für arbeitsfähige und arbeitswillige Wanderer. Ich möchte in diesem Punkte mehr den schriftlichen Ausführungen des Herrn Professors Klumker als seinem mündlichen Referate zustimmen.

Es ist ja kein Zweifel, daß auch nach der heutigen Gesetzgebung ein Arbeitsfähiger und Arbeitswilliger, der keine Arbeit finden kann, hilfsbedürftig im Sinne des Armenrechts und also Gegenstand der Armenpflege und Armengesetzgebung ist. Die Fürsorge für solche Leute ist auch schon vielfach in unserm Verein behandelt worden. Herr Professor Klumker legt sich bei seinen Vorschlägen für diese Klasse nicht auf die sogenannten Wanderarbeitsstätten fest, sondern er empfiehlt für sie zunächst Ausbildung der sozialen Fürsorgeeinrichtungen, um zu verhindern, daß sie wandern müssen, und dann weiter Schaffung von Arbeitsstätten, die er mit den Notstandsarbeiten der großen Städte vergleicht und die wohl unseren heutigen Arbeiterkolonien nahe kommen. Über die Ausführung im einzelnen steht mit Recht in den Leitsätzen nichts, das wird eben der Praxis überlassen werden müssen. Aber grundsätzlich wird man in diesem Punkte den Leitsätzen zustimmen können, daß für die letzte Klasse der dann noch übrig bleibenden Wanderer, nachdem die Arbeitsscheuen und Arbeitsunfähigen ausgeschieden sind, durch Arbeitsstätten, in denen sie vorübergehend oder dauernd Arbeit finden können, gesorgt werden muß.

Es ist dann noch — nicht von Herrn Professor Klumker, sondern von dem Herrn Gesamtreferenten — vorgeschlagen worden, daß zugleich § 28 aufgehoben werden möge. In dieser Hinsicht möchte ich doch dem Vorstand zur Erwägung anheimgeben, ob das so einfach möglich ist, ohne zugleich vorzuschlagen, was denn anstelle des § 28 gesetzt werden soll. Ich glaube, daß dieser § 28 als ultima ratio noch immer wird bleiben müssen.

Im übrigen kann ich nur noch dem Wunsche Ausdruck geben, daß das zu erwartende Reichsgesetz auf denjenigen Leitsätzen beruhen möge, die von Herrn Professor Klumker in seinem Referat vorgeschlagen worden sind.

(Bravo!)

Schatzrat Dr. Drechsler-Hannover: Ich verzichte auf das Wort, nachdem Herr Kirchenrat Schlosser und Herr Landesrat Horion dasjenige ausgeführt haben, was ich gegen die Ausführungen des Herrn Stadtsyndikus Langer aus Frankfurt a. M. einwenden wollte.

(Bravo!)

Dr. Polligkeit-Frankfurt a. M.: Meine Damen und Herren! Die Schwierigkeiten, die einer befriedigenden Lösung der Wanderarmenfrage entgegenstehen, sehe ich darin, daß, wie die ganze Binnenwanderungserscheinung nebeneinander auf wirtschaftlichen, sozialen und persönlichen Momenten beruht, so auch die Schutz- und Fürsorgeeinrichtungen so gestaltet sein müssen, daß sie diesen verschiedenen Ursachen gleichmäßig im allgemeinen wie im Einzelfall gerecht werden. Das bedeutet, daß niemals diese Frage allein im Armenwesen, ebensowenig aber allein auf dem Gebiete der Regelung des Arbeitsvertrages gelöst werden kann, sondern daß dazu auf den verschiedenen Gebieten eine einheitliche Gesetzgebung sowohl wie ein einheitliches Zusammenarbeiten der Verwaltung nötig ist.

Um nun für diese anzustrebende Einheitlichkeit der Gesetzgebung und Verwaltung auf diesen Gebieten allgemeine orientierende Gesichtspunkte zu geben, scheint es mir angebracht, doch eine andere Gruppierung vorzunehmen, wie sie Herr Professor Klumker hier gegeben hat, und zwar abgestuft nach dem Maße der wirtschaftlichen und sozialen Selbständigkeit der Bedürftigen. Sie werden Einrichtungen haben müssen für solche, die an sich im Wirtschaftsleben vollkommen selbständig sind, die nur Hilfseinrichtungen brauchen, um sich besser forthelfen zu können. Sie brauchen für die zweite Gruppe im wahren Sinne des Wortes eine Unterstützung, Einrichtungen, die diesen Leuten mit fremder Hilfe wieder die Fähigkeit zu einer selbständigen Lebensführung geben, und Sie haben dann die dritte Gruppe, auf die Herr Professor Klumker ja hauptsächlich eingegangen ist, diejenigen, denen das Mindestmaß an Selbständigkeit fehlt oder die von ihrer Selbständigkeit einen Gebrauch machen, der für sie selbst oder für die Gemeinschaft gefährlich wird. Für alle drei Gruppen brauchen Sie Einrichtungen auf den verschiedenen Gebieten, die ich erwähnt habe. Für die erste Gruppe zu sorgen, wird Aufgabe eines sozialpolitischen Ausbaus der Einrichtungen für wandernde Arbeitsuchende sein. Die zweite Gruppe fällt der öffentlichen und privaten Armenpflege anheim, die auch an der dritten Gruppe interessiert ist. Ich glaube aber, Herr Professor Klumker wird zugeben müssen: Wenn wir an die letzte Gruppe der Unselbständigen denken, so ist auch nicht nur wieder das Armenwesen berufen, diese Leute zu versorgen oder zu eliminieren, sondern daneben wird auch das Strafrecht, das Polizeirecht und das Vormundschaftsrecht mit hinzugezogen werden müssen.

Mir kommt es nun aber doch noch auf einen anderen Gesichtspunkt an, der in der Diskussion soeben von Herrn Landesrat Dr. Horion gestreift worden ist. Die ganze Frage der Versorgung der Wanderarmen ist nicht zu lösen, wenn wir nicht einem Gegenstand unsere ernste Aufmerksamkeit widmen, nämlich der Organisation der ersten Hilfeleistung in dringenden Fällen. Es ist bedauerlich, daß wir auf allen Gebieten der Fürsorge, nicht nur des Armenwesens, sondern z. B. auch in der Jugendfürsorge, noch in den allerersten Anfängen stecken, um diese erste Hilfeleistung großzügig zu organisieren. Wir haben Ansätze dazu in den großen

Städten, aber nicht in den Mittel- und Kleinstädten. Deswegen möchte ich auch wünschen, daß neben der gesetzlichen Aktion eine aus der Gesellschaft hervorgehende Bewegung einsetzen möge, um dieses erste Hilfeleistungsverfahren, wie wir es auf dem Gebiete der Hygiene im Unfallrettungswesen haben, in die Wege zu leiten.

Weiterhin möchte ich hier auch noch die Anregung geben, doch der Jugendlichen zu gedenken. Ich habe die Literatur anläßlich meines Referats auf der soeben abgehaltenen 8. Tagung deutscher Berufsvormünder durchgesehen, und es ist seltsam, zu bemerken, daß unter den vielfachen Gruppierungen keine nach Altersstufen vorgenommen und deshalb eine besondere Fürsorge für Jugendliche nicht vorgesehen ist, und doch wissen wir, daß gerade an der Binnenwanderungsbewegung unsere Jugendlichen vom 16. Lebensjahre ab zu einem ganz erheblichen Prozentsatz beteiligt sind. Wir haben auf der Berufsvormündertagung eine Resolution gefaßt, bei dem Reichsamt des Innern anzuregen, in das kommende Gesetz über die Wanderarbeitsstätten besondere Bestimmungen für Jugendliche aufzunehmen. Es scheint mir ebenso nötig zu sein, daran auch bei dem Erlaß des Reichsarmengesetzes zu denken.

In diesem Sinne möchte ich Sie bitten, dies meinerseits als Anregung aufzufassen und die Sache weiter zu bearbeiten.

(Bravo!)

Berichterstatter Professor Dr. K l u m k e r - Frankfurt a. M. (Schlußwort): Meine Damen und Herren! Wenn hier von der Dreiteilung der Wanderer die Rede ist, die ich aufgestellt habe, so dürfen Sie nicht vergessen, daß ich sie nicht aufgestellt, sondern sie übernommen habe. Es ist die übliche Art, in der man diese Sache einzuteilen pflegt. Ob diese Einteilung wirklich zweckmäßig, ob sie wissenschaftlich haltbar ist, darüber habe ich mich nicht ausgelassen und will ich mich nicht auslassen. Aber sie ist jedenfalls ein brauchbares Verständigungsmittel für eine solche Diskussion, und sie hat sich, glaube ich, in der heutigen Diskussion auch einigermaßen bewährt.

Im allgemeinen ist ein eigentlicher Widerspruch gegen meine Ausführungen nur von einer Stelle aus erfolgt, die mit einer ganz charakteristischen und typischen Beurteilung einsetzte, einer Beurteilung, gegen die gerade meine mündlichen Ausführungen sich gewandt haben. Ich habe mich mündlich schon aus körperlichen Rücksichten sehr stark beschränkt und habe eine Reihe von Fragen der Arbeitsfreudigen in dem schriftlichen Referat berührt und behandelt, die ich mündlich nicht erörtern konnte.

Die Behandlung der Arbeitsscheuen möchte Herr Syndikus Langer ausscheiden, weil er sagt, für sie würde ja jetzt schon durch Gesetz gesorgt. Nun bin ich einmal der Meinung, daß dadurch, daß ein Gesetz da ist, noch keine Fürsorge vorhanden ist. Darüber brauchen wir uns heute, wo wir über die Änderung des Reichsarmengesetzes sprechen, gar nicht zu unterhalten. Aber dadurch, daß nun irgendein Gesetz besteht, ist noch nicht gesagt, daß dieses Gesetz richtig wäre. Dagegen gerade haben sich meine ganzen Ausführungen gewandt.

Ich gehe davon aus, daß für die Frage der Befreiung der Landstraße von den eigentlichen, den echten Vagabunden und Landstreichern die bisherige gesetzliche Behandlung ganz sinnlos ist. Wie viele solcher Arbeitsscheuen vorhanden sind, wissen wir nicht. Diese Arbeitsscheuen einfach mit dem Hinweis auf das Gesetz über den Arbeitszwang abzutun, ist schon aus dem Grunde nicht angängig, weil nur eine kleine Gruppe von ihnen darunter fallen kann. Doch selbst, wenn wir sie unter ein solches Gesetz subsummieren könnten, wird es nicht um ein Haar besser werden, denn — und das hat der Redner vorhin gar nicht erfaßt — die strafrechtliche Behandlung, die Behandlung in Korrektionshäusern usw. ist absolut aussichtslos. Das möchte ich als ersten Satz hinstellen, daß hier wieder einmal wie schon früher öfter gerade von den Herren, die die Sache kennen — und das sind sowohl die Dezernenten der Landesverwaltung wie die Leiter der Korrektionshäuser selber — unisono ohne den geringsten Widerspruch bestätigt wird: das Korrektionshaus als Besserungsinstitut hat gar keinen Zweck und keine Berechtigung. Die Herren wehren sich gerade dagegen, daß man die Erfolglosigkeit des Korrektionshauses dem Korrektionshaus zuschiebt. Es kann das nicht leisten, was es leisten soll, und wird es niemals leisten. Es ist einfach eine Einbildung von kriminalistischer Seite, daß man mit dieser Behandlung an diesen Elementen etwas ändert.

Die bisherige Art der Behandlung — das möchte ich scharf betonen — heißt weiter nichts, als konsequent dafür sorgen, daß es echte Landstreicher und Vagabunden auf der Landstraße gibt. Darum freue ich mich, daß von seiten der Praktiker dieser Gesichtspunkt hervorgehoben ist, daß gerade die Praktiker immer stärker mit dieser Erklärung herauskommen. Hoffentlich werden auch über die Korrektionsanstalten einmal noch größere Werke erscheinen, die nicht von Kriminalisten und Strafrechtlern geschrieben sind, sondern von den Praktikern, die die Dinge kennen. Auf diese Dinge bin ich nur gekommen, weil alle Wandererfürsorge hier anfangen muß. Wenn wir gegen die Vagabunden und Landstreicher, die immer und ewig auf der Landstraße sind, keine Abhilfemittel finden können, nun, dann wollen wir uns nicht behaglich beruhigen mit dem Hinweis: da ist ein Gesetz, unter das sie fallen, sondern dann wollen wir sie nicht bestrafen, sie nicht mit der Polizei durch die Welt hetzen, sondern sie als Bettler privilegieren, wie es das vielgeschmähte Mittelalter vernünftigerweise getan hat. Eine Behandlung, wie sie diese Elemente heute erfahren, ist so inhuman und gemeingefährlich wie möglich. Es gibt keine größere Härte, als diese Leute so zu behandeln, wie sie heute behandelt werden.

(Sehr richtig!)

Machen Sie mit ihnen, was Sie wollen; entmündigen Sie alle diese Leute bis zum Lebensende, so wird jeder Mensch, der die Sache kennt, sagen: das ist ein großartiger Akt der Menschlichkeit gegenüber dem, was wir heute für sie tun. Das können wir uns nicht scharf genug ins Gewissen hämmern, daß es Sache der Menschlichkeit ist, sich dieser Leute anzunehmen. Darüber herrscht in dem Kreise derer, die ständig mit diesen Leuten zu tun haben, sie nicht bloß bei einer einmaligen Vernehmung sehen, völliges Einverständnis, daß die jetzige Behandlung dieser Leute einfache Mißhandlung ist.

Ganz ähnlich liegt auch die Frage bei den halb oder ganz arbeitsunfähigen Elementen. Auch für diese Leute, für die Herr Kirchenrat Schlosser so warme und verständige Worte gefunden hat, ist es ja furchtbar harmlos, zu sagen: Lassen wir sie auf der Landstraße! Ach, wenn es darauf ankäme, diesen Leuten ein Vergnügen zu machen, würde ich sie gern auf der Landstraße lassen. Aber diesen Elementen ist die Landstraße kein Vergnügen. Dies ist, wie Herr Rabbiner Tänzer als Inhalt meiner Rede feststellte, das Symptom einer gesellschaftlichen Krankheit, und daran soll man nicht herumdoktern, sondern die Krankheit gründlich zu heilen suchen, indem man für diese Elemente dauernd sorgt, indem man sie entmündigt. Daß hierin eine Härte liegen soll, kann man nicht sagen. Wie groß die Zahl dieser Leute ist, die in der Welt unstet herumlaufen, können wir mit Sicherheit nicht angeben. Das liegt aber daran, daß man nicht, wie von unserer Seite stets scharf betont worden ist, versucht hat, eine größere umfassendere Statistik dieser Elemente aufzumachen. Der Vagabund, der einmal der Polizei in die Hände kommt, ist ein ganz ander Ding als der Mensch, für dessen Freiheit wir so große Worte finden. Herr Kirchenrat Schlosser hat recht, wenn er sagt, die Freiheit ist ein schönes Ding, aber nur, wenn der Mann etwas damit anfangen kann. Ich stehe am allerwenigsten im Verdacht, daß ich ein Gegner der persönlichen Freiheit bin. Gerade in diesem Kreise wissen viele, daß ich nur als einer der Referenten meinen Widerspruch gegen die ganzen Gesetze über den Arbeitszwang zurückgestellt habe, um die ganzen Verhandlungen heute nicht unnötig zu belasten. Wie oft habe ich dabei in diesem Kreise den starken Schutz des Richters für die persönliche Freiheit auch des Ärmsten gefordert. Um so mehr kann ich mit voller Ruhe sagen: diesen Leuten, von denen wir heute reden, muß man die Freiheit beschränken, die sie gar nicht besitzen. Besitzen diese direktionslosen Elemente überhaupt irgend etwas, was wir mit dem Namen „Freiheit“ bezeichnen können?

(Sehr richtig!)

Sie taumeln wie Blinde herum in der Welt und tragen das Gefühl ihrer Schwäche gar oft in sich. Ich erinnere mich einer Gerichtsverhandlung in einer kleinen Provinzstadt, wo ein großes Gefängnis ist. Aus diesem war ein Mann entlassen worden, und unmittelbar nach seiner Entlassung hat er vor dem Gefängnis in einer neuangelegten Baumallee die Bäume in aller Gemächlichkeit Stück für Stück umgebrochen, bis er verhaftet wurde. In der Gerichtsverhandlung sagte er zu den Richtern: „Meine Herren, ich weiß ganz genau, was für mich gut ist; ich bin im Korrektionshause, im Siechenhause, im Armenhause, im Krankenhause und im Gefängnis gewesen: geben Sie mir eine recht hohe und lange Gefängnisstrafe. Im Gefängnis ist mir am wohlsten gewesen.“ Das ist nur ein Typ, und die Leute, um die es sich hier handelt, sind ähnliche Naturen. Sie empfänden es zum großen Teile selbst als eine Barmherzigkeit, daß sie entmündigt werden.

Wenn Sie meinen Bericht durchsehen, werden Sie finden, daß ich sehr dafür bin, daß man für die Wahrung der persönlichen Freiheit alle möglichen Kautelen schafft. Gewiß gibt es Leute, die lange vagabondiert haben und doch wieder auf eigene Füße kommen. Die Entmündigung kann nur erfolgen aus dem objektiven Tatbestande heraus; es muß diesen Leuten immer wieder die Möglichkeit gegeben werden, sich empor zu arbeiten, und erst aus den wiederholten Rückfällen darf eine längere Internierung gefolgert werden. Das sind Gedanken, die vielleicht etwas neu sind, sie ändern aber nicht einmal den Grundbegriff der Entmündigung im BGB. Inwieweit ein solcher Zwang notwendig ist und mit äußerer Gewalt erfolgen muß, kann erst die Praxis lehren. Ein ganz großer Teil dieser Elemente wird sich einer andauernden Internierung ruhig fügen, ohne irgendwelche Schwierigkeiten zu machen. Ich konnte in meinem Bericht vorhin nicht darauf eingehen. Nehmen Sie die Arbeiterkolonien! Wie viele Hunderte und Tausende sind nicht fast dauernd in den Arbeiterkolonien interniert! Die Stammgäste dieser Kolonien sind ein großer Teil derer, die sich freiwillig internieren lassen, weil sie draußen im Leben nicht existieren können.

Und damit käme ich auf die Arbeitswilligen. Hier muß ich zunächst eine kleine Bemerkung theoretischer Natur machen. Der Ausdruck „Arbeitswillige“ ist zweifellos schlecht gewählt und für die öffentliche Diskussion kaum zu gebrauchen; denn das Wort „Arbeitswillige“ hat in unserem gewöhnlichen Sprachgebrauch den Charakter von Streikbrechern angenommen; denn das, was wir „Arbeitswillige“ nennen, sind ganz andere Elemente, als Streikbrecher, die das Gegenteil von Arbeitswilligen sind, die

die günstige Gelegenheit wahrnehmen wollen, etwas mehr als sonst zu verdienen. Die Arbeitswilligen in unserem Sinne bilden die Hauptgruppe, über die wir uns dem Begriff und der Zahl nach einigen müssen. Wie viele es deren gibt, wissen wir nicht. Darüber kommt man nicht einfach mit der Redensart hinweg, das Wandern werde dauernd bestehen und das Leben auf der Landstraße müsse erträglich gestaltet werden. Wir haben uns nur mit den mittellosen Wanderern zu befassen, deren Zahl nicht so groß ist, wie die Wanderarbeitsstätten es proklamieren, vielleicht aber auch nicht so klein, wie Herr Landesrat Horion es annehmen möchte.

Wenn Sie meine Thesen ansehen, werden Sie finden, daß eine ganze Reihe von Instituten vorhanden ist, die sich dieser Wanderer annehmen, und daß es notwendig ist, diese Institute auszubauen und die Lücken zu beseitigen. Wenn man sagt, der Wanderer ist arbeitsfähig, also nicht hilfsbedürftig, so ist das ein Galimathias schlimmster Art. Der Wanderer, wenn er kein Geld hat, ist hilfsbedürftig. Sie sehen, daß man da den Weg klar machen und den Dingen scharf zu Leibe gehen muß. Ob und wie man diese Frage in einem Reichswanderergesetz lösen will, ist eine zweite Frage. Jedenfalls den ersten Teil, was die Armenpflege angeht, können wir nur im Wege einer dauernden Entmündigung lösen und so eine humanere menschlichere Versorgung dieser Elemente eintreten lassen die wir heute in der inhumansten und rohesten Weise behandeln.

(Lebhafter Beifall.)

Vorsitzender: Wir gehen über zu Punkt VI:

Die Tariffrage.

Hierzu sind drei Redner gemeldet. Ich erteile zunächst das Wort Herrn Stadtrat Dr. Mann-Neukölln.

Stadtrat Dr. Mann-Neukölln: Meine sehr verehrten Damen und Herren. Dieser Punkt der Tagesordnung ist offenbar derjenige, welcher die ehrenamtlichen Organe der Armenpflege am wenigsten interessiert. Sie wollen ja mit ihrem warmen Herzen und ihrem klaren Verstande dem Armen helfen und kümmern sich in der Regel wenig darum, woher die Geldmittel und sonstigen Beträge kommen, die notwendig sind, um ihren Vorschlägen entsprechend eine Beseitigung der Hilfsbedürftigkeit herbeizuführen. Um so größeres Interesse bringen aber die Armendezernenten der Tariffrage entgegen, weil sie nicht bloß die Pflicht haben, in Fällen der Hilfsbedürftigkeit zu helfen, sondern auch die große Pflicht haben, die Ansprüche des Ortsarmenverbandes gegenüber anderen geltend zu machen, damit alles geschieht, um die Ersatzansprüche zur Verwirklichung zu bringen. Und nach der

Richtung hin wird die Tariffrage von einem besonderen Gesichtspunkt aus betrachtet werden müssen.

Jede Armenunterstützung ist ja kein Geschenk, das der Armenverband dem Hilfsbedürftigen gibt, sondern gesetzlich ist die Armenunterstützung als eine Vorschußzahlung anzusehen, um dem Betreffenden über die augenblickliche Notlage hinwegzuhelfen, mit der Verpflichtung, daß er später, wenn er wieder in günstigere Verhältnisse gerät, Rückerstattung auf die empfangene Unterstützung gewährt. Ich glaube, daß die Beträge, die auf diese Weise von Armen zurückerstattet werden, doch an Millionen herangrenzen, wenn man das gesamte Deutschland in Betracht zieht. Wenn das bei der Tariffrage mit zu berücksichtigen ist, so wird man auch darauf zu achten haben, daß die Tarifsätze sich in solchen Grenzen halten müssen, daß sie keine Unbilligkeit für den Unterstützten bedeuten. In dieser Beziehung ist gerade bei dem jetzigen preußischen Ministerialtarif eine Unbilligkeit zu konstatieren, der bekanntlich dadurch eine Ausdehnung erfahren hat, daß die Tarifsätze auch in den Fällen zu erstatten sind, wo volle Verpflegung außerhalb einer Anstalt gewährt wird. Ich halte das für bedenklich und würde meinen, es sollte in einem neuen Reichsarmengesetz davon abgesehen werden, Zurückerstattungen nach einem Tarif in den Fällen eintreten zu lassen, wo es sich um Verpflegung außerhalb der Anstalt handelt. Wir haben den bedenklichen Fall in Groß-Berlin zu konstatieren, daß der vorläufig verpflichtete Armenverband die Pflegegelder für Waisenkinder in der offenen Waisenpflege in Tarifhöhe vom endgültig verpflichteten Armenverbande erstattet verlangt, d. h. pro Tag 60 Pfennig, obwohl er die Kinder zu einem geringeren Satz als 60 Pfennig pro Tag in Pflegestellen untergebracht hat, und zwar, wie ich hervorheben möchte, in durchaus guten Pflegestellen. Es ist durchaus möglich, Waisenkinder zu einem monatlichen Pflegesatze von 10, 12, 15 Mark in gute Pflegestellen zu bringen. Hier ergibt sich nun die Unbilligkeit: erstattet verlangt werden nach dem Tarif 18 Mark; das bedeutet eine Bereicherung des vorläufig verpflichteten Armenverbandes in Höhe von 8, 6, 3 Mark an den Rückerstattungen. Das könnte man sich allenfalls, da es sich um Korporationen handelt, ruhig mit ansehen; aber hier muß man doch im Auge behalten, daß es vorschußweise Zahlungen sind. Der Unterhaltspflichtige ist verpflichtet, das, was er vom Armenverband erhalten hat, zurückzuerstatten, und da muß darauf gesehen werden, daß er nicht mehr zurückerstattet, als der Armenverband tatsächlich an Aufwendungen gehabt hat. Wenn beispielsweise ein Kind für einen monatlichen Pflegesatz von 10 Mark verpflegt worden ist, so darf infolge Anwendung des Tarifs kein höherer Ersatz beansprucht werden.

Das führt mich dahin, tarifmäßige Erstattungen nur in den

Fällen eintreten zu lassen, wo es sich um Anstaltspflege handelt, wo von vornherein die Unmöglichkeit dargetan ist, zu einem geringeren Satze die betreffende Leistung der Armenpflege zu bewirken, als sie der Tarif bemißt. Der Tarif, wie wir ihn jetzt in Preußen haben, ist zweifellos den Sätzen nach zu gering, und es müßte da eine Erhöhung eintreten. Aber immerhin darf der Tarifsatz nicht den vollständigen Ersatz dessen enthalten, was an gesamten Aufwendungen entstanden ist, weil ja sonst der vorläufige Armenverband, wie es in einem früheren Referat einmal ausgeführt ist, kein Interesse mehr an dem Unterstützungsfall hätte, da ein anderer in voller Höhe eintreten müßte.

Ich möchte also doch zur Erwägung anheimgeben, die tarifmäßige Erstattung nur für Anstaltspflegefälle eintreten zu lassen. Das gleiche könnte auch bei den Begräbniskosten der Fall sein.

(Lebhafter Beifall.)

Landesrat Dr. Nebe-Posen: Meine Damen und Herren! Wenn ich zu diesem Punkte der Tagesordnung eine Änderung des Leitsatzes 1 b des Herrn Referenten dahin vorgeschlagen habe, daß nur für den Fall der Verpflegung eines Armen innerhalb einer Anstalt die Erstattung nach Tarifsätzen empfohlen wird, so ist das wahrlich nicht aus irgendwelcher Oppositionslust, sondern aus Gründen geschehen, die in der Natur der Sache liegen. Wir haben es in Preußen in den letzten Jahren erlebt, daß die am 1. April 1911 in Kraft getretene Änderung des Armentarifs die, wie ich unterstreichen möchte, wohl von niemand vorausgesehene Wirkung gehabt hat, daß nunmehr die vorläufig unterstützenden Ortsarmenverbände auch für in Familien untergebrachte erwachsene Personen und Kinder von den endgültig erstattungspflichtigen Armenverbänden statt ihrer tatsächlichen Auslagen tarifmäßige Pauschalbeträge erstattet verlangen können. Es wird wohl in Preußen jetzt überall erkannt, daß diese Ausgestaltung des preußischen Tarifs den Interessen der Armenpflege zuwiderläuft, und Sie können dem, der diese Ansicht vertritt, das sacrificium intellectus nicht zumuten, daß er sich mit einem Vorschlag einverstanden erklärt, der diese in Preußen als schädlich erkannte Vorschrift sogar auf das Reich ausdehnen will.

Darin stimme ich dem Herrn Referenten bei, daß für die Fälle der Krankenhausbehandlung sowie der Armenhaus- und Waisenhausunterbringung die Festsetzung von Pauschalbeträgen durch Tarife aus verschiedenen Gründen durchaus erwünscht ist. Diese Fälle haben alle das gemeinsam, daß der vorläufig unterstützende Armenverband schwer nachweisen kann, welche tatsächlichen Kosten ihm entstanden sind, daß andererseits der Armenverband, der erstattungspflichtig ist, oft glauben wird, Anlaß zu dem Verdacht zu haben, daß die Berechnung ihm gegenüber künstlich hochgeschraubt sei oder daß die betreffende Anstalt — das Waisenhaus, Krankenhaus — zu teuer wirtschafte. Für diese Fälle gilt es, durch Pauschalierung der erstattungsfähigen Beträge derartigen Streitigkeiten, zu denen der Keim in solchen Fällen überall vorliegt, vorzubeugen.

Bei der Unterbringung von erwachsenen Personen und von Kindern in Familienpflege dagegen fallen alle diese für die Tarifierung der erstattungsfähigen Kosten sprechenden Gründe weg. Hier kann der Armenverband, der vorläufig unterstützt hat und Erstattung verlangt, klipp und klar nachweisen, was er aufgewendet hat. Umgekehrt wird der Armenverband, der wegen Erstattung in Anspruch genommen wird, kaum einmal Anlaß haben, die Kostenrechnung des vorläufig unterstützten Armenverbandes zu bemängeln; denn er weiß genau: der Ortsarmenverband bringt sowohl ortsangehörige als auch fremde Kinder unter und wird für diese letzteren nicht abnorm hohe Pflegegelder zahlen, weil er sonst damit rechnen müßte, daß auch die Pflegeeltern der ortsarmen Waisenkinder höhere Forderungen stellen würden. Das hat sich in der Praxis insofern deutlich bemerkbar gemacht, als früher Prozesse zwischen Armenverbänden wegen der Aufwendungen für solche in Familien untergebrachte Kinder kaum je vorgekommen sind. Wenn sich die süddeutschen Herren dagegen ein Bild davon machen könnten, welche Unzahl von Streitfragen und Prozessen die Änderung des preußischen Armentarifs hat entstehen lassen, dann würden Sie, glaube ich, selbst davor zurückschrecken, für eine reichsgesetzliche Regelung die Aufnahme einer gleichen Bestimmung zu befürworten.

Nach der jetzigen Rechtslage kann in Preußen dieser Tarifsatz, dessen Ungerechtigkeit der Herr Vorredner mit anderen Gründen nachgewiesen hat, keineswegs in allen Fällen der Unterbringung von Personen unter 14 Jahren in Familien beansprucht werden, sondern es gehört als Voraussetzung dazu einmal, daß das Kind arbeitsunfähig ist. Nun hat das Bundesamt für das Heimatwesen schon selbst darauf hingewiesen, daß sich allgemein gar nicht sagen läßt, wann die Arbeitsfähigkeit, die wenigstens beschränkte Arbeitsfähigkeit eines Kindes anfängt, sondern daß sich das im einzelnen Falle nach den besonderen Umständen richtet. Es liegt auf der Hand, daß das Vorliegen dieser Voraussetzung oft streitig werden wird.

Es kommt die Frage hinzu, die schon zu einer großen Anzahl von Prozessen geführt hat: wann denn eine Person als in volle Pflege gegeben zu betrachten sei. Denn nur in diesem Fall natürlich ist der Tarifsatz anwendbar. Wenn ein Kind, wie es oft geschieht, sich bei Leuten, insbesondere bei Verwandten befindet, die es nicht völlig unentgeltlich unterhalten können, vielmehr die Armenbehörde wenigstens zur Bewilligung eines kleinen Pflegekostenzuschusses vermocht haben, dann kann man doch nicht davon reden, daß der Betrag, der für das Kind aus Armenmitteln gezahlt ist, ein Entgelt für die volle Unterhaltung des Kindes darstelle. Wie oft das aber strittig ist — ich möchte sagen, daß es beinahe regelmäßig zu Differenzen zwischen den Vertretern der sich gegenüberstehenden Armenverbände in dieser Frage kommen wird —, das, meine Damen und Herren, können Sie selber ermessen, wenn Sie die menschliche Natur berücksichtigen. Die Vertretung der verschiedenen Interessen wird meist dazu führen, daß jeder der beiden in Betracht kommenden Beamten von dem Gegenteil dessen überzeugt ist, was der andere annimmt, d. h. daß der erstattungspflichtige Armenverband nicht anerkennen wird, daß die 6 oder 8 Mark, die der betreffenden Familie monatlich gezahlt worden sind, die volle Verpflegung des Kindes haben abgelten sollen, sondern behaupten wird, daß diese Beträge nur Beihilfen an die Verwandten oder sonstigen Personen darstellen, die das Kind in Pflege genommen haben.

Über die Mehrbelastung der erstattungspflichtigen Armenverbände durch die Einbeziehung dieser Fälle in den Tarif ließe sich m. E. vielleicht hinwegkommen, wenn man sagen könnte, daß diese Bestimmung für die Kinder und Erwachsenen, die in Familien untergebracht sind, von Vorteil ist. Davon ist aber keine Rede, und insoweit muß ich dem Referate widersprechen, wenn da an einer Stelle — nebenbei allerdings — gesagt ist, daß die Einbeziehung dieser Fälle unter den Tarif dem Unterstützten eine gewisse Mindestleistung gewährleiste [1]. Die Erfahrung in Preußen spricht dagegen. Nach dem Bekanntwerden der Bundesamtsentscheidungen, daß der Tarifsatz auch bei Unterbringung noch nicht arbeitsfähiger Kinder in Familienpflege dem erstattungspflichtigen Armenverband in Rechnung gestellt werden könne, sind nicht etwa die Pflegegeldsätze für diese Kinder — etwa bis zur Höhe des Tarifsatzes — erhöht und die Anforderungen an die Pflegeeltern im Interesse der Kinder entsprechend gesteigert worden, sondern die Folge ist lediglich gewesen, daß die vorläufig unterstützenden Ortsarmenverbände den Unterschiedsbetrag zwischen dem, was sie nach wie vor an die Pflegeeltern zahlen und dem von dem endgültig verpflichteten Armenverband zu erstattenden Tarifsatz, in ihre Tasche stecken. Das ist ungerecht, wie der Herr Vorredner ausgeführt hat, gegenüber der Privatperson, die man etwa schließlich zur Erstattung der Kosten des Armenpflegefalles heranziehen muß. Es widerspricht auch der ganzen Natur der Tarifsätze, die nur dann Sinn und Verstand haben, wenn es sich darum handelt, den, der Erstattung verlangt, der Verpflichtung zu überheben, daß er Forderungen, die er nicht präzisieren **kann**,

[1] S. 114.

auf Heller und Pfennig belegen soll, und wenn die bei dieser Sachlage sonst unvermeidlichen zahlreichen Streitigkeiten durch Einführung von Pauschalsätzen ausgeschlossen werden.

(Lebhafter Beifall.)

Magistratsrat Dr. Lehmann-Berlin: Meine Damen und Herren! Auf die Gefahr hin, Ihnen vielleicht langweilig zu werden, möchte ich es doch nicht unterlassen, als ein Dezernent der Berliner Armenverwaltung das, was die beiden Herren Vorredner gesagt haben, nochmals ebenfalls kräftig zu unterstreichen. Sie werden es mir vielleicht nicht glauben, aber es ist auf Grund des neuen preußischen Tarifs tatsächlich dahin gekommen, daß unter Umständen die Armenpflege ein gutes Geschäft wird. Allerdings nicht für größere Armenverbände; denn die haben Aufwendungen, auch bei Verpflegung außerhalb einer Anstalt, die in der Regel über den Tarifsatz hinausgehen; wohl aber — wie das Herr Stadtrat Dr. Mann vorgeführt hat — für Armenverbände, die für die Verpflegung von Kindern und alten Leuten tatsächlich nicht so viel aufwenden, wie der Tarifsatz — 18 Mark — vorsieht. Diese Armenverbände verdienen einfach die Differenz zwischen dem Tarifsatz und dem, was sie tatsächlich zahlen.

Ich überlasse es Ihrem Urteil, meine Damen und Herren, und überlasse es vor allen Dingen dem Urteil des Herrn Referenten, ob es danach nicht angezeigt erscheint, in Nr. 2 seiner Leitsätze die Worte „oder außerhalb einer Anstalt" zu streichen. Einmal, weil die erwähnte Folge dem Rechtsgefühl widerspricht und dann, weil diese Fassung notwendigerweise, wie das die Herren Vorredner auch betont haben, zu einer außerordentlich großen Zahl von Prozessen geführt hat, in denen man das Bestreben des Bundesamts für das Heimatwesen deutlich erkennen kann, die genannten Konsequenzen des Tarifs einzuschränken. Vor allen Dingen dadurch, daß in vielen Fällen das Vorliegen einer vollen Verpflegung geleugnet wird, und zwar von dem höchsten Gerichtshof aus Gründen geleugnet wird, denen man sich vielleicht nicht immer anschließen wird. Es ist z. B. in einem Falle gesagt worden, eine solche Verpflegung liege nicht vor, weil eine Schwiegertochter die Wäsche für ihre Schwiegermutter wasche. Deshalb enthalte die Unterstützung, welche die Schwiegermutter empfange, keine volle Verpflegung. Das sind Hilfsmittel, die gefunden zu haben für die Armenverwaltungen, die zahlen müssen, ja sehr erfreulich ist, die man aber doch keineswegs als empfehlenswert für eine Neuregelung bezeichnen kann.

Dies der erste Punkt: ebenfalls meine Bitte an den Herrn Referenten, davon abzusehen, einen Tarifsatz für die Verpflegung außerhalb einer Anstalt festzusetzen.

Als Zweites, meine Damen und Herren, sei mir kurz gestattet, eine Bitte an die Herren Dezernenten der Armenverwaltungen auszusprechen. Sie werden wohl alle mit mir der Überzeugung sein, daß es mit einer reichsgesetzlichen Regelung auch nur der Tariffrage noch gute Weile hat. Und wenn nunmehr auch Bayern in den Kreis derjenigen Bundesstaaten hineintritt, die die gegenwärtigen Bestimmungen anzuwenden haben, so ist besonders nach den Ausführungen des Herrn Referenten über das, was wir von bayrischen Rechnungen zu erwarten haben, leider die Befürchtung nicht von vornherein auszuschließen, daß es zu einer ganzen Reihe unerquicklicher, langwieriger und schwer zu führender Prozesse kommen wird. Ich möchte mir gestatten, darauf hinzuweisen, daß es der Armenverwaltung Berlin unschwer gelungen ist, mit einer Reihe von Armenverbänden in Bundesstaaten, die dem preußischen Tarif nicht unterstehen, zu einer Einigung zu gelangen. Es handelt sich da allerdings um Bundesstaaten, die nur geringeren Umfang haben, vor allen Dingen um hanseatische Ortsarmenverbände; dann aber auch um einige größere sächsische Armenverbände, mit denen eine kurze Korrespondenz sehr bald zu dem Erfolg einer Einigung über die Tariffrage geführt hat.

Ich möchte mir daher gestatten, die Bitte auszusprechen und bei Ihnen anzuregen, ob es nicht möglich sein wird, wenn wir jetzt auch in nähere Geschäftsbeziehungen zu Bayern treten, auf dem Wege der freundschaftlichen Einigung diese Prozesse vorläufig aus dem Wege zu räumen.

(Bravo!)

Berichterstatter Rechtsrat F l e i s c h m a n n - Nürnberg (Schlußwort): Verehrte Anwesende! Ich wollte eigentlich aufs Wort verzichten, muß aber doch ein paar Bemerkungen machen; es sind nur wenige.

Es wird gewünscht, daß aus dem Leitsatz Nr. 2 die Worte „oder außerhalb einer Anstalt" gestrichen werden. Wenn Sie das beschließen sollten, so werde ich nicht unglücklich sein. Ich wollte nur diejenigen Fälle zusammenfassen, die sich für eine Tarifierung überhaupt eignen, und das schienen mir eben die zu sein, in welchen eine Verpflegung namentlich innerhalb einer Anstalt geleistet wird, wo man mit ganz bestimmten Leistungen, die leicht zu übersehen sind, rechnen kann, oder in welchen außerhalb einer Anstalt die volle Verpflegung geleistet wird.

Die Möglichkeit, daß einmal ein Armenverband ein kleines Geschäft machen kann, muß ich zugeben; das habe ich auch in meinem schriftlichen Berichte ausgeführt. Allein es gibt demgegenüber auch einen Ausgleich. Wenn der Fall, der von einem der Herren Vorredner hervorgehoben ist, daß unter Umständen von einem Unterstützten einem Armenverbande mehr ersetzt werden soll, als er wirklich geleistet hat, theoretisch auch denkbar ist, so wird doch dieser Armenverband, wenn ihm das nachgewiesen wird, anständig genug sein und sich mit dem geringeren Ersatze begnügen, und der andere Armenverband muß sich eben sagen, daß er das kleine Mehr, was er leistete, kraft einer gesetzlichen Pflicht leisten mußte.

Im übrigen freue ich mich, daß meine Thesen so wenig Widerspruch gefunden haben.

(Bravo!)

Vorsitzender: Ich möchte mir die Bemerkung gestatten, daß der Vorstand der Meinung ist, diese interessante Frage im Ausschusse noch einmal beraten zu lassen! Falls Sie den von uns vorgeschlagenen Endbeschluß fassen, wird diese Frage nochmals geprüft werden und dann erst die endgültige Redaktion der Richtlinien erfolgen.

Wir kommen nunmehr zu Punkt VII:

Aufsicht über die öffentliche Armenpflege und Rechtsprechung.

Landgerichtsdirektor Dr. Aschrott-Berlin: Verehrte Anwesende, ich habe bereits heute früh, als ich die Ehre hatte, zur Generaldiskussion zu sprechen, darauf hingewiesen, daß, wenn man wirklich ein einheitliches Armenwesen will, dazu eine einheitliche Armengesetzgebung nicht ausreicht, sondern daß durch Aufsichtsmaßregeln dafür gesorgt werden muß, daß auch die Verwaltung nach einheitlichen Grundsätzen durchgeführt wird. Wie das Gesetz für die Gestaltung eines Armenwesens nicht allein entscheidend ist, sondern vielmehr die Art und Weise der Verwaltung von maßgebender Bedeutung bleibt, so muß auch, will man eine Einheitlichkeit auf diesem Gebiete erreichen, für gleichmäßige Verwaltung Vorsorge getroffen werden. Daß eine gleichmäßige Verwaltung heute auch innerhalb derjenigen Gebiete, wo gleiches Recht gilt, nicht vorhanden ist, wird allgemein anerkannt. Der Herr Berichterstatter hat deshalb selbst in seinem gedruckten Bericht an wiederholten Stellen die Notwendigkeit einer Staatsaufsicht mit Rücksicht auf die tatsächliche Handhabung der Armenpflege insbesondere in kleineren Verbänden hervorgehoben. Ich bin erstaunt gewesen, daß, nachdem der Berichterstatter diese Sätze geschrieben hatte, er trotzdem zu den Schlußfolgerungen gekommen ist, wie sie in seinen Leitsätzen 2, 3, 4 enthalten sind. Nach dem Leitsatz 2 soll es auch weiterhin bei der bisherigen allgemeinen Kommunalaufsicht bewenden, nach Leitsatz 3 sind besondere Aufsichtsorgane abzulehnen, und in Leitsatz 4 wird sogar die Aufstellung besonderer Richtlinien für nicht erforderlich erklärt. Wenn wir all dieses ablehnen, dann weiß ich nicht, wie eine Einheitlichkeit im Armenwesen in Deutschland erreicht werden soll! Der Herr Berichterstatter schlägt diesbezüglich lediglich folgendes im Absatz 2 seines ersten Leitsatzes vor:

> „Dem Reichsarmenamte würde die sammelnde, sichtende, aufklärende und belehrende Tätigkeit der obersten sachverständigen Zentralbehörde zuzuweisen sein. Um sie erfüllen zu können, müßte ihm das gesetzliche Recht gegeben werden, von sämtlichen deutschen Armenverbänden Berichte in den allgemeinen Angelegenheiten ihrer Verwaltung einzufordern.“

Nun, ich habe gegen dieses Mittel an sich schon einige Bedenken; ich fürchte, daß dadurch eine außerordentliche Vermehrung des Schreibwerks herbeigeführt wird. Aber ganz abgesehen davon, halte ich dieses Mittel für unzulänglich, um denjenigen Mißständen, die von dem Herrn Berichterstatter im heutigen Armenwesen anerkannt worden sind, abzuhelfen.

Ich bin der Ansicht, daß, wenn man wirklich eine Rechtseinheit herbeiführen will, besondere Aufsichtsorgane notwendig sind. Aus der Geschichte des englischen Armenwesens geht überzeugend die Notwendigkeit von Armeninspektoren hervor, welche die lebendige Vermittlung der Zentralarmenbehörde mit den Lokalinstanzen herstellen, ohne daß dadurch — ich betone das ausdrücklich — die Selbstverwaltung der Lokalinstanzen wirklich beeinträchtigt wird. Im Gegenteil, die Armeninspektoren sind in England die sachverständigen Berater nicht nur der Zentralbehörde, sondern auch der Lokalbehörden. Wie das in England ist, so müßte es nach meiner Meinung auch in Deutschland sein. Was nützt die von dem Herrn Berichterstatter vorgeschlagene Ausgestaltung des Bundesamtes für das Heimatwesen zu einem Reichsarmenamt, wenn diesem Amte nicht durch die Armeninspektoren, die eine ständige Fühlung mit den lokalen Armenbehörden ihres Bezirkes haben, die Augen und Ohren geöffnet werden! An Stelle solcher lebendiger Organe will der Herr Berichterstatter totes Schreibwerk setzen. Es ist nach meiner Meinung ein Trugschluß, wenn er glaubt, daß dadurch die oberste Zentralbehörde zu einer wirklich sachverständigen werden kann, die aufklärend und belehrend zum Segen des deutschen Armenwesens zu wirken vermag.

Mein ceterum censeo ist also: wir müssen auch in Deutschland Armeninspektoren haben. Nun bin ich mir sehr wohl bewußt, daß eine richtige Organisation für das Armeninspektorat mit großen Schwierigkeiten verbunden ist. Ich bin selbst gar kein Freund einer allzu großen Zentralisierung, und ich würde von dem Gedanken abraten, von Reichs wegen Armeninspektoren zu bestellen. Ob und wie es von den Einzelstaaten auszumachen sein wird, ist eine andere Frage. Ich möchte da nur auf die Analogie mit den Fabrikinspektoren hinweisen, die auch eine einzelstaatliche Einrichtung sind, aber ihre Berichte an das Reichsamt des Innern einzusenden haben. Wenn bei der Gewerbeaufsicht diese Einrichtung möglich gewesen ist, so könnte die Sache in ähnlicher Weise mit den Armeninspektoren gemacht werden. Es bestehen aber Bedenken, diese Fragen, die wirklich schwerwiegender Natur sind, jetzt zu entscheiden, ohne daß wir grundlegendes Material dafür haben. Ich habe heute morgen schon angedeutet, daß die Frage der Verwaltungsaufsicht in dem Referate wohl zu kurz gekommen ist.

Einige Bekannte, mit denen ich über die Regelung der Verwaltungsaufsicht gesprochen habe, suchten mich anzuregen, den drei Thesen des Berichterstatters eine These entgegenzusetzen, dahingehend: Armeninspektoren sind notwendig. Ich habe jedoch Bedenken, das zu tun, weil ich nicht eine solche These aufstellen will, ohne eingehend die Art und Weise, wie bei der Bestellung von Armeninspektoren vorzugehen wäre, zur Darstellung zu bringen, was selbstverständlich im Rahmen dieser Debatte nicht möglich ist.

Ich möchte deshalb damit schließen, daß ich Sie bitte, die drei Thesen des Berichterstatters, die ich eben erwähnt habe, nicht als maßgeblich anzusehen, sondern die Frage der Verwaltungsaufsicht und insbesondere die Frage der Einsetzung von Armeninspektoren als einen besonderen Beratungsgegenstand auf eine der nächsten Tagungen unseres Vereins zu setzen.

(Bravo!)

Berichterstatter Bürgermeister Dr. Thode-Stettin (Schlußwort): Meine Damen und Herren, ich bin weit entfernt davon, zu glauben, daß die Vorschläge, die mein Bericht über die Frage der Aufsicht Ihnen unterbreitet hat, eine völlige Lösung der Frage darstellen, die eben von dem Herrn Vorredner vollkommen zutreffend bezeichnet worden ist, nämlich der Frage: wie ist es möglich, daß wir wirklich eine gleichmäßige Übung der Armenpflege in ganz Deutschland erreichen? Meines Erachtens aber dürfen wir diese Frage nicht so ganz einseitig von dem Standpunkt der Armenpflege aus betrachten, und ich glaube auch, das in meinem Bericht angedeutet zu haben. Und ich bin auch abweichender Meinung hinsichtlich der Wirkung der Vorschläge, das Reichsarmenamt zur Aufsichtsinstanz, zu einer belehrenden, anregenden Instanz auszugestalten. Ich möchte glauben, daß, wenn es erst eine derartige Aufsichtsinstanz im Deutschen Reich gibt, dann das Interesse und das Verständnis für die Fragen der Armenpflege auch bei den staatlichen Aufsichtsinstanzen lebendiger werden würde, als es im Augenblick ist, und ich bin ferner der Meinung, daß denn doch schließlich die Zustände in der heutigen Armenpflege nicht so himmelschreiend bei uns in Deutschland sind, daß, wo noch — es ist das wiederholt betont worden — etwaige Mißstände vorliegen, sie wesentlich auf die Leistungsschwäche der Verbände zurückzuführen sind, und daß da, wo — wie wir im Laufe der Verhandlungen gehört haben — künftig die Leistungsschwäche sich in Leistungsfähigkeit verwandeln wird, mit einem Schlage eine große Anzahl Mißstände, die wir heute noch zu beklagen haben, verschwinden wird. Also ich glaube, daß das Bedürfnis, eine eingehende Aufsicht auszuüben, wenn die anderen Bedingungen gegeben sind, doch erheblich vermindert werden wird.

Nun die allgemeinen Gesichtspunkte! Ich glaube, wir gehen fehl, wenn wir die Armenpflege ganz für sich abgesondert betrachten. Man kann wirklich sagen, daß in Deutschland schon etwas zu viel regiert wird, daß wir eine Überzahl von Behörden haben, und daß insbesondere die Selbstverwaltung, deren eine Aufgabe die Armenpflege ist, Tag für Tag aufreibende Kämpfe mit allen möglichen Organen zu führen hat, die sie mehr oder weniger zu beschränken geeignet sind. Hier nun wieder einen neuen großen Beamtenapparat einführen zu wollen, würde meines Erachtens weit über das Bedürfnis hinausgehen. Gewiß ist es wünschenswert, daß wir eine einheitliche Armenpflege überall bekommen; aber auf der anderen Seite wollen wir den Apparat von Behörden, von Beamten, den wir haben, doch nicht schon wieder durch einen großen Stab vermehren.

Das sind die Gründe, aus denen heraus Ihnen die Richtlinien von der Kommission vorgeschlagen sind, wie sie Ihnen gedruckt vorliegen. Ich meine, daß hier doch eine mittlere Linie gefunden ist, die auf der einen Seite geeignet ist, die Zentralisation im Gebiet der Armenpflege zu fördern und auf der anderen Seite die bewährten Grundlagen unseres heutigen Systems beizubehalten.

Ich möchte Sie bitten, den Vorschlägen, die Ihnen hier gemacht sind, zuzustimmen. Selbstverständlich bin ich aber nicht in der Lage, dem Vorschlage zu widersprechen, diese überaus schwer zu beurteilende Frage nochmals einer gründlichen Klärung zu unterziehen, sie nochmals als besonderen Punkt auf die Tagesordnung zu setzen.

Es ist dann in der allgemeinen Erörterung noch von Herrn Magistratsrat Lehmann die Frage aufgeworfen worden, ob es dann, wenn unsere Vorschläge wegen des Inhalts eines Reichsarmengesetzes unterbreitet werden, zweckdienlich sei, diejenigen Einzelfragen, die am Schlusse meines Berichts berührt worden sind, zur gesetzlichen Regelung zu empfehlen. Er war der Meinung, daß es zweckdienlicher sein würde, Beschränkung zu üben. Er meinte speziell hinsichtlich dieser Punkte, daß bei den gesetzgebenden Körperschaften oder auch bei der das Gesetz vorbereitenden Stelle wenig Neigung bestehen würde, diesen Fragen nachzugehen;

man sei heutzutage mehr geneigt, die Klärung solcher Fragen der Wissenschaft und der Praxis zu überlassen.

Meine Damen und Herren, ich bin auch in diesem Punkte abweichender Ansicht. Ich meine, daß, wenn die Erfahrung ergibt — und wir, die wir in der Armenverwaltung stehen, erleben es ja Tag für Tag —, daß über gewisse Fragen immer wieder Unsicherheit und Unklarheit herrscht, dann doch der Gesetzgeber, der die Dinge des Lebens zu regeln berufen ist, darüber nicht hinwegsehen kann, sondern daß es, wenn wir ihn aus unserer Erfahrung heraus auf derartige Punkte aufmerksam machen, seine Pflicht sein würde, zu prüfen, ob nicht auch hier eine gesetzliche Regelung am Platze ist, um den Zweifeln, die obwalten, endgültig zu begegnen.

(Lebhafter Beifall.)

Vorsitzender: Meine Damen und Herren! Ehe ich Sie nunmehr ersuche, zur Abstimmung über den Antrag des Vorstandes zu schreiten, möchte ich nur kurz erwähnen, daß nach meiner Auffassung nur zwei Fragen in etwas noch strittig geblieben sind, strittig insofern, als die Anregungen aus dem Schoße .des Kongresses sich mit den Auffassungen der Berichterstatter nicht vollständig ausgeglichen haben. Bezüglich solcher Fragen, bei denen überhaupt nur noch eine redaktionelle Änderung in Erwägung kommen kann, nehme ich an, daß der Ausschuß bei seiner nächsten Versammlung eine solche einfach vornehmen wird.

In zwei Fragen aber, in der Tariffrage und in der Aufsichtsfrage, ist heute doch immerhin noch ein erheblicher Gegensatz zwischen den aufgestellten „Richtlinien" und sehr beachtenswerten Stimmen einzelner Redner des Kongresses festzustellen. Bezüglich dieser beiden Fragen wird selbstverständlich der Ausschuß ganz besonders vorsichtig vorgehen müssen. Es wird sich fragen, ob wir bezüglich dieser beiden Streitpunkte uns im Ausschuß überhaupt entschließen werden, schon endgültig feste „Richtlinien" aufzustellen oder ob wir nur den Gegensatz der Ansichten feststellen und dann die Fragen selbst entweder schon dem nächsten oder einem später stattfindenden Kongresse zu eingehender Beratung unterbreiten.

(Sehr richtig!)

Es würde mich freuen, wenn ich mit dieser, einstweilen noch rein persönlichen Auffassung die Billigung der Versammlung finden würde. Ihre Abstimmung würde das ganz wesentlich erleichtern. Sie können dann mit der Gewißheit den Saal verlassen, daß diese beiden Streitpunkte noch gewissenhaft aufgeklärt werden sollen.

Wenn zu diesem Punkte keine Äußerungen mehr erfolgen, nehme ich an, daß Sie meiner Auffassung beitreten.

Nunmehr, meine Damen und Herren, kommen wir zum Schluß, und vor diesem Schluß muß ich namens des Vorstandes noch bestens danken, daß Sie nach der Pause so zahlreich wieder erschienen sind! Ich persönlich erinnere mich keines Kongresses, an welchem noch am letzten Tage und nach der Pause so viel Teilnehmer, wie heute, zur Abstimmung erschienen sind.

Ich gestatte mir nunmehr, für diejenigen Herrschaften, die vielleicht zufällig eingangs der Verhandlungen nicht hier waren, nochmals langsam zu verlesen, welchen Antrag der Vorstand einstimmig beschlossen hat, dem Kongreß zur Beschlußfassung zu empfehlen:

„Der Erlaß eines Reichsarmengesetzes im Sinne der vorgeschlagenen Richtlinien erscheint notwendig. Der Ausschuß wird mit endgültiger Fassung dieser Richtlinien unter Berücksichtigung der heutigen Verhandlungen beauftragt. Der Vorstand wird ersucht, die Berichte und Verhandlungen des Kongresses an zuständiger Stelle zur Kenntnis zu bringen.“

Ich bitte die stimmberechtigten Mitglieder des Vereins, sich zu erheben.

(Geschieht.)

Diejenigen Mitglieder, welche sich mit diesem Antrag einverstanden erklären, bitte ich, die Hand zu erheben.

(Geschieht.)

Ich bitte um die Gegenprobe.

(Geschieht.)

Ich stelle zu unserer großen Freude fest, daß Sie eben einen *einstimmigen* Beschluß gefaßt haben!

(Lebhafter Beifall.)

Meine Damen und Herren, nur noch wenige Minuten. Ich erteile zunächst zur Erneuerung bzw. Vervollständigung der Ausschußwahlen dem Vorstandsmitglied, Herrn Dr. Lohse, das Wort.

Direktor Dr. *Lohse*-Hamburg: Der Vorstand bittet Sie unter Zustimmung des Ausschusses, genehmigend davon Kenntnis zu nehmen, daß aus dem Zentralausschuß ausgeschieden sind die Herren Stadtrat *Toop*-Danzig, Pastor *Höpfner*-Hannover.

Der Vorstand bittet Sie weiter, und zwar unter Zustimmung des Zentralausschusses, von den satzungsmäßig ausscheidenden Personen folgende in den Zentralausschuß wiederzuwählen:

Brugger, Geh. Ober-Reg.-Rat und Vortragender Rat im Kultusministerium, Berlin.

Dr. *Drechsler*, Schatzrat, Hannover.

Drießen, Beigeordneter, Essen a. R.
Dr. Duensing, Frieda, Fräulein, Berlin.
Dr. Greve, Beigeordneter, Düsseldorf.
Dr. Greven, Beigeordneter, Cöln.
Dr. Harbeck, Senator, Altona.
v. Hollander, Bürgermeister, Mannheim.
Dr. Köhne, Amtsgerichtsrat, Berlin.
Ludwig-Wolf, Stadtrat a. D. und Rechtsanwalt, Leipzig.
Meyer, Bürgermeister, Stoppenberg.
Müller, Geh. Reg.-Rat, Karlsruhe.
Neuhaus, Frau Agnes, Vorsitzende des Fürsorgevereins für Frauen, Mädchen und Kinder, Dortmund.
Peterson, Stadtrat, Breslau.
Pütter, Geh. Reg.-Rat, Direktor der Charité, Berlin.
Rösing, Martha, Fräulein, Lübeck.
Dr. Salomon, Alice, Fräulein, Leiterin der Soz. Frauenschule, Berlin.
Samter, Stadtrat, Charlottenburg.
Scheunemann, Landesrat, Danzig.
D. Schlosser, Pfarrer, Gießen.
Schmedding, Geh. Reg.-Rat, Landesrat, Münster i. W.
Dr. Silbergleit, Professor, Berlin.
Stein, Frau Elisabeth, Geschäftsführerin der Vereinigung der Wohltätigkeitsbestrebungen, Charlottenburg.
Dr. Thode, Bürgermeister, Stettin.
Dr. Werthmann, Geistlicher Rat, Vorsitzender des Caritas-Verbandes, Freiburg i. Br.
Dr. Würmeling, Geh. Ober-Reg.-Rat und Vortragender Rat im Reichsamt des Innern, Steglitz.

Endlich bittet der Vorstand unter Zustimmung des Zentralausschusses, neu in den Zentralausschuß zu wählen die Herren Stadtrat Marck-Breslau, Senator Mertens-Hannover, Frau Alice Bensheimer-Mannheim, Rechtsrat Grieser-München, Landesrat Roscher-Merseburg und endlich Generalsekretär Weydmann-Straßburg.

Vorsitzender: Meine Damen und Herren! Sie haben die Vorschläge gehört. Wünscht jemand das Wort? — Ich stelle fest, daß das nicht geschieht.

Ich bitte die stimmberechtigten Mitglieder, sich zu erheben.

(Geschieht.)

Diejenigen der Damen und Herren, die diesen Vorschlag unterstützen, bitte ich, die rechte Hand zu erheben.

(Geschieht.)

Ich bitte um die Gegenprobe.

(Geschieht.)

Ich stelle Einstimmigkeit fest!

Es hat nun noch Herr Stadtrat Rosenstock um das Wort gebeten.

Stadtrat Rosenstock-Königsberg: Meine Damen und Herren! Wir sind heute am Ende einer Tagung, von der wir wohl alle das Gefühl haben, daß sie eine ganz besondere Bedeutung hat, daß sie unter Umständen für unsere deutsche Armenpflege Epoche machen wird. Ich glaube, wir haben auch alle das Gefühl, daß die ganze Verhandlung außerordentlich sachlich und fruchtbringend gewesen ist. Wir haben dabei immer wieder gehört, welches die Grundprinzipien einer verständigen Armenpflege sind, die auch in einem Reichsarmengesetz zum Ausdruck kommen sollten, und soweit es nicht im einzelnen gesagt ist, so klang es doch immer daraus hervor: auf der einen Seite eine scharfe logische Durchdringung, auf der anderen Seite aber auch die Milde und Bereitwilligkeit, dem Hilfsbedürftigen zu helfen. In diesen beiden Eigenschaften ist uns unser verehrtes Präsidium ein leuchtendes Beispiel gewesen.

(Bravo!)

Die logische Durchdringung zeigte sich in der Leitung, die gütige Nachsicht gegenüber etwaigen Hilfsbedürftigen.

(Heiterkeit.)

Die Guillotine, mit der den Rednern der Lebensfaden abgeschnitten werden soll, ich meine die Präsidentenglocke, hat, glaube ich, heute gar nicht gearbeitet, so daß wir da für die Milde auch noch besonders dankbar sein müssen.

(Heiterkeit.)

Ich glaube in Ihrer aller Sinne zu handeln, wenn ich dem Präsidium unseren herzlichsten Dank ausspreche, einen Dank, der um so lebhafter sein muß, als wir alle das Bewußtsein haben, daß eine so schwierige Aufgabe, wie sie diesmal vorlag, einem Vorsitzenden wohl kaum bisher in unseren Verhandlungen gestellt worden ist. Ich glaube im Namen der ganzen Versammlung, soweit sie hier noch anwesend ist — und das ist ja ziemlich zahlreich der Fall —, diesen Dank aussprechen zu dürfen.

(Lebhafter Beifall.)

Vorsitzender: Meine Damen und Herren! Empfangen Sie meinen herzlichsten Dank für Ihre Liebenswürdigkeit. Auch ich habe das Gefühl, daß wir heute in der Entwicklung unserer deutschen Armenpflege einen wesentlichen Schritt weiter gekommen sind, und mit Ihnen allen zusammen habe ich dabei das Bewußtsein, daß jeder an seiner Stelle voll das getan hat, wozu er sich fähig fühlte.

Ich möchte aber diesen liebenswürdigen Dank nicht — wenn ich mich so ausdrücken darf — auf mir sitzen lassen. An erster Stelle muß ich ihn auf die Herren Berichterstatter abwälzen, die Sie mir auf dem letzten Kongreß zur Seite gestellt haben! Was die Herren geleistet haben, das haben Sie alle ja hier lebhaft anerkannt. Diesen Herren gebührt an allererster Stelle der Dank und unter diesen Herren Berichterstattern vor allem demjenigen, der uns an erster Stelle die „Richtlinien" entworfen und damit den erfolgreichen Weg gewiesen hat: meinem hochverehrten Kollegen von Hollander.

(Bravo!)

Ich muß deshalb annehmen, daß die liebenswürdigen Dankesworte sich gerade auf diese Mitarbeiter an allererster Stelle beziehen, und nur in diesem Sinne kann ich sie annehmen.

Ihnen allen aber muß ich namens des Vorstandes auch noch danken! Denn erst die warme Begeisterung, die Sie alle in diesen Saal mit hineingebracht haben, hat es uns ermöglicht, mit Freuden heute und gestern unsere Pflicht zu tun.

Ich schließe hiermit die heutige Tagung und wünsche Ihnen allen ein frohes Wiedersehen im schönen Westfalenlande, in Münster!

(Lebhafter Beifall.)

(Schluß der Sitzung 3 Uhr 20 Minuten.)

Antrag des Herrn Stadtrat Kappelmann-Erfurt zum Bericht Abschnitt III und VIII, 2 (die Organe der öffentlichen Armenpflege).

„In Ziffer 4 der ‚Richtlinien' Seite 149 wird der zweite Satz dahin geändert:

> Ebenso sind die Landarmenverbände zur Fürsorge für bildungsfähige Krüppel, für Trunksüchtige und für Wanderarme zu verpflichten."

Begründung.

Daß die Unterbringung Trunksüchtiger in Trinkerheilanstalten zum Zweck ihrer Bewahrung, Besserung und Heilung zu den Aufgaben der öffentlichen Armenpflege gehört, ist zwar in der Rechtsprechung bisher noch nicht ausdrücklich anerkannt. Das Bundesamt für das Heimatwesen hat in verschiedenen Urteilen die Frage nur gestreift, aber nicht entschieden. Dagegen hat man die Frage innerhalb des D. V. f. A. u. W. auf Grund eingehender Darlegungen von Autoritäten, wie u. a. Samter, Buehl und Flemming, grundsätzlich bejaht. Es scheint erwünscht, die Frage bei den Beratungen eines Reichsarmengesetzes mit zur Entscheidung zu bringen. Die Errichtung öffentlicher Trinkerheilanstalten wird schon seit langer Zeit, im besonderen seitens des Verbandes deutscher Trinkerheilstätten, angestrebt. Es erscheint dies in zweckmäßiger Weise nur möglich durch das Eingreifen großer kommunaler Verbände, im besonderen der Landarmenverbände. Da die Wissenschaft jetzt überwiegend die Trunksucht als eine Krankheit ansieht, scheint die Gleichstellung mit der Fürsorge für Geisteskranke, Blinde, Krüppel usw. auch innerlich gerechtfertigt.

Verzeichnis der Redner.

Mitgliederverzeichnis
des
Deutschen Vereins für Armenpflege und Wohltätigkeit.
(Anfang 1914.)

Ehrenmitglied: Stadtrat a. D. Ludwig-Wolf, Leipzig.

I. Gemeinden.

		Mitgliederbeiträge. M.
1.	Aachen (Oberbürgermeisteramt)	30
2.	Allenstein (Magistrat)	20
3.	Altenburg (Stadtrat, Abt. f. Armensachen)	20
4.	Altenessen (Bürgermeisteramt)	20
5.	Altona (Armenverwaltung)	50
6.	Alzey (Bürgermeisterei)	10
7.	Anklam (Magistrat)	10
8.	Annaberg (Stadtrat)	10
9.	Apolda (Gemeindevorst.)	15
10.	Arnstadt (Magistrat)	10
11.	Aschaffenburg (Armenpflegschaftsrat)	20
12.	Aschersleben (Magistrat)	20
13.	Augsburg (Armenpflegschaftsrat)	30
14.	Baden-Baden (Armenkommission)	10
15.	Barmen (Magistrat)	30
16.	Bautzen (Stadtrat)	20
17.	Bensheim (Magistrat)	15
18.	Berlin (Magistrat)	200
19.	Berlin-Lichtenberg (Magistr.)	25
20.	Berlin-Reinickendorf (Gem.-Vorstand)	20
21.	Berlin-Schöneberg (Magistr.)	30
22.	Berlin-Steglitz (Gem. Verw.)	25
23.	Berlin-Wilmersdorf (Magistrat)	30
24.	Bernburg (Magistrat)	20
25.	Beuthen O.-Schl. (Magistr.)	25
26.	Biberach am Riß (Ortsarmenpflege)	10
27.	Biebrich (Magistrat)	15
28.	Bielefeld (Magistrat)	25
29.	Bismarckhütte O.-S. (Gemeindevorstand)	10
30.	Bocholt (Magistrat)	20
31.	Bochum (Magistrat)	30
32.	Bonn (Oberbürgermeisteramt)	25
33.	Borbeck (Magistrat)	30
34.	Brandenburg a. H. (Magistr.)	25
35.	Braunschweig (Magistrat)	30
36.	Bremen (Stadtbremische Armenpflege)	40
37.	Bremerhaven (Stadtrat)	15
38.	Breslau (Armendirektion)	50
39.	Bromberg (Magistrat)	25
40.	Brünn (Armenamt)	20
41.	Buer i. W. (Armenverwalt.)	25
42.	Burg b. Magdebg. (Magistr.)	20
43.	Burg b. Magdeburg (Armenverwaltung)	10

Notiz: Anmeldungen zur Mitgliedschaft nimmt die Zentralstelle für Armenpflege und Wohltätigkeit, Berlin, Bernburgerstr. 24/25, entgegen.

	Mitgliederbeiträge. M.
44. Cassel (Armendirektion)	50
45. Celle (Magistrat)	10
46. Charlottenburg (Magistrat)	40
47. Chemnitz (Stadtrat)	40
48. Cleve (Bürgermeisteramt)	10
49. Coblenz (Armenverwaltung)	25
50. Coburg (Magistrat)	15
51. Colmar i. E. (Magistrat)	20
52. Cöln (Magistrat)	50
53. Coethen (Magistrat)	15
54. Cottbus (Magistrat)	20
55. Crefeld (städt. Armendeput.)	50
56. Crimmitschau (Stadtrat)	20
57. Danzig (Armenamt)	30
58. Darmstadt (Großherzogliche Bürgermeisterei)	25
59. Delmenhorst (Magistrat)	10
60. Dessau (Magistrat)	25
61. Deutsch-Piekar (Ob.-Schles.) (Gesamtarmenverband)	15
62. Döbeln (Stadtrat)	10
63. Dortmund (Armendeput.)	40
64. Dresden (Armenkollegium)	50
65. Dülken (Bürgermeisterei)	10
66. Düren (Magistrat)	20
67. Düsseldorf (Magistrat)	150
68. Duisburg (städtische Armenverwaltung)	35
69. Eberswalde (Magistrat)	20
70. Eibenstock (Stadtrat)	15
71. Eilenburg (Magistrat)	10
72. Eisenach (Gemeindevorst.)	20
73. Eisleben (Magistrat)	10
74. Elberfeld (Armenverwaltung)	60
75. Elbing (Armen-Direktion)	25
76. Erfurt (Magistrat)	30
77. Erlangen (Magistrat)	10
78. Essen (Armenverwaltung)	40
79. Eßlingen (Armenverwaltung)	20
80. Eupen (Armenverwaltung)	10
81. Flensburg (Magistrat)	25
82. Feuerbach b. Stuttgart (Ortsarmenverband)	10
83. Forst i./L. (Magistrat)	20
84. Frankfurt a. M. (Armenamt)	50
85. Frankfurt a. O. (Magistrat)	25
86. Freiberg i. S. (Stadtrat)	20
87. Freiburg i. B. (Stadtrat)	25
88. Fulda (Magistrat)	10
89. Fürth (Magistrat)	25
90. Geislingen, Stg. (Armenpflege)	10
91. Gelsenkirchen (Magistrat)	30
92. Gera (Stadtrat)	25
93. Gernsheim (Großherzogliche Bürgermeisterei)	10
94. Gießen (Magistrat)	30
95. M.-Gladbach (Armenverw.)	10
96. Glauchau (Stadtrat)	20
97. Gleiwitz (Magistrat)	25
98. Glogau (Magistrat)	20
99. Gmünd in Württemberg (Ortsarmenbehörde)	15
100. Gnesen (Magistrat)	20
101. Göppingen (Armenpflege)	10
102. Görlitz (Magistrat)	25
103. Göttingen (Magistrat)	50
104. Gotha (Stadtrat)	20
105. Graudenz (Magistrat)	20
106. Greifswald (Armendep.)	20
107. Greiz (Stadtrat)	10
108. Grünberg i. Schles. (Magistrat)	10
109. Guben (Magistrat)	20
110. Gumbinnen (Magistrat)	15
111. Hagen i. W. (Magistrat)	25
112. Halberstadt (Magistrat)	20
113. Halle a. S. (Arm.-Dir.)	30
114. Hamborn (Gem.-Verw.)	30
115. Hamburg (Allg. Armenanstalt)	100
116. Hamburg (Behörde für öff. Jugendfürsorge)	50
117. Hameln (Magistrat)	12
118. Hamm (Armenverwaltung)	20
119. Hanau (Armen- u. Waisenamt)	20
120. Hannover (Armenverw.)	50
121. Harburg (Magistrat)	25
122. Haspe (Magistrat)	30

		Mitgliederbeiträge. M.
123.	Heidelberg (Armenrat)	25
124.	Heidenheim an der Brenz (Stadtgemeinde)	10
125.	Heilbronn (Armenverw.)	30
126.	Herne (Magistrat)	25
127.	Hildesheim (Armenverw.)	25
128.	Hirschberg i. Schl. (Magistr.)	10
129.	Höchst a. M. (Magistrat)	15
130.	Hörde i. Westf. (Armendirekt.)	20
131.	Hohensalza (Magistrat)	10
132.	Homberg a./N. Rhein (Bürgermeisteramt)	15
133.	Jauer (Magistrat)	15
134.	Jena (Gemeindevorstand)	20
135.	Ilmenau (Ortsamenverb.)	10
136.	Insterburg (Magistrat)	20
137.	Iserlohn (Magistrat)	20
138.	Itzehoe (Magistrat)	10
139.	Kaiserslautern (Bürgermeisteramt)	25
140.	Karlsruhe i. B. (Magistrat)	30
141.	Kattowitz (Magistrat)	20
142.	Kiel (Armenverwaltung)	40
143.	Kolberg (Magistrat)	15
144.	Königsberg i. Pr. (Magistr.)	40
145.	Königshütte (Magistrat)	25
146.	Konstanz (Stadtrat)	20
147.	Kopenhagen (Magist. 3. Abt.)	10
148.	Köslin	10
149.	Kreuznach (Bürgermeisteramt)	10
150.	Landsberg a. d. W. (Magist.)	20
151.	Langenberg (Rheinland) (Magistrat)	10
152.	Langenbielau (Magistrat)	10
153.	Leipzig (Armenamt)	50
154.	Leipzig (Jugend- u. Pflegeamt)	15
155.	Lennep (Magistrat)	10
156.	Liegnitz (Magistrat)	25
157.	Linden vor H. (Magistrat)	25
158.	Lingen (Armenkommission)	10
159.	Ludwigsburg, Württemberg (Ortsarmenbehörde)	15
160.	Ludwigshafen (Magistrat)	25
161.	Lübeck (Armenanstalt)	30
162.	Lüdenscheid (Armenverw.)	20
163.	Lüneburg (Magistrat)	20
164.	Magdeburg (Armendirekt.)	50
165.	Mainz (Großherzogl. Bürgermeisterei, Armenverw.)	30
166.	Mannheim (Armenverw.)	10
167.	Mannheim (Magistrat)	30
168.	Marienburg i. Pr. (Magist.)	15
169.	Markirch i. E. (Bürgermeisterei)	10
170.	Meerane (Stadtrat)	20
171.	Meiningen (Magistrat)	20
172.	Meißen (Stadtrat)	30
173.	Memel (Magistrat)	15
174.	Merseburg (Magistrat)	10
175.	Metz (Magistrat)	25
176.	Mühlhausen i. Th. (Magistr.)	20
177.	Mülhausen i. Els. (Magist.)	25
178.	Mülheim a. Rh. (Magistrat)	25
179.	Mülheim a. d. R. (Magistrat)	30
180.	München (Magistrat)	50
181.	Münster i. W. (Magistrat)	25
182.	Nauen (Magistrat)	15
183.	Nauheim (Bürgermeisterei)	15
184.	Neiße (Magistrat)	20
185.	Neukölln (Magistrat)	40
186.	Neumünster (Magistrat)	20
187.	Neunkirchen, Rheinpr. (Magistrat)	25
188.	Neuß (Armenverwaltung)	20
189.	Neuwied (Magistrat)	10
190.	Nordhausen (Magistrat)	20
191.	Nürnberg (Armenpflegschaftsrat)	40
192.	Oberhausen a. Rh. (Magist.)	25
193.	Offenbach a. M. (Armenamt)	25
194.	Offenburg (Magistrat)	15
195.	Ohligs (Magistrat)	20
196.	Oldenburg (Magistrat)	20
197.	Oppeln (Magistrat)	20
198.	Oschersleben (Magistrat)	15
199.	Osnabrück (Magistrat)	50
200.	Peine (Magistrat)	10
201.	Pforzheim (Magistrat)	25
202.	Pirna (Stadtrat)	15

		Mitgliederbeiträge. M.
203.	Plauen (Stadtrat)	30
204.	Posen (Magistrat)	30
205.	Potsdam (Magistrat)	25
206.	Quedlinburg (Magistrat)	20
207.	Rastatt (Magistrat)	10
208.	Rathenow (Magistrat)	10
209.	Ratibor (Magistrat)	20
210.	Ravensburg (Armenverw.)	10
211.	Rawitsch (Armenverwaltg.)	10
212.	Recklinghausen (Armenverwaltung)	25
213.	Regensburg (Armenpflegschaftsrat)	25
214.	Remscheid (Magistrat)	30
215.	Rendsburg (Magistrat)	10
216.	Reutlingen (Magistrat)	20
217.	Rheydt (Magistrat)	20
218.	Ritzebüttel (Armenverband)	10
219.	Roßberg Ob.-Schles. (Gesamtarmenverband)	10
220.	Roßlau (Magistrat)	15
221.	Rostock (Armenkollegium)	25
222.	Rotthausen b. Essen (Bürgermeisterei)	20
223.	Rüstringen (Magistrat)	25
224.	Saarbrücken (Magistrat)	30
225.	Saarlouis (Magistrat)	10
226.	Sagan (Magistrat)	15
227.	Sangerhausen (Magistrat)	10
228.	Schmölln (Stadtrat)	10
229.	Schneidemühl (Magistrat)	25
230.	Schopfheim (Magistrat)	10
231.	Schweidnitz (Magistrat)	20
232.	Schweinfurt (Armenpflegschaftsrat)	10
233.	Schwerin i. M. (Magistrat)	20
234.	Schwiebus (Magistrat)	15
235.	Schwientochlowitz Ob.-Schl. (Gesamtarmenverband)	10
236.	Siegen (Magistrat)	20
237.	Soest (Armenkasse)	10
238.	Solingen (Bürgermstramt)	25
239.	Sorau (Armendirektion)	15
240.	Spandau (Magistrat)	25
241.	Speyer (Armenverwaltung)	10

		Mitgliederbeiträge. M.
242.	Sterkrade (Bürgermeisteramt)	10
243.	Stettin (Magistrat)	40
244.	Stolp (Magistrat)	10
245.	Stoppenberg (Bürgermstr.-Amt)	20
246.	Stralsund (Magistrat)	20
247.	Straßburg i. E. (Magistrat)	30
248.	Straßburg i. E. (Armenverw.)	30
249.	Stuttgart (Magistrat)	50
250.	Thorn (Magistrat)	20
251.	Tilsit (Magistrat)	20
252.	Trier (Armendeputation)	20
253.	Ulm (Magistrat)	25
254.	Viersen (Magistrat)	20
255.	Vohwinkel (Magistrat)	10
256.	Völklingen (Bürgermeisterei)	20
257.	Wald (Rheinl.) (Bürgermeisteramt)	20
258.	Waldenburg i. Schlesien (Magistrat)	10
259.	Wandsbek (Magistrat)	20
260.	Wanne (Kommunalkasse)	10
261.	Wattenscheid (Magistrat)	20
262.	Weimar (Gemeindevorst.)	20
263.	Weißenfels (Magistrat)	20
264.	Wernigerode (Magistrat)	10
265.	Wesel (Magistrat)	15
266.	Wetzlar (Armenverwaltung)	10
267.	Wien (Magistrat, Armendepartement)	200
268.	Wiesbaden (Magistrat)	25
269.	Wildungen (Ortsarmendir.)	10
270.	Wilhelmshaven (Magistrat)	20
271.	Wismar (Magistrat)	20
272.	Witten (Magistrat)	20
273.	Wolfenbüttel (Armenamt)	10
274.	Worms (Großherzogliche Bürgermeisterei)	20
275.	Zabrze (Magistrat)	15
276.	Zeitz (Magistrat)	20
277.	Zerbst (Armenverwaltung)	15
278.	Zittau (Stadtrat)	20
279.	Zwickau (Stadtrat)	25

II. Provinzial- und Landarmenverbände, Oberamts- und Amtskorporationen.

		Mitgliederbeiträge. M.
1.	Berlin, Provinzialverband der Provinz Brandenburg	50
2.	Biberach a. Riß, Amtskorporation	10
3.	Bingen, Kreisamt	25
4.	Breslau, Provinzialverband der Provinz Schlesien	50
5.	Cassel, Landarmenverband des Regierungsbezirks Cassel	50
6.	Danzig, Provinzialverband der Provinz Westpreußen	50
7.	Darmstadt, Kreisamt	25
8.	Dessau, Land-Armendirektion für das Herzogtum Anhalt	30
9.	Düsseldorf, Provinzialverband der Rheinprovinz	50
10.	Ellwangen, Landarmenbehörde	25
11.	Freiburg i. Br., Kreisausschuß	25
12.	Hannover, Landesdirektorium der Provinz Hannover	50
13.	Heidelberg, Kreisausschuß	25
14.	Karlsruhe, Kreisausschuß	25
15.	Kiel, Provinzialverwaltung der Provinz Schleswig-Holstein	50
16.	Königsberg i. Pr., Provinzialverband der Provinz Ostpreußen	50
17.	Konstanz, Kreisverwaltung	25
18.	Lörrach, Kreisausschuß	25
19.	Ludwigsburg, Landarmenbehörde	25
20.	Mannheim, Kreisausschuß	25
21.	Merseburg, Provinzialverband der Provinz Sachsen	50
22.	Mosbach, Kreisausschuß	25
23.	Münster, Provinzialverband der Provinz Westfalen	50
24.	Offenburg, Kreiskasse	25
25.	Posen, Landarmendirektion der Provinz Posen	50
26.	Reutlingen, Landarmenbehörde für den Schwarzwaldkreis	25
27.	Stettin, Landarmenverband der Provinz Pommern	50
28.	Ulm, Landarmenbehörde	25
29.	Waldshut i. Bad., Kreisausschuß	25
30.	Wien, Landesausschuß des Erzherzogtums Österreich u. E.	200
31.	Wiesbaden, Landarmenverband im Regierungsbezirk Wiesbaden	50
32.	Worms, Landarmenverband des Kreises Worms	25

III. Behörden und staatliche Anstalten.

1.	Berkeley, Californien, Staats-Universität	10
2.	Breslau, Gemeinde-Kirchenrat zu St. Bernhardin (Seminargasse 13 II)	10
3.	„ Gemeinde-Kirchenrat zu XI. M. Jungfrauen (Elbingstraße 1 I)	10
4.	„ Synagogengemeinde (Wallstraße 13/14)	20
5.	Budapest, Erzsébet Armenhaus	10
6.	Hamburg, Gewerbekammer (Gr. Bleichen 61/63)	10
7.	„ Statistisches Amt (Gr. Bleichen 28)	10

		Mitgliederbeiträge. M.
8.	Hamburg, Aufsichtsbehörde für die milden Stiftungen (ABC-Str. 46/47)	10
9.	„ Werk- und Armenhausdirektion	10
10.	„ Deutsch-Israelitische Gemeinde (Kaiser Wilhelm-St. 93)	10
11.	Karlsruhe, Großherzgl. Stat. Landesamt	10
12.	Konstanz, Großherzogl. Landeskommissär	10
13.	Leipzig, Reformierte Gemeinde (Herr A. Meiner, Dörrienstr. 16)	10
14.	Lübeck, Hans. Vers.-Anst. für Invaliditäts- u. Altersversicherung.	10
15.	„ Zentralarmendep. (Fleischhauerstr. 20)	10
16.	Straßburg i. E., Zivilhospizien (Nikolausstaden)	10
17.	Stuttgart, Königl. Statistisches Landesamt	10
18.	„ „ Ministerium des Inneren	20
19.	Wien, Amt städtischer Berufsvormünder (Laudongasse 17)	10

IV. Anstalten und Vereine.

1.	Annaberg i. S., Verein gegen Hausbettelei	10
2.	Berlin, Berliner Verein f. häusl. Gesundheitspflege (Frau Henriette May, Königgrätzerstr 97)	10
3.	„ Deutscher Verein gegen den Mißbrauch geistiger Getränke (W. 15 Uhlandstr. 146)	10
4.	„ Deutsche Zentrale für Jugendfürsorge (C. 19 Wallstr. 89 II)	10
5.	„ Freiwilliger Erziehungsbeirat für schulentlassene Waisen (C. 19, Seydelstr. 2)	25
6.	„ Gemeinnütziger Verein für Milchausschank (Berlin-Wilmersdorf, Tübingerstr. 1)	10
7.	„ Mädchen- und Frauengruppen für soziale Hilfsarbeit (Kyffhäuserstr. 21)	10
8.	„ Provinzialausschuß für innere Mission der Provinz Brandenburg (Berlin W., Passauerstr. 16 II)	10
9.	„ Vaterl. Frauenverein (W. 62, Wichmannstr. 13a)	50
10.	„ Verband der größeren preußischen Landgemeinden (Berlin-Steglitz, Rathaus)	25
11.	„ Verband für jüdische Wohltätigkeitspflege (Rosenstr. 2/4)	10
12.	„ Verband für weibliche Vormundschaft (W 9 Schellingstr. 6)	10
13.	„ Verein für soziale innere Kolonisation (Berlin-Lichterfelde, Karlstraße 80)	10
14.	„ Verein Dr. H. Neumanns Kinderhaus (Blumenstraße 97)	10
15.	„ Verein gegen Verarmung (Deutscher Turm, Gendarmenmarkt)	10
16.	„ Zentrale für private Fürsorge (W. 35. Flottwellstr. 4)	10
17.	„ Zentralstelle für Volkswohlfahrt (W. 50 Augsburgerstr. 61)	10
18.	Braunschweig, Montagsverein der Braunschweiger Armenpfleger	10
19.	Breslau, Armenpflegerinnenverein (Stadthaus, Magistratsbureau I)	10
20.	„ Israel. Krankenpflegeanstalt	10

		Mitglieder-beiträge. M.
21.	Breslau, Verein Erziehungshaus Daheim (V, Ziethenstr. 11) .	10
22.	„ Schles. Verein zur Heilung armer Augenkranker (VII, Höfchenstr. 44)	10
23.	„ Evangelisches Vereinshaus für innere Mission . . .	10
24.	„ Evang. Armenverein	10
25.	Brünn, Deutsche Landeskommission für Kinderschutz und Jugendfürsorge in Mähren (Johannesgasse 4)	10
26.	Budapest, Armenpflege des Soz. Missionsvereins (Frau L. v. Schenek, I. Federvaristr. 3)	10
27.	Cassel, Verein gegen Verarmung und Hausbettelei	10
28.	„ Gesellschaft für Gemeinwohl (Wolfsschlucht 13)	10
29.	Charlottenburg, Vereinigung der Wohltätigkeitsbestrebungen (Berlinerstr. 137)	10
30.	„ Verein gegen Verarmung (Berlinerstr. 137) . .	10
31.	„ Kaiserin Auguste Viktoria-Haus (Mollwitzstr.) .	10
32.	„ Preußische Landeszentrale für Säuglingsschutz (Mollwitzstr.)	10
33.	Cöln, Rechtsschutzstelle für Frauen	10
34.	Dahlem-Lichterfelde, Zentralausschuß für die innere Mission der Deutschen Evangelischen Kirche	10
35.	Danzig, Verein Frauenwohl (Jopengasse 23)	10
36.	„ Armenunterstützungsverein (Mauergang 3)	10
37.	Darmstadt, Allgem. Verein gegen Verarmung u. Bettelei (Bismarckstraße 58)	10
38.	Dessau, Vaterländischer Frauenverein	10
39.	Dortmund, Kathol. Fürsorgeverein (Rosental 32)	10
40.	„ Wohltätigkeitsverein (Betenstr. 35 a)	10
41.	Dresden, Verein gegen Armennot und Bettelei (Elbgäßchen 8) .	10
42.	„ Landesverein für innere Mission der evang.-luth. Kirche in Sachsen (Ferdinandstr. 19)	10
43.	„ Verein Asyl für obdachlose Männer (Baron von Cornberg)	10
44.	Düsseldorf, Verein für Säuglingsfürsorge (Werstenerstr. 150) . .	10
45.	Elberfeld, Bergischer Verein f. Gemeinwohl (Geh. Komm.-Rat Blank)	10
46.	Essen (Ruhr), Vinzenz-Verein (Rektor Balzer, Herkulesstraße 55)	10
47.	Frankfurt a. M., Armenverein (Stiftstr. 30))	15
48.	„ Zentralstelle f. Gemeindeämter d. Frau (Hochstr. 49)	10
49.	„ Archiv Deutscher Berufsvormünder (Stiftstr. 30)	20
50.	„ Zentrale für private Fürsorge (Stiftstr. 30) .	10
51.	„ Institut für Gemeinwohl (Jordanstr. 19) . .	10
52.	„ Hauspflegeverein	10
53.	„ Stadtbund der Vereine für Armenpflege und Wohltätigkeit (Stiftstr. 30)	10
54.	„ Verband zur Förderung der Armen- und Waisenpflege (Moselstr. 4)	10
55.	„ Pflegeamt d. Almosenkastens d. israel. Gemeinde	10

	Mitglieder-beiträge. M.
56. Frankfurt a. M. Verein Kinderschutz (Stiftstr. 30)	10
57. Freiburg i. B., Caritas-Verband f. d. kath. Deutschland . . .	10
58. „ „ „ Verein gegen Bettel (Freiherr v. Schilling, Urachstr. 9)	10
59. Gießen, Allgem. Verein für Armen- und Krankenpflege	10
60. Graz, Landesverband für Wohltätigkeit in Steiermark	10
61. Hamburg, Wohltätiger Schulverein	10
62. „ Frauenverein z. Unterstütz. d. Armenpfl. (Fuhlentwiete 42 I)	10
63. „ Gast- und Krankenhaus (Danzigerstr. 31)	10
64. „ Großloge II des Internation. Guttemplerordens (H. 20 Eppendorfer Landstr. 39)	10
65. „ Allg. Deutscher Frauenverein, Ortsgruppe Hamburg (Curiohaus, Rotenbaumchaussee 9—15)	10
66. „ Israel.-humanitärer Frauenverein (Fräulein Sidonie Werner, Isestr. 88)	10
67. „ Mietehülfsverein von 1861 (Börsenbrücke 8) . . .	10
68. Hannover, Ausschuß d. Vereins f. freiwill. Armenpflege . . .	10
69. „ Deutsch-Evangelischer Frauenbund	10
70. „ Verein gegen Hausbettelei und Obdachlosigkeit . . .	10
71. Karlsruhe, Badischer Frauenverein (Gartenstr. 47)	20
72. „ Landesverband der Vereine für Jugendschutz und Gefangenenfürsorge	10
73. „ Landesverband f. Innere Mission	10
74. Kiel, Gesellschaft freiwilliger Armenfreunde	10
75. Leipzig, Armendiakonie des Vereins für innere Mission . . .	10
76. „ Verein zur Fürsorge für kranke Arbeiter	10
77. „ Zentrale für priv. Fürsorge (Schuhm. Gasse 11) . . .	10
78. Magdeburg, Provinzialerziehungsverein	10
79. Mannheim, Bezirksverein f. Jugendschutz u. Gefangenenfürsorge .	10
80. Metz, Caritasverband	10
81. Monbijou-Zweibrücken, Verband pfälzischer Fraueninteressenvereine	10
82. München, Institut für soziale Arbeit (Gabelsbergerstr. 12) . .	10
83. Nürnberg, Verein Frauenwohl	10
84. „ Luthardscher Unterstützungsverein (Frau Oberstleutnant Gunzelmann, Hochstr. 6)	10
85. Plauen, Maria-Verein	10
86. Potsdam, Zentralvorstand der Arbeiterkolonien	10
87. Reutlingen, Gustav Werner-Stiftung	10
88. Siegen, Armenunterstützungsverein	10
89. „ Vaterländischer Frauenverein	20
90. Straßburg i./E., Elsaß-lothr. Verband für Armenpflege und Wohltätigkeit (Schloßplatz 5)	10
91. Stuttgart, Lokalwohltätigkeitsverein	20
92. „ Stuttgarter Jugendsekretariat (Stadtpfarrer Wüterich, Hohestr. 11)	10
93. „ Zentralleitung f. Wohlt. in Württ. (Furtbachstr. 16)	50

		Mitgliederbeiträge. M.
94.	Wien, Verein Settlement (Friedrich Kaiserstr. 51)	10
95.	„ Verein gegen Verarmung u. Bettelei (I Tiefer Graben 36)	10

V. Einzelne Personen, Firmen usw.

1.	Almady, Magistratsrat, Budapest (IV Szervitatér 10) . . .	10
2.	Altona, Amtsgerichtsrat, Kiel (Lornsenstr. 2)	6
3.	Aschaffenburg, L., Rentner, Cöln (Salierring 46)	6
4.	Aschrott, Dr. jur., Landgerichtsdirektor a. D., Berlin W. 10 (Hildebrandstraße 8)	6
5.	Bär, J., Stadtrat, Frankfurt a. M., (Feldbergstr. 51) . . .	6
6.	Barth, Dr. F., Remagen	6
7.	Beer, Julia, Frau, Königsberg i. Pr. (Schönstr. 17) . . .	6
8.	Bensheimer, Frau Alice, Mannheim L. 12. 18	6
9.	Bethge, K. A., Kreisvorsteher, Hamburg (Adolfsbrücke 9/11) .	6
10.	Böhmert, V., Dr. Prof., Geh. Reg.-Rat. a. D., Loschwitz b. Dresden	6
11.	Böhringer, F., Frau, Mannheim (L. 9, 1 a)	6
12.	von Bonsdorff, Baron Adolf, Helsingfors (Finnland) . . .	6
13.	Börner, Dr. med., Kreisarzt, Eschwege i. H.	6
14.	Brennecke, Dr. med., Geh. Sanitätsrat, Magdeburg S. (Fürst-Leopoldstr. 2)	6
15.	Brößling, Stadtrat, Breslau (Ohlauufer 6)	6
16.	Brugger, Geh. Ober-Regierungsrat und vortragender Rat im Kultusministerium, Berlin-Wilmersdorf (Hohenzollerndamm 198)	6
17.	Bücher, Dr. C., Geh. Reg. Rat Professor, Leipzig (Auenstr. 2 II)	6
18.	Caspary, Eugen, Berlin, Luisenstr. 58	6
19.	Cohn, Frau Justizrat, Zehlendorf (Kathar.-Str. 7)	6
20.	Cohn, Anna, Frau Dr., Charlottenburg (Wielandstr. 31) . .	6
21.	Cohn, Georg, Dr., Prof., Zürich (VII Rütistr. 66)	6
22.	Coßmann, Regierungsrat, Bürgermeister, Mülhausen i. E. (Burggasse 18)	10
23.	Cuno, Oberbürgermeister, Hagen i. W.	6
24.	Decker, Bezirksamtmann, Lauf bei Nürnberg	6
25.	Dessau, Frau Prof., Charlottenburg (Leibnizstr. 57)	10
26.	Diefenbach, Ober-Landes-Ger.-Rat, Colmar i. E.	6
27.	Düttmann, Geh. Regierungsrat, Oldenburg	6
28.	Edinger, Anna, Frau, Frankfurt a. M. (Leerbachstr. 27) . .	6
29.	Eggers, H., Dr. jur., Rechtsanwalt, Bremen (Ostertorstr. 28/29)	6
30.	Emminghaus, Dr. jur., Gotha	6
31.	Engels, P., Kaufmann, Cöln (Sedanstr. 2)	6
32.	Englund, Gösta, Dir. des Armenwesens, Gefle, Schweden . .	6
33.	Ernst, C., Frl., Charlottenburg (Uhlandstr. 194 a)	6
34.	Eschle, Dr., Med.-Rat, Sinsheim b. Heidelberg	6
35.	Evert, Ober-Reg.-Rat, Berlin (Maaßenstr. 26)	6
36.	v. Falch, E., Ober-Regierungsrat, Stuttgart (Furtbachstr. 16) .	6

		Mitglieder-beiträge. M.
37.	Feilchenfeld, San.-Rat, Dr., W., Charlottenburg (Berlinerstr. 154)	6
38.	Fehlert, C., Ziviling., Steglitz (Fichtestr. 41)	6
39.	Feuß, Senator, Bremen	10
40.	Finkelstein, Dr. med., Prof., Berlin W. 15 (Lietzenburgerstr. 1)	6
41.	Flemming, Regierungsrat, Hamburg (Gellertstr. 7)	6
42.	Flesch, Dr. jur., Stadtrat, Frankfurt a. M.	6
43.	Forbath, Th., Dr., Rechtsanw., Budapest (V. Alkotmanj-ut 4)	6
44.	Frenkel, Dr., Erich, Berlin W 10 (Tiergartenstr. 18 d) . .	6
45.	Freund, Dr. jur., Landesrat, Vorsitzender der Landes-Versicherungs-Anstalt, Berlin (Am Köllnischen Park 8)	6
46.	Fricke, C. T., Hamburg (Große Allee 24)	6
47.	Friedeberg, E., Dr., Amtsger.-Rat, Weißensee bei Berlin (Albertinenstr. 19)	6
48.	Friedmann, A., Frau Justizrat, Berlin W. 10 (Viktoriastr. 11)	6
49.	Geiger, Dr. B., Geh. Justizrat, Frankfurt a. M. (Schillerstr. 22)	6
50.	Gerhardt, Landessyndikus, Zehlendorf (Neuestr. 8)	6
51.	Goetze, Frau Hedwig, Braunschweig (Infanteriestr. 4) . . .	6
52.	v. Göz, Frau Geh.-Rat, Exz., Stuttgart (Kronenstr. 31) . .	6
53.	Goldschmidt, Frau Nanny, Hamburg (Heilwigstr. 37) . . .	6
54.	v. d. Goltz, Frhr., Geh. Rat, Straßburg i. E.	6
55.	Goverts, Dr. jur., Landger.-Direktor, Hamburg (Heimhuderstr.)	6
56.	Grimm, Bürgermeister, Frankfurt a. M. (Reuterweg 83) . .	6
57.	Groß, Margar., Frl., Berlin W. 57 (Meranerstr. 2) . . .	6
58.	Grünfeld, Heinrich, Berlin (Leipzigerstr. 20)	6
59.	Günther, B., Frl., Bonn (Hohenzollernstr. 9)	6
60.	v. Haehling, Pfarrer, Bochum	6
61.	Hansen, Land.-Vers.-Rat, Kiel (Fleetborn 60 I)	6
62.	Haupt, Bürgermeister, Freiberg i. S. (Hornstr. 5)	6
63.	Heimann, G., Berlin SO. 16 (Adalbertstr. 41)	6
64.	Herzfeld, Dr. G., Wildpark b. Potsdam (Viktoriastr. 37) . .	6
65.	Hildebrand, Senator, Bremen	15
66.	Hirsch, P., Stadtverordneter, Charlottenburg (Wallstr. 52) . .	6
67.	Hoffmann, Elisabeth, Lübeck (Am Burgfeld 1)	6
68.	Hoffmann, Paul, M. d. B., Hamburg 4 (Langestr. 50 I) . .	6
69.	v. Hollander, Bürgermeister, Mannheim (Rennershofstr. 15 II)	6
70.	Hoppe, Pfarrer, Nowawes (Oberlinhaus)	6
71.	Horion, Dr., Landesrat, Düsseldorf (Schillerstr. 45)	6
72.	Jacob, Siegfr., Charlottenburg (Bleibtreustr. 41)	6
73.	Jacobsohn, Justizrat, Posen	6
74.	Jacobsohn, M., Frl. Dr., Berlin (Urbanstr. 185)	6
75.	Jastrow, Dr. ph. Prof., Charlottenburg (Westend, Nußbaumallee 24)	6
76.	Kalle, F., Geh. Rat, Prof., Wiesbaden (Uhlandstr. 6) . . .	10
77.	Kelch, Dr. Wirkl. Geh. Ober-Reg.-Rat, Präs. des Bundesamtes f. d. Heimatwesen, Charlottenburg (Hardenbergstr. 37 II) . . .	6

		Mitgliederbeiträge. M.
78.	Kießling, W., Pfarrer, Hamburg (Marschnerstr. 44) . . .	6
79.	Kißling, Frau Johanna, Breslau (Akazienallee 18) . . .	10
80.	Klausa, Gabriele, Frl., Sekr. des Caritasverbandes, Breslau (An der Kreuzkirche 5)	6
81.	Kluge, Sekr. der Armenverw., Hamburg (Mittelstr. 37) . .	6
82.	Knauer, Dr. H., Hamburg 20 (Eppendorfer Landstr. 70) .	6
83.	Köhn, Emil, Privatmann, Hamburg (Schöne Aussicht 17). .	6
84.	Köhne, Dr., Amtsgerichtsrat, Berlin W. (Kurf.-Damm 241) .	6
85.	Künzer, Bürgermeister, Posen W (Hardenbergstr. 8). . . .	6
86.	Kunze, Dr., Apoth., Leipzig (Johannisplatz)	6
87.	Lamm, Rechtsanw., Dr., Berlin W. 30 (Rosenheimer-Str. 23)	6
88.	Landsberg, J. F., Amtsgerichtsrat, Lennep Rhld.. . . .	6
89.	Lehmann, Magistratsrat, Dr., Berlin W. 10 (Sigismundstr. 5)	6
90.	Lehmann, H., Frau Prof., Göttingen (Wilhelm Weberstr. 19)	6
91.	Leichtmann, Frau Hildegard, Berlin W. (Neue Winterfeldstr. 7)	6
92.	Lenel, Frau Alfred, Mannheim (N. 7. 5)	6
93.	Lenel, Frau Richard, Mannheim (Maximilianstr. 10) . . .	6
94.	Levy, Albert, Dr. ph., Berlin W. (Wichmannstr. 14 III) . .	6
95.	Levy, Alfred, Hamburg I (Friedrichshof, Ferdinandstr. 29/33)	10
96.	Lewek, Pfarrer, Berlin C. (Seydelstr. 14).	6
97.	Liepmann, Amtsger.-Rat, Charlottenburg (Knesebeckstr. 15) .	10
98.	Lobethal, Kaufmann, Breslau (Nicolaistadtgraben 13) . . .	6
99.	Löwi, P. K., London-Hampstead N.W. (24 Aberdare Gardens)	6
100.	Ludwig-Wolf, L., Stadtrat a. D., Leipzig (Nikolaistr. 11 II) .	6
101.	Maas, Frau Heinrich, Berlin W. (Hildebrandstr. 23) . . .	6
102.	Mainz, Sally M., Kaufmann, Hamburg (Börsenhof) . . .	6
103.	Marck, Stadtrat, Breslau (Tauentzienplatz 11).	6
104.	May, Frau Henriette, Berlin S.W. (Königgrätzer Str. 97) .	6
105.	May, Max, Heidelberg (Goethestr. 16)	6
106.	v. Mayr, Dr. Prof., Unter-Staatssekr. z. D., München (Georgenstraße 38)	6
107.	Merton, W., Dr., Frankfurt a. M. (Guiolletstr. 24) . . .	20
108.	Meßtorff, H. Th., Mitglied des Armen-Kollegiums, Hamburg Lübeckerstr. 3)	12
109.	Meyer, P., Justizrat, Berlin S W. (Friedrichstr. 239) . . .	6
110.	Meyerhof, Felix, Berlin-Grunewald (Caspar Theyßstr. 9) .	10
111.	Meyerhof, Wilhelm, Berlin-Grunewald (Humboldtstr. 10) .	10
112.	Minden, Dr., Direktor, Berlin W. (Kleiststr. 1)	6
113.	Mirauer, Frau, Berlin W. 50 (Ansbacher Str. 5) . . .	10
114.	Möbius, Frl. Dora, Kiel (Niemannsweg 4)	6
115.	Model, Julius, Berlin (Tiergartenstr. 6 b)	20
116.	Mökel, Dr., Rechtsanw., Mannheim C. 2. 1	6
117.	Moser, Clarisse, Berlin (Kurfürstenstr. 114)	6
118.	Müller-Simonis, Dr., Prälat, Armenrat, Straßburg i. E. (St. Leo-Str.)	10

	Mitgliederbeiträge M.
119. Racken, Frl. Amalie, München (Kaulbachstr. 94 I)	6
120. Reckes, Geschäftsf. des Ver. zur Beff. d. Strafgef., Berlin N. 37 (Prenzlauer Allee 240)	6
121. Reuer, F., Dr. jur., Landesrat, Graz (Albertstr. 13)	6
122. Nicholson, J. S., Bristol (Rosemont Leigh Woods)	6
123. Oberwarth, L., Frau, Berlin W. 50 (Kurf.-Damm 239)	6
124. Pachmayr, Armen-Pfl.-Rat, München (Theres. Str. 33)	6
125. Pálos, Ödön, Armenhausdirektor, Budapest (VII. Alsó-Erdösor 7)	6
126. Petersen, Dr., Berlin-Wilmersdorf (Pfalzburgerstr. 33a)	6
127. Peterson, Stadtrat, Breslau (Körnerstr. 40)	6
128. Pfeiffer, W., Pastor, Berlin (N.W. 6, Charitéstr. 2)	6
129. Philippi, M., Frl., Hamburg (Hochallee 110)	6
130. Pieper, Dr. A., M.-Gladbach	6
131. Pierstorff, Dr., Prof., Jena	6
132. Pinkus, Th., Dr., städt. Kinderarzt, Posen (Friedrichstr. 31)	6
133. Plaß, Dr., Direktor, Zehlendorf-Berlin	6
134. Post, Frau Elisab., Mannheim (Kaiserring 18)	6
135. Pütter, Geh. Rat, Direktor der Charité, Berlin (Luisenstr. 13 b)	6
136. Rapp, J., Dr., Landrichter, Hamburg (Feldbrunnerstr. 54)	6
137. Rauecker, Dr. B., Berlin W. (Genthinerstr. 13 g)	6
138. Reinhard, Dr. jur., Wirkl. Geh. Reg.-Rat, Exz., Freiburg i. Br. (Kaiserstr. 164)	6
139. Rheinhold, Otto, Hannover (Erwinstr. 7)	6
140. Rivière, L., Paris (rue Jouffroy 91)	6
141. Roloff, L., Frl., Berlin W. 62 (Kleiststr. 9)	6
142. Rosenfeld, Dr. Kurt, Berlin (Paulstr. 11)	6
143. Rösing, Martha, Frl., Lübeck (Israeldorfer Allee 18)	6
144. Rösing, Ther., Frl., Lübeck (Röckstr. 1 a)	6
145. Rothfels, Dr., Justizrat, Cassel (Kölnische Str. 3)	6
146. Ruland, Dr. jur., Justizrat, Colmar i. Els.	6
147. Runge, Johannes, Wittenberge	10
148. Sachs, Gustav, Berlin (Brückenallee 1)	6
149. Salomon, Alice, Dr. ph., Berlin (Neue Ansbacherstr. 7)	6
150. Schlumberger, Th., Geh. Komm.-Rat, Mülhausen i. E.	6
151. Schmidt, B., Dr. ph., Böhlitz-Ehrenberg (Bismarckstr. 27)	6
152. v. Schmoller, Dr., Professor, Exz., Berlin W. (Wormser Str. 13)	6
153. Schneidewin, Frau, Magdeburg (Beethovenstr. 4)	6
154. Schönflies, Frau Prof., München (Königinstr. 103 II)	6
155. Schultz, Geh. Regierungsrat, Kreisdirektor, Blankenburg a. Harz	6
156. Schultz, A., Frl., Dr. jur., Frankfurt a. M.	6
157. Schumm-Walter, Frau Charlotte, Bonn (Joachimstr. 10)	6
158. Schwander, R., Dr. jur., Bürgermstr., Straßburg i. E.	6
159. Sell, O., Direktor d. Armenpflege, Leipzig (Kaiser Wilhelmstr. 53)	6
160. Siegel, Amtsger.-Präs., Leipzig (Kaiser-Wilhelmstr. 23 II)	6
161. Sigwalt, Pfarrer B., Ingweiler	6

	Mitgliederbeiträge M.
162. Simon, Helene, Berlin (Kleiststr. 32)	6
163. Simonsohn, Dr., Stadtrat, Berlin W. 62 (Bayreuth.-Str. 44 II)	6
164. Staehle, Fanny, Fräul., Stuttgart (Auf dem Haigst 32 a) .	6
165. Stage, Hauptpastor, Hamburg VIII (Kathar.-Kirchhof 26) .	6
166. Strandes, Justus, Senator, Hamburg (Mittelweg 89) . .	10
167. Straßmann, Dr. med., Geh. San.-Rat, Stadtrat, Berlin N.W. 23 (Brückenallee 36)	6
168. Strempel, P. Th. A., Hamburg 13 (Eichenstr. 56)	6
169. Südekum, Dr. A., Zehlendorf (Prinz Handjerystr. 39) . .	6
170. Szilágyi, A. C., Dr., Rechtsanwalt, Budapest IV (Eskü-ut 5)	6
171. Tänzer, A., Dr. phil., Rabbiner, Göppingen	6
172. Taube, M., Dr., Geh. San.-Rat, Leipzig (Königsstr. 9 II) .	6
173. Töplitz, Sanitätsrat, Dr., Breslau (Goethestr. 24/26) . . .	6
174. Traun, Frau Otto, Hamburg (Heilwigstr. 3)	10
175. Treu, Martin, Nürnberg (Breitegasse 25/27)	6
176. Voerster, A., Buchhändler, Leipzig (Seb. Bachstr. 44) . .	6
177. Volkmann, M., Fräul., Leipzig (Rudolfstr. 4 II)	6
178. Wallich, A., Frau, Charlottenburg (Uhlandstr. 8)	6
189. Wassermann, O., Berlin (Behrenstr. 10—13)	20
180. Wegner, M., Frau Reg.-Rat, Breslau (Kaiser Wilhelmstr. 109)	6
181. Weicker, Dr. med., Görbersdorf i. Schles.	6
182. v. Welczeck, Frl. Adelh., Dresden-Blasewitz (Schubertstr. 24)	6
183. Wertheim, Frau Eugenie, Cassel (Kaiserplatz 30)	6
184. Werthmann, Dr., Monsign., Geistl. Rat, Freiburg (Baden) (Belfortstr. 20)	6
185. Weydmann, J., Gen.-Sekr. der Arm.-Verw. Straßburg, Schiltigheim i. E. (Kirchfeldstr. 14)	6
186. Wien, Frau Rosa, Wien VIII (Wickenburggasse 24). . . .	6
187. Wilmersdoerffer, Th., Generalkonsul, München (Möhlstraße 41)	6
188. v. Witzleben, Dr., Landesrat, Charlottenburg (Witzlebenstr. 36)	6
199. Wohlwill, M., Frl., Hamburg (Magdalenenstr. 12) . . .	6
190. Wronsky, Eugen, Berlin (Barbarossastr. 60)	6
191. Wronsky, Frau Siddy, Berlin (Barbarossastr. 60). . . .	6
192. Würmeling, Dr., Geh. Ober-Reg.-Rat, Steglitz (Schillerstr. 2)	6
193. Zahn, Dr., Hamburg (Kuhmühle 31)	6
194. v. Zieten-Schwerin, Graf, Wustrau bei Potsdam . . .	6
195. Zimmermann, Dr., Finanz-Präsident, Braunschweig (Am Gaußberge 5)	6
Nachträglich angemeldet:	
196. Backhausen, W., Pastor, Hannover (Stephansstift) . . .	6

Zentralausschuß.

(Wahl und Zuwahl von 1911.)

1. Aders, Beigeordneter, Elberfeld.
2. Dr. Arnold, Stadtrat, Magdeburg.
3. Dr. Böhmert, Geh. Reg.-Rat u. Professor a. D., Dresden.
4. Dr. Buehl, Senatssyndikus, Hamburg.
5. Coßmann, Regierungsrat, Bürgermeister, Mülhausen i. Els.
6. Cuno, Oberbürgermeister, Hagen i. W.
7. v. Dehn-Rothfelser, Landesrat, Cassel.
8. Fleischmann, Rechtsrat, Nürnberg.
9. Dr. Flesch, Stadtrat, Frankfurt a. M.
10. Dr. v. Gartzen, Beigeordneter, Bonn.
11. Dr. Hauser, Ob.-Med.-Rat, Karlsruhe.
12. Jochmus, Bürgermeister, Kassel.
13. Kalisch, Stadtrat, Berlin.
14. Dr. Kelch, Geh. Ob.-Reg.-Rat, Präs. des Bundesamtes für das Heimatwesen, Charlottenburg.
15. Dr. Klumker, Prof., Wilhelmsbad.
16. Dr. Levy, Vorsitz. d. Zentrale f. private Fürsorge, Berlin.
17. Dr. v. Mayr, Unterstaatssekr. z. D., Prof., München.
18. Dr. Müller-Simonis, Armenrat, Straßburg i. E.
19. Ostertag, Bürgermeister, Gotha.
20. Dr. Polligkeit, Vorsitz. d. Zentrale f. private Fürsorge, Frankfurt a. M.
21. Dr. med. Taube, Geh. San.-Rat, Leipzig.
22. Dr. Weber, Bürgermeister, Leipzig.

(Wahl und Zuwahl von 1912.)

1. Dr. Aschrott, Landger.-Dir. a. D., Berlin.
2. Bachmann, Landesrat, Kiel.
3. Dr. Baum, Marie, Fräulein, Geschäftsführ. d. Ver. f. Säugl.-Fürs. im Reg.-Bez. Düsseldorf, Düsseldorf.
4. Diefenbach, Oberlandesgerichtsrat, Colmar i. E.
5. Evers, Senator, Lübeck.
6. Evert, Präs. d. Kgl. Preuß. Statist. Landesamts, Berlin.
7. v. Falch, Ob.-Reg.-Rat, Stuttgart.

8. Dr. Feilchenfeld, Sanitätsrat, Vorsitzender der Armenkommission der jüdischen Gemeinde, Berlin.
9. Feuß, Senator, Bremen.
10. v. Frankenberg, Stadtrat, Braunschweig.
11. Friedmann, Frau Anna L., Berlin.
12. Gahlemann, Bürgermeister, Königshütte.
13. Dr. Gerhardt, Landessyndikus, Berlin.
14. Frhr. von der Goltz, Geheimrat, Straßburg i. E.
15. Grote, Senator, Hannover.
16. Dr. Horion, Landesrat, Düsseldorf.
17. Klein, Gemeinderat, Stuttgart.
18. Künzer, Bürgermeister, Posen.
19. Dr. Lohse, Direktor des Armenwesens, Hamburg.
20. Mau, Pfarrer, Kiel.
21. Müller, Stadtrat, Dresden.
22. Pauly, Stadtrat, Kiel.
23. Dr. Paetow, Reg.-Rat, Bremen.
24. Pfeiffer, Pastor, Vorsitzender des Kinderrettungsvereins, Berlin.
25. Rosenstock, Stadtrat, Königsberg.
26. Dr. Ruland, Justizrat, Rechtsanwalt beim Oberlandesgericht, M. d. L., Colmar i. E.
27. Schultz, Geh. Reg.-Rat, Kreisdirektor, Blankenburg a. H.
28. Dr. Schwander, Bürgermeister, Straßburg i. E.
29. Sell, Direktor des Armenamts, Leipzig.
30. Simon, Helene, Fräulein, Berlin.
31. Dr. Tepelmann, Stadtrat, Halle a. S.
32. Westram, Bürgermeister, Ratibor.
33. Wickmann, Beigeordneter, Aachen.
34. von Widmann, Ob.-Reg.-Rat, Ludwigsburg.
35. Dr. von Witzleben, Landesrat, Charlottenburg.
36. Dr. Zimmermann, Finanz-Präsident, Braunschweig.

(Wahl und Zuwahl von 1913.)

1. Bensheimer, Frau Alice, Mannheim.
2. Brugger, Geh. Ober-Reg.-Rat u. Vortr. Rat im Kultus-Ministerium, Berlin.
3. Dr. Drechsler, Schatzrat, Hannover.
4. Drießen, Beigeordneter, Essen a. R.
5. Dr. Duensing, Frieda, Fräulein, Berlin.
6. Dr. Greve, Beigeordneter, Düsseldorf.
7. Dr. Greven, Beigeordneter, Köln.
8. Grieser, Rechtsrat, München.
9. Dr. Harbeck, Senator, Altona.
10. von Hollander, Bürgermeister, Mannheim.

11. Dr. Köhne, Amtsger.-Rat, Berlin.
12. Ludwig-Wolf, Stadtrat a. D. u. Rechtsanwalt, Leipzig.
13. Marck, Justizrat, Stadtrat, Breslau.
14. Dr. Mertens, Senator, Hannover.
15. Meyer, Bürgermeister, Stoppenberg.
16. Müller, Geh. Reg.-Rat, Karlsruhe.
17. Neuhaus, Frau Agnes, Vorsitz. d. Fürsorge-Vereins für Frauen, Mädchen u. Kinder, Dortmund.
18. Peterson, Stadtrat, Breslau.
19. Pütter, Geh. Reg.-Rat, Dir. der Charité, Berlin.
20. Rösing, Martha, Fräulein, Lübeck.
21. Roscher, Landesrat, Merseburg.
22. Dr. Salomon, Alice, Fräulein, Leiterin d. Soz. Frauenschule, Berlin.
23. Samter, Stadtrat, Charlottenburg.
24. Scheunemann, Landesrat, Danzig.
25. D. Schlosser, Pfarrer, Gießen.
26. Schmedding, Geh. Reg.-Rat, Landesrat, Münster i. W.
27. Dr. Silbergleit, Professor, Berlin.
28. Stein, Frau Elisabeth, Geschäftsführ. d. Vereinig. d. Wohltät.-Bestreb., Charlottenburg.
29. Dr. Thode, Bürgermeister, Stettin.
30. Dr. Werthmann, Geistl. Rat, Vorsitz. des Caritas-Verbandes, Freiburg i. Br.
31. Weydmann, Generalsekretär der Armenverwaltung, Straßburg i. E.
32. Dr. Würmeling, Geh. Ober-Reg.-Rat u. Vortr. Rat im Reichsamt d. Innern, Steglitz.

Sachregister.

Das Register umfaßt die gesamten bis Ende 1913 erschienenen Vereinsschriften. Da die Schriften erst seit 1886 in fortlaufend numerierten Heften erscheinen, sind die früher erschienenen Berichte und Verhandlungen nach den Jahrgängen (unter Fortlassung der Jahrhundertzahl), die späteren nach Heftnummern angeführt. Die bei der Anführung verwendeten Buchstaben bedeuten: B = Bericht, H = Heft, V = Verhandlung. Wo eine Seitenzahl nicht angegeben ist, enthält das betreffende Heft nur den Bericht über den einen Gegenstand. Das Zitat: 77 d. St. bezieht sich auf das Werk von Böhmert: „Das Armenwesen in 77 deutschen Städten und einigen Landarmenverbänden." Die gesamten Vereinsschriften zerfallen in die vorbereitenden Druckberichte über einzelne Gegenstände und die Verhandlungen der Jahresversammlungen. Das Sachregister bezieht sich in der Hauptsache auf die Druckberichte; die Verhandlungsberichte sind nur insoweit angeführt, als sie neue, über den Druckbericht hinausgehende Ausführungen enthalten. Heft 52: Das ausländische Armenwesen enthält ein besonderes Sachregister.

Der Benutzer der Schriften wird mit leichter Mühe, wenn er den Druckbericht kennt, der in dem Sachregister angeführt ist, die in demselben Jahre folgenden Verhandlungen, die den Druckbericht ergänzen, nachschlagen können. — Ein genaues Verzeichnis der Schriften des Vereins unter Angabe der Berichterstatter, sowie ein alphabetisches Verzeichnis der Berichterstatter unter Angabe der von ihnen erstatteten Berichte für die Jahre von 1880—1905 enthält der im Auftrage des Vereins von Dr. Münsterberg gefertigte Generalbericht, Heft 72 der Schriften, S. 29 ff.

Deutscher Verein für Armenpflege und Wohltätigkeit.

Geschäftsstelle: Berlin, Bernburger Straße 24/25.

Auszug aus den Satzungen vom 19. Januar 1912.

§ 2. Der Zweck des Vereins ist, einen Mittelpunkt für alle in Deutschland auf dem Gebiet der Armenpflege und Wohltätigkeit hervortretenden Bestrebungen zu bilden. Fortgesetzte gegenseitige Aufklärung der auf diesen Gebieten tätigen Personen, Anbahnung und Beeinflussung von Reformbestrebungen, Förderung der Wissenschaft des Armenwesens, Verbreitung gesunder Grundsätze in der Praxis von Armenpflege und Wohltätigkeit sind seine Hauptaufgaben. Zur Verfolgung dieses Vereinszweckes dienen als wesentliche Mittel die alljährliche öffentliche Versammlung der Vereinsmitglieder (Deutscher Armenpflege-Kongreß) und die Herausgabe von Druckschriften.

§ 3. Mitglied des Vereins können alle Personen, Behörden, Verbände, Gemeinden, Verwaltungen, Stiftungen, Anstalten und Vereine werden, welche sich zur Zahlung eines festen Jahresbeitrages verpflichten. Die Mitgliedschaft erlischt durch den Tod oder durch schriftliche Austrittserklärung vor Ablauf des Vereinsjahres. Vereinsjahr ist das Kalenderjahr.

§ 4. Der jährliche Mitgliederbeitrag beträgt mindestens:

für Einzelpersonen	6.—	Mk.
„ Vereine und Anstalten	10.—	„
„ Gemeinden:		
mit weniger als 25 000 Einwohnern	10.—	„
„ 25 000 bis 50 000 „	20.—	„
„ 50 000 „ 100 000 „	25.—	„
„ 100 000 „ 200 000 „	30.—	„
„ 200 000 „ 400 000 „	40.—	„
„ mehr als 400 000 „	50.—	„
für Verbände:		
im Range der Provinzialverbände	50.—	„
„ „ „ Kreisverbände	25.—	„

Jedes Mitglied erhält kostenlos die Vereinsschriften.

Zur gefälligen Beachtung für unsere Mitglieder!

1. Anmeldungen zum Beitritt nimmt die Geschäftsstelle, Berlin SW, Bernburger Straße 24/25, entgegen.

2. Das Vereinsjahr fällt mit dem Kalenderjahr zusammen.

3. Der Vereinsbeitrag ist möglichst im ersten Vierteljahr und zwar an die Geschäftsstelle (Berlin, Bernburger Straße 24/25), einzusenden. Die erste Erinnerung der Außenstände erfolgt im Mai, die zweite im Juli.

4. Zusendung der vom Verein herausgegebenen Schriften können nur diejenigen Mitglieder beanspruchen, die den Jahresbeitrag entrichtet haben. Bezug der Schriften früherer Jahre durch Nachzahlung des Jahresbeitrages abgelaufener Jahre ist nicht angängig, wohl aber können später eingetretene Mitglieder die Vereinsschriften früherer Jahre zu den Vereinspreisen (d. h. zu 80 % der Ladenpreise), zuzüglich Porto, durch Vermittlung der Geschäftsstelle beziehen. Dieses Recht ist an die Mitgliedschaft geknüpft und nicht übertragbar.

Als Vereinsschriften erscheinen die Gutachtenbände zur Vorbereitung der Jahresversammlung (Vorberichte) und der Bericht über die Verhandlungen der Jahresversammlung. Erstere werden im August, letztere im Dezember versendet. Sollten sie vier Wochen nach diesen Terminen noch nicht in den Händen der Mitglieder sein, so wird um Mitteilung an die Geschäftsstelle gebeten, damit Nachforschungen über den Verbleib angestellt werden können. Bei später eingehenden Reklamationen erfolgt kein Ersatz der Schriften auf Kosten der Vereinskasse.

5. Die Mitgliedskarten werden den Gutachtenbänden beigelegt. Sie dienen als Quittung über die erfolgte Zahlung des Jahresbeitrags.

6. Zur Vermeidung aller Unzuträglichkeiten und Irrtümer bei der Zusendung der Vereinsschriften bitten wir:

a) der Geschäftsstelle alle Adressen- und Titeländerungen sofort mitzuteilen,

b) dafür Sorge zu tragen, daß die Schriftensendungen nicht bei der mit der Annahme beauftragten Stelle liegen bleiben, sondern baldigst an ihre Adresse weitergegeben werden,

c) bei längerer Abwesenheit vom Wohnorte dafür zu sorgen, daß die in dieser Zeit eingehenden Vereinsschriften angenommen und nicht als unbestellbar von der Post zurückgesendet werden. Zurückgekommene Schriftensendungen werden nur nach vorhergehender Einsendung der Portoauslagen nochmals zugestellt.

FSC
www.fsc.org
MIX
Papier | Fördert gute Waldnutzung
FSC® C083411

Kolibri 360 GmbH
Ferdinand-Jühlke-Straße 7
99095 Erfurt, Deutschland
produktsicherheit@kolibri360.de

Druck:
CPI Druckdienstleistungen GmbH
im Auftrag der
Kolibri 360 GmbH
Ferdinand-Jühlke-Str. 7
99095 Erfurt